国家社科基金项目"新使命驱动下黄河流域创新生态系统
与协同演化研究"（编号：20BJY040）

黄河流域创新生态系统的绿色转向与协同演化研究

郭淑芬 等著

中国财经出版传媒集团

经济科学出版社

Economic Science Press

·北 京·

图书在版编目（CIP）数据

黄河流域创新生态系统的绿色转向与协同演化研究 ／
郭淑芬等著 . -- 北京 ：经济科学出版社，2025.3.
ISBN 978 - 7 - 5218 - 6851 - 7

Ⅰ. X321. 22

中国国家版本馆 CIP 数据核字第 2025D8G964 号

责任编辑：撖晓宇
责任校对：李　建
责任印制：范　艳

黄河流域创新生态系统的绿色转向与协同演化研究

郭淑芬　等著

经济科学出版社出版、发行　新华书店经销
社址：北京市海淀区阜成路甲 28 号　邮编：100142
总编部电话：010 - 88191217　发行部电话：010 - 88191522
网址：www. esp. com. cn
电子邮箱：esp@ esp. com. cn
天猫网店：经济科学出版社旗舰店
网址：http：//jjkxcbs. tmall. com
北京季蜂印刷有限公司印装
710 × 1000　16 开　18 印张　270000 字
2025 年 3 月第 1 版　2025 年 3 月第 1 次印刷
ISBN 978 - 7 - 5218 - 6851 - 7　定价：82. 00 元
（图书出现印装问题，本社负责调换。电话：010 - 88191545）
（版权所有　侵权必究　打击盗版　举报热线：010 - 88191661
QQ：2242791300　营销中心电话：010 - 88191537
电子邮箱：dbts@ esp. com. cn）

前　言

PREFACE

　　黄河流域是中华文明的主要发源地，历史上在长达三千年的时间里是全国重要的政治、经济和文化中心，发展水平长期领先于世界。但流域内水旱灾害频发、水污染严重、生态脆弱等问题也始终制约着流域发展。随着中国经济迈入高质量发展阶段，黄河流域作为中国重要的生态屏障与经济地带，在全国生态安全与社会发展方面具有重要地位。2019 年 9 月 18 日，黄河流域生态保护和高质量发展上升为重大国家战略，赋予流域新的战略使命（以下简称"新使命"），推动黄河流域走绿色发展的道路。

　　创新是引领发展的第一理念、第一动力。现阶段，创新生态系统成为继市场、政府与社会之后推动创新的第四种力量，对深入实施创新驱动发展战略具有重要意义。黄河流域作为重大国家战略的空间载体，建立一个活力旺、韧性足的创新生态系统对推动新使命达成意义重大。整体上，黄河流域人才规模、创新能力等明显低于长江流域等同类型地区，创新生态系统发展相对滞后。但沿黄省份共享黄河一条河，流域发展整体性强、关联度高，流域创新生态系统具备天然的网络关系，且流域内陕西、山东等省已集聚有一批高水平高校或研究机构，部分省份还形成了较厚实的工业基础与完整的产业配套体系，这为黄河流域创新生态系统进一步优化奠定了现实基础。同时，创新生态系统发展演进与系统内外部环境密切相关，新使命要求的出现及其引起的黄河流域加速重视绿色发展，赋予了流域创新生态系统特色化的核心价值主张，并由此推动系统发生转向，因而亟须厘清流域创新生态系统"转向哪"及"如何转"这两个关键问题，从而为系统向与地区发展相适配的方向演变提供思路与决策支撑。

黄河流域创新生态系统"转向哪"，是由新使命驱动的流域由"发展"转向"绿色发展"的本质导向的要求决定的。绿色发展是强调经济社会与自然环境相协调和可持续的发展，关注人与自然的和谐相处。绿色发展有赖于绿色创新驱动。黄河流域绿色发展离不开绿色创新驱动，通过将节水技术、绿色技术、生态技术等嵌入流域生产生活各个环节，从而以高效率、低污染、低损耗的绿色发展模式推动经济增长。因此，在新使命驱动下，黄河流域创新生态系统应当转向绿色，由各类创新种群围绕共同的绿色核心价值主张，开放合作、动态交互、共生共演地开展绿色创新活动，实现系统绿色创新的功能。

黄河流域创新生态系统"如何转"，是由流域特殊的空间结构及创新生态系统发展现状共同决定的。从空间结构看，黄河流域因地理邻近、省际或城际合作，以及河流纽带等，客观上形成了跨行政边界的创新生态系统，并在不同省（城）间形成了纵向跨度大的梯级结构，以及多个层次的网络结构；从发展现状看，流域科技资源较为匮乏，知识研发、知识应用、政策制定等主要创新种群尚未形成互惠共生关系，流域创新生态系统发育滞缓，同时，黄河流经的九省区创新能力、人才规模差异显著，各省区创新生态系统发展水平不一。这些共同导致黄河流域创新生态系统的绿色转向不应局限于特定行政或创新种群边界，应当超越具体省域及创新种群边界，在关注黄河流域创新生态系统整体性、协同性、适应性等特征的同时，重视系统在其组成要素与构成空间上的开放性与多层次性。

针对上述两个关键问题，本书进一步细化为系统发展问题梳理、理论框架构建、协同演化机制探析、优化路径提炼四大板块，探索流域创新生态系统在新使命驱动下的演化方向与路径。具体地：（1）系统发展问题梳理部分，在厘清黄河流域新使命要求的基础上，从绿色创新绩效和基于水的偏向性技术进步两方面，揭示流域创新生态系统发展现状与新使命要求之间是否存在偏离；（2）理论框架构建部分，结合黄河流域实践，构建黄河流域绿色创新生态系统理论框架，并基于要素、空间两个层面的嵌套与互动，将系统运行机制细化为要素本地、要素跨区及区域空间三个维度的协同演化；（3）协同演化机制探索部分，聚焦黄河流域绿色创新生态系统内部种群的主观能动性及系统初始状态等方面，揭示系统要素在共同价值主张驱动下实现竞争合作、共生共赢等行为策略；（4）优化路径提炼部分，采用黄河流域省、市数据，揭示流域绿色创新生态系统协同演化规律的关键因素或路径，并形成政策建议。

　　本书将区域创新生态系统研究的对象性区域拓展到以黄河流域为代表的欠发达地区、地理环境多样地区、生态脆弱地区等特殊类型地区，形成了对较大空间尺度下复杂地理单元创新生态系统及其发展思路的新认识，不仅推进了区域创新生态系统理论、使命驱动型创新理论的运用，丰富了相关理论研究结论，同时也拓展了黄河流域创新发展领域的研究，能为促进黄河流域绿色发展、推动新使命达成等政策优化提供理论支撑与启示。

CONTENTS ▷
目　录

第1章 ▌

绪　　论

 1.1　研究背景与意义

1.1.1　研究背景

黄河是我国第二大河，横跨东、中、西部三大地区，流经青海、四川、甘肃、宁夏、内蒙古、陕西、山西、河南、山东九省份，是我国重要的生态保护屏障，也是我国人口活动与经济发展的重要区域[①]。黄河流域全域占全国约 30% 的人口贡献了全国近 1/4 的 GDP，在我国"一带一路"、区域协调发展等事关国家发展大局与社会主义现代化建设全局的重大战略中占据重要地位。探寻黄河流域长期稳定发展的动力，并聚焦流域创新生态系统转型与重塑等问题展开研究，具有鲜明的时代背景与现实意义。

（1）生态保护和高质量发展战略赋予黄河流域新的历史使命。

黄河是中华民族的母亲河，黄河流域横跨青藏高原、内蒙古高原、

---

① 中共中央、国务院：《黄河流域生态保护和高质量发展规划纲要》，2021 年 10 月 8 日。

黄土高原、华北平原四大地貌单元，拥有黄河天然生态廊道和三江源、祁连山、若尔盖等多个重要生态功能区域，既有多样化的生态类型，又有良好的农牧业基础，还有丰富的能源资源，为农业化时期全流域的发展奠定了良好的基础。黄河流域的发展还孕育了中华文明上下五千年的悠久历史，其中，在长达三千年的时间里是全国政治、经济和文化的中心位置，流域发展水平长期领先于世界。但由于黄河泥沙含量高、治理难度大、水旱灾害重等原因，治水治沙始终是中华民族历朝历代关系黄河流域民生福祉的重大问题。新中国成立后，党和国家也始终将黄河治理与发展作为治国兴邦的大事。但在黄河流域经济发展实践中，一方面，流域地处气候"湿润—干旱"过渡带，水量时空分布不均，导致黄河"体弱多病"、先天不足，水资源总量不到长江的7%，人均占有量仅为全国平均水平的27%，另一方面，黄河流域水资源开发利用率高达80%，远超一般流域40%的生态警戒线①，在无序用水和气候变化等的叠加影响下，黄河干流甚至在1972~1999年曾多次发生断流现象，且期间断流频次逐渐提升②，这些都使黄河流域发展深受缺水的制约，掣肘了工业化时期的快速发展。加之黄河流域长期以来水旱灾害频发，还给沿岸人民群众生活带来深重灾难。因此，生态脆弱始终是制约黄河流域发展的桎梏。

经过几代人的长期努力，黄河流域治理取得了显著成效。特别是党的十八大以来，"创新、协调、绿色、开放、共享"的新发展理念逐渐深入人心，在绿色这一理念的引导下，加强生态保护成为推动国家发展、长治久安的重要领域，保护黄河也成为事关中华民族伟大复兴和永续发展的千秋大计。以生态文明建设为核心，习近平总书记提出了"节水优先、空间均衡、系统治理、两手发力"的黄河流域治水思路。2019年9月，黄河流域生态保护和高质量发展上升为重大国家战略；2020年12月，在推进黄河流域生态保护和高质量发展领导小组全体会议上，针对黄河流域发展

---

① 中共中央、国务院：《黄河流域生态保护和高质量发展规划纲要》，2021年10月8日。
② https：//www.henan.gov.cn/2019/08 - 13/940328.html.

实际，提出"坚持把水资源作为最大的刚性约束，坚持以水定城、以水定地、以水定人、以水定产，合理规划人口、城市和产业发展，坚定走绿色、可持续的高质量发展之路"；2021年10月，中共中央、国务院印发《黄河流域生态保护和高质量发展规划纲要》（以下简称《纲要》），指出要坚持生态优先、绿色发展的原则，坚定走绿色、可持续的高质量发展之路。同时，结合黄河流域的发展基础、机遇挑战等，《纲要》从加强上游水源涵养能力建设、中游水土保持、下游湿地保护和生态治理、全流域水资源节约集约利用，以及保障黄河长治久安、强化环境污染治理、建设特色优势现代产业体系、加强基础设施互联互通、加快改革开放步伐等，对未来一个时期黄河流域生态保护和高质量发展作出全面规划与布局，提供了纲领性指南。这将黄河流域推进到由单纯地"谋发展"转到"谋生态"与"谋发展"并举的发展道路上，并以此赋予黄河流域新的战略使命——即通过走一条生态优先、绿色发展的道路，推动全流域实现各省区发展平衡充分、分工协调有序、产业高质高效、民生福祉显著提升等方面全方位齐头并进的高质量发展，从而可以为全国缓解水资源供需矛盾、建设美丽中国、缩小南北差距、弘扬黄河文化等作出贡献，并进一步为中华民族的伟大复兴奠定坚实的基础。黄河流域作为流域经济、欠发达地区的典型代表，将其作为重大战略区域，还能为同类型地区新旧动能转换等提供经验启示，并为全国经济高质量发展提供支撑。

（2）黄河流域创新生态系统绿色转向是新使命驱动的必然要求。

新中国成立以来，经过几代人的不懈探索与努力，流域生态环境持续明显向好、发展水平也不断提升，黄河治理与流域发展都取得了巨大成就。但在当前实践中，黄河流域仍然存在水土流失严重、水资源短缺、环境承载能力弱等问题，对稳步推进黄河流域生态保护和高质量发展形成阻碍与挑战，亟须改善。整体看，黄河流域除面临生态脆弱问题之外，高质量发展不充分、民生事业发展不足等也是制约流域发展的难点问题。因此，黄河流域生态保护和高质量发展是我国经济社会发展的一个重大系统性问题，涉及经济、政治、文化、社会、生态文明等方方面面。前述的战略使命从根本上反映的是黄河流域从"发展"向"绿色发展"转变，进而带动流域经济社会全局的全面优化。绿色发展战略已然成为黄河流域生态保护和高质量发展的基础（任保平和张倩，2019），党的二十大报告也围绕"加快发展方式绿色转型"作出系列部署。创新是引领发展的第一动力，黄河流域的发展离不开创新。同时，发展道路的转变要求黄河流域创新活动要有鲜明的"绿色"指向，并以此为愿景使全流域走向绿色创新，从而驱动流域发展转向绿色。结合黄河流域生态、生产、生活实践，就是要通过转向形成以节水技术、绿色技术、生态技术等为基础的绿色技术体系，并通过将其嵌入流域生产生活各个环节中，实现全流域经济、社会和生态的协同向好。

当前，区域创新范式演化进入创新生态系统阶段，黄河流域发展道路的转变离不开绿色创新生态系统的支持，培育与黄河流域发展的新战略使命相适配的创新生态系统，并推动其协调、有序发展，对促进流域生态保护和高质量发展具有重要意义。在新使命驱动下，黄河流域创新生态系统也必然转向绿色，将"绿色"之名冠之于技术供给、技术需求、创新政策体系、创新活动开展等方方面面，这些都使流域技术创新体系、技术体系、政策体系等均具有鲜明的绿色化特征。但随着第四次技术革命和产业革命深入推进，数字化成为经济社会发展的普遍现象，数字技术的创新逐渐从单点突破进入到多技术协同推进、群体性演变的爆发期（李伟，2019），不仅在技术层面使得数字技术创新不断加剧，加速了数字技术迭代与应用，还通过其渗透性、替代性、协同性等特征（张璐娜等，2021），与地区制造、能源、材料、生物等多个领域的技术融合形成新主导技术群（蔡跃洲和牛新星，2021）。这些虽然能为黄河流域绿色发展带来新的机遇，但同时也会使地区创新的难度与风险及创新过程的复杂性与不确定性等大大提升，从而也对通过形成有助于创新风险均担的创新生态系统去促进流域新动力的培育和发展提出了迫切要求，加之绿色使命的要求，系统的绿色化转向成为驱动新使命达成的必然要求。

（3）黄河流域绿色创新生态系统协同演化是新使命下促进流域协调发展的有效路径。

黄河流域地理条件复杂，区域内发展极不平衡。黄河流经的省区不仅创新资源较少，技术积累水平不均衡，各省区间还面临城镇化、工业化、信息化等方面的差距，使全流域经济、社会、生态、政治、文化等差异显著。具体地，一方面，从地区整体发展规模看，如图 1－1 所示，山东、河南、四川三省 2021 年的 GDP 分别占全流域的 29.97%、20.53% 和 18.77%，是沿黄九个省份经济总量位居前列的三个省份，达到了流域经济的 60%，宁夏、青海等流经省份 GDP 占全流域的比重均不足 2%；另一方面，从地区发展的人均水平看，如图 1－2 所示，内蒙古与山东两省份 2021 年人均地区生产总值均高于 80 000 元，是黄河流域人均经济占有量最大的两个省区，陕西省达到 76 171 元，也相对较高，山西、四川、宁夏、河南、青海五省份人均生产总值均在 50 000~70 000 元，人均生产总值最低的是甘肃省，仅为 40 976 元，不足内蒙古自治区人均生产总值的 50%，这些都表明黄河流域内部显示出明显的发展差距。流域整体协调发展难度较大。

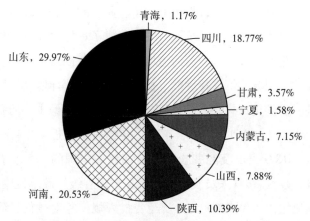

图 1－1　2021 年黄河流域流经省份生产总值占全流域比重

资料来源：根据《中国统计年鉴 2022》相关指标数据测算。

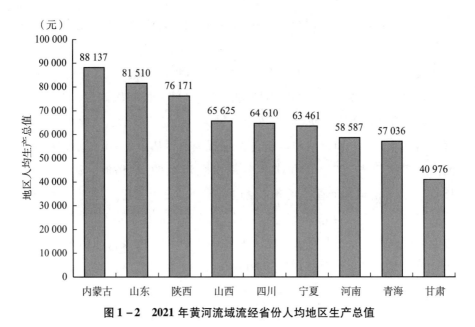

（元）

图 1 - 2 2021 年黄河流域流经省份人均地区生产总值

资料来源：根据《中国统计年鉴 2022》相关数据绘制。

创新是引领发展的第一动力。从黄河流域各省份目前创新现状看，陕西、山东等省份集聚了一批高水平的高校或研究机构，其创新生态系统的要素与功能趋于完善，不少省份也形成了较厚实的工业基础与完整的产业配套体系，为地区创新生态系统运行发展形成了良好的经济基础。但一方面，根据本书测算结果之一，黄河流域各省份绿色创新生态系统创新知识研发应用种群、创新政策支持种群、社会公众及自然环境之间协调发展趋缓，需要进一步优化；另一方面，流域科技资源总量偏少、质量偏低，且各省份差距明显。如表 1 - 1 所示，2021 年，占全国近 1/3 省级行政单位的黄河流域，R&D 人员及经费投入总量却仅占全国的 1/5 左右，且有半数以上省级行政区 R&D 人员及经费投入在全国省级行政单位中排名 20 位之后，表明流域内不仅 R&D 人员及经费投入规模相对较低，同时，各省份之间在 R&D 人员及经费投入上也存在明显差距。此外，还可以看出，黄河流域多数省份的 R&D 人员及经费投入强度相较其规模在全国排位均有下降，表明各省域科技创新资源不充分或尚未得到充分利用，科技投入效能仍有待提升。

表1-1　　2021年黄河流域各省份R&D人员及经费投入情况

省份	R&D人员				R&D经费			
	R&D人员数（人）	全国排名	R&D人员投入强度	全国排名	R&D经费内部支出（万元）	全国排名	R&D经费投入强度	全国排名
青海	9 438	30	0.03	28	267 745	30	0.80	28
四川	311 721	12	0.06	19	12 145 209	7	2.26	11
甘肃	55 067	25	0.05	20	1 294 694	26	1.26	22
宁夏	29 463	28	0.07	15	704 410	28	1.56	19
内蒙古	50 166	26	0.02	29	1 900 595	23	0.93	25
山西	101 123	20	0.04	23	2 518 889	20	1.12	23
陕西	187 874	17	0.06	17	7 006 207	14	2.35	7
河南	346 737	9	0.06	18	10 188 408	10	1.73	17
山东	695 945	4	0.08	6	19 446 588	5	2.34	8
占全国比重（%）	20.83				19.84			

资料来源：根据《中国科技统计年鉴2022》相关指标数据测算。

区域创新生态系统的"生态"二字强调开放式创新（Morrison，2013），突出系统的非线性、复杂性、动态性和自适应性特征（Gobble，2014），涉及特定环境中参与者相互依赖（空间维度）以及参与者共同进化（时间维度）（Ritala，2017），系统要素关联互动、共同进化是区域创新的关键驱动力（Thomas，2016），要素间互补与依赖关系激发的系统协同效应对促进系统可持续发展具有积极作用（Elias，2012）。黄河流域在新使命驱动下，其区域创新生态系统要向以绿色技术创新为硬核的生态系统转变，各类要素、参与者等的协同演化有助于推动流域绿色创新，并进一步驱动生态保护和高质量发展。虽然黄河流域九省份在行政关系上相互独立，然而作为国家层面关注的区域发展战略新空间，它们构成了一个跨越行政边界的发展共同体。但受地理条件等的约束，沿黄各省份之间存在经济联系度不高、区域分工协作意识不强、高效协同发展机制不完善等亟待解决的问题①，一定程度上影响了黄河流域各省份协调发展、有限创新资源的跨省域流动及各类创新主体之间的关联互动。因此，黄河流域各省份促进创新种群互动、共生，以及加强各省份间协同、关联，都是黄河流域创新生态系统协同演化的重要内涵，均对全流域促进有限的科技创新资源合理配置及充分利用至关重要。同时，随着新型基础设施建设的推进，以及"东数西算"工程的正式启动，黄河流域作为重要国家战略新空间，全流域已初步具备了开放创新驱动发展的基础，各省份创新生态系统实现相互生态嵌入、协同演化，将有效驱动全流域一体化发展。

1.1.2　研究意义

（1）理论意义。

一是以兼具欠发达地区、地理环境多样地区、生态脆弱地区等特殊类型地区特征的黄河流域为研究对象区域开展创新生态系统研究，充实了区域创新生态系统理论。创新生态系统是当前创新研究的主流范式。目前，区域创新生态系统研究的对象区域多集中于成功的创新区域或国家次一级的省、州一级行政单元。黄河流经九个省份，黄河流域创新生态系统是由九个省域创新生态系统作为子系统聚合形成的复杂巨系统，其发展、演化等更具复杂性。本书以黄河流域作为区域创新生态系统研究的对象性区域，系统分析以地理单元为特色的黄河流域各省份、各主体为促进绿色发展如何协同转变以及流域创新生态系统绿色转向，并基于地理特征从多个维度凝练系统协同演化机制，实现了在复杂地理单元下对区域创新生态系统理论在研究对象区域的拓展及应用，相关研究结论也对区域创新理论体系具有边际贡献。

二是立足黄河流域发展实践，以实现绿色发展为目标剖析流域创新活动的价值导向，并基于此分析流域创新生态系统发展现状、揭示流域绿色

---

① 中共中央、国务院：《黄河流域生态保护和高质量发展规划纲要》。

创新生态系统演进规律等，丰富了区域创新理论。区域是集聚创新资源的空间载体。黄河流域兼具欠发达地区、地理环境多样地区、生态脆弱地区等特殊类型地区属性，与一般类型地区在区域创新发展的先天条件、制约因素等方面存在显著差异。黄河流经的九省份创新资源较少，技术积累差异较大，相较于其他地区，其"节水""治水"等发展要求与目标，还使流域创新具有了特色化的核心价值主张。本书聚焦黄河流域，在新使命驱动下，将"绿色"纳入流域创新生态系统的研究中，对标新使命要求梳理流域创新生态系统发展问题，可以形成对研发资源稀缺区域、高质量发展不充分地区、流域经济地区等创新分析的新思路。

三是从区域创新生态系统的视角探索黄河流域实现生态保护和高质量发展的有效途径，拓展了黄河流域绿色发展研究。黄河流域的地理条件复杂，带内发展极不平衡，加之面临着生态保护和高质量发展的新使命，因而离不开创新这个新动能。黄河流域生态保护和高质量发展战略提出后，针对流域绿色发展的讨论逐渐增多，有研究指出破解黄河流域难点的核心在于能否把黄河流域创新体系建立起来（樊杰等，2020），但相关研究多局限于概念运用与对策建议，并未深入剖析其内涵、机理等，也未将流域的创新发展与绿色发展作为一个有机整体去考察。本研究以创新生态系统建设作为黄河流域绿色发展的重要手段，研究作为区域可持续发展典型可借鉴模式的创新生态系统模式，能够深化当前的黄河流域创新发展与绿色发展研究，形成多维研究体系。

（2）实践意义。

首先，有利于黄河流域生态保护和高质量发展战略的落实与推进。黄河流域生态保护和高质量发展是我国"十四五"期间着力推进解决的重要问题之一，也是我国建成富强民主文明和谐美丽的社会主义现代化强国中的重要一环。研究沿黄各省份形成绿色导向的区域创新生态系统对推动流域绿色、协调、可持续发展具有重要的实践意义，能为实施重大战略提供思路与施策方案。

其次，能为促进黄河流域创新政策协同制定提供决策依据。新使命驱动下，黄河流域由发展向绿色发展的转变，更加突出对人地和谐、生态保护等的关注，经济、社会、生态的协同向好成为流域发展的重要特征。研究黄河流域创新生态系统的绿色转向，并揭示系统协同转向策略，有利于各级创新政策的协同及由单一经济目标转向经济、社会与生态的多目标体系，为政策协同制定提供思路。

最后，能为促进黄河流域协调发展提供决策依据。黄河流域是基于地理单元的典型区域，其涉及的省级单元之间在发展条件、发展水平等方面存在明显不同。依托黄河流域绿色创新生态系统，从要素层面的各类创新主体间互动关联，与空间层面各省份绿色创新生态系统的协同发展等两个维度，共同凝练系统优化路径，既有利于促进各省创新资源的整合与共享，指导创新生态系统中各创新群落绿色发展与创新发展相融合，为黄河流域协同发展提供路径依据，又有利于沿黄省份创新生态的形成与协作开放政策的制定，为推进区域协调发展提供决策支撑。

1.2 理论溯源与研究进展

1.2.1 区域创新生态系统理论缘起

1912 年，熊彼特在《经济发展理论》中首提"创新理论"，使创新研究正当合法，开创了研究的新领域。熊彼特认为静态均衡、完全竞争等经济学假设无法解释创新，经济的根本现象是发展，发展的根源是创新，并将创新活动归纳为"要素的重新组合"。伴随创新实践与对创新认知的逐步深入，20 世纪 40 年代，有学者提出创新线性模型，认为创新是以基础研究为起点，经过研发后实现商业化并加以推广与扩散（Vannevar，1995）。线性模式是一种基于线性思维的创新过程模式，是对简单产品的创新过程与早期序列性创新活动的一种解释。这类模式重在就技术研发及其应用活动的依序推进刻画技术创新全过程，也经历了技术创新的来源是单一的（技术进步或市场需要）、多个或几个因素的认识深化过程，并认为源头与创新发生之间是一种线性作用的关系。线性模式的基本假定是"更多的研究开发投入"等于"更多的创新产出"。但线性创新模型更关注创新过程各环节的联系，较少关注创新主体。

20世纪80年代，创新研究领域发生重大变化，弗里曼（Freeman，1987）、伦德瓦尔（Lundvall，1992）、纳尔逊（Nelson，1993）等从系统论和演化视角提出国家创新系统，用来解释国家层面技术变化的差异，并将企业创新行为与环境特点纳入研究。20世纪90年代以来，创新系统理论成为主流范式，将创新活动全过程及各类参与主体共同作为完整系统进行考察。创新系统强调创新过程的非线性，认为创新过程不仅受系统要素的影响，还受要素间关系的影响。创新系统的类型（Edquist，1997）以及现代国家创新体系的起源（Sharif，2006）、基本概念（Lundvall，2007）、发展趋势（Watkins et al.，2015）和可能的优劣势（Lundvall，2010）已被广泛讨论。

伴随对创新系统中要素共生与价值共创的进一步认识及生态系统概念的传播，对创新系统的实践认识与研究范式发展至"创新生态系统"阶段。生态系统概念出现于20世纪30年代，关注的是个体与环境的关联问题，指特定地点由生物和与之相关联的物理环境组成的社群或集合（Tansley，1935）。Moore（1993）借鉴生态系统概念提出"商业生态系统"，这是学界普遍追溯的关于创新生态系统的最早研究。随后，《地区优势：硅谷和128号公路的文化与竞争》和《硅谷优势：创新与创业精神的栖息地》两部著作产生了创新生态思想的萌芽，它们都认为硅谷的竞争优势在于其以地区网络为基础的工业竞争，并提出要从生态学的角度去思考硅谷难以复制的原因。与此同时，政界为推动创新生态系统理论的形成与发展也做出了重要努力。2003年，美国总统科技顾问委员会（President's Council of Advisors on Science and Technology，PCAST）首次以"创新生态系统"作为核心概念进行研究，并于2004年，在其发布的《维护国家创新生态系统、信息技术制造和竞争力》（*Sustaining the Nation's Innovation Ecosystems，Information Technology Manufacturing and Competitiveness*）、《维护国家创新生态系统：保持美国科学和工程能力之实力》（*Sustaining the*

Nation's Innovation Ecosystem：Maintaining the Strength of Our Science & Engineering Capabilities）中，在总结硅谷崛起经验的基础上明确提出"创新生态系统"这一概念，强调有活力、动态的创新生态系统的重要性，指出美国要保持在世界经济领域的领导地位，需要由创业者、人才、高校、研发机构、风险投资机构、政府等组成的创新生态系统，并提出国家的技术和创新领导地位取决于有活力的、动态的创新生态系统，实现了"创新系统"向"创新生态系统"的转变与过渡。之后，Adner（2006）从企业层面率先明确提出了创新生态系统，并将其定义为一种关注协同机制的生态系统，企业可通过协同机制将自身与其他利益相关者关联，为顾客创造价值。Adner（2006）认为，创新无法由单个企业独立完成，创新生态系统则有助于实现单一组织无法实现的共同价值创造。随后，有学者就创新生态系统的结构和地理位置（Adner and Kapoor，2010）、创新生态系统作用下技术曲线的变动（Adner and Kapoor，2016）等内容进行了深入探讨，为创新生态系统研究作出了巨大贡献，推进了该理论在产业界、学术界和政府中的广泛使用（Oh et al.，2016）。创新生态系统现已成为推动创新发展的第四种驱动力量（柳卸林等，2022）。2013年，哈佛商业评论上发表的《拥抱创新3.0》对创新范式的演化进行了系统的概括和总结，并将创新生态系统当作创新3.0的核心（李万等，2014）。

相较创新系统理论，创新生态系统由关注单个实体竞争优势转向关注特定环境中不同实体的交互作用与一致性（Oh et al.，2016；Adner，2017；Han and Hong，2017），强调系统内行动主体的相互作用、共同演化及由此形成的复杂网络关联和共生共栖状态（Oksanen and Hautamaki，2014），侧重刻画变化结构的动态性质（Han and Hong，2017）。创新生态系统中独特的互补性和超模态互补性使得知识交换对价值共创至关重要，对驱动突破性创新具有显著影响（Wang et al.，2024）。根据创新生态系统运行层面的不同，可以分为微观的企业创新生态系统、中观的产业或区域创新生态系统以及宏观的国家创新生态系统，但它们本质上仍侧重于解释企业创新活动（王伟楠等，2019）。现有文献也多以企业创新生态系统研究为主，对中宏观层面的关注相对有限。但空间与创新之间存在必然联系（Ott and Rondé，2019），因此创新生态系统首先是一个成功的创新区域（Andersen，2011），关注区域创新生态系统同样重要。

区域创新生态系统是指具有互动需求的多边、异质参与者之间所建立的联盟结构，通过多边合作伙伴间相互作用、相互影响从而实现共同价值主张（Adner，2017；柳卸林和王倩，2021），是一种特殊的创新系统（Olko，2017），是行动者、技术和机构（Rohrbeck et al.，2009；Ritala et al.，2017；Dattée et al.，2018）以及参与者之间的互补关系和替代关系的集合（Granstrand and Holgersson，2019），涉及特定环境中参与者相互依赖（空间维度）以及参与者共同进化（时间维度）（Ritala，2017），进一步突出了可持续发展、动态演化和共生共赢的理念（张妮和赵晓冬，2022；李晓娣和张小燕，2020）。作为"创新生态系统"在区域层面的延伸与拓展，"区域创新生态系统"在强调一定时空范围的基础上（黄鲁成，2003），关注创新主体与创新环境间的资源流动，通过相互作用、相互联系的复杂系统的运行，以实现有机系统的动态平衡（Butler 和 Gibson，2013；唐开翼等，2021）。区域创新生态系统延续了国家创新系统理论在区域层面的发展，在创新系统理论中承担起衔接宏观层面与微观层面的作用，丰富了区域经济理论在创新领域的发展（王松和胡树华，2013）。

1.2.2　区域创新生态系统演化发展的研究进展

区域创新生态系统运行过程是多样化创新主体、复杂化合作模式、多元化价值主张等在系统整体层面的集中涌现，是创新主体对环境变迁、扰动形成的应答过程（李万等，2014）。这给区域创新生态系统赋予了生态学要义。在生物界，物种间关系是"共生演化"而非"生存竞争"（Ehrlich and Raven，1964），因此，区域创新生态系统的发展也体现为"演化"。

从研究内容看，持续推进了系统演化发展的路径特征及影响因素的相关研究。其中，系统演化发展的路径特征主要围绕区域创新生态系统的不同组织结构形式、不同演化共生模式及其演化共生规律以及特定区域下创新生态系统的最优演化路径等展开研究。苏屹等（2019）通过构建松散耦合理论映像的 N－M 矩阵，分析出四种区域创新生态系统的不同组织结构类型及其特征，并基于生命周期理论提出系统组织结构的周期性演化规律；刘平峰和张旺（2020）在构建多种群共生演化动力学模型的基础上进行数值仿真和实证分析，研究结论显示创新生态系统种群共生演化轨迹符合 Logistic 增长规律，共生演化均衡态及均衡条件则取决于种群之间共生度的强弱；Liu 等（2021）以北京市创新生态系统为例，利用基于 BP 神经网络和 DAMATEL 方法的 NK 算法，计算系统不同状态下对应的适宜度，并通过比较 10 万次模拟值确定北京市创新生态系统的最优演化路径。李天柱等（2024）以 Illumina 和华大基因为例，提出关键核心技术突破的过程模型，研究发现创新生态系统按照"个体繁衍—种群塑造—群落融合"的演化过程推动关键核心技术突破，其中系统中国际领先者和国内赶超者所倾向的突破路径有所差异。Wang 等（2024）通过考虑独特互补性和超模态互补性，研究创新生态系统中知识转移的获取对突破性创新的影响，利用 fsQCA 方法发现"隐性知识驱动""关系锚定连接"和"共同责任导向"三个条件组合驱动着企业的突破性创新。系统演化发展的影响因素则主要包括网络因素、社会因素、制度因素、创新基础设施因素等众多方面。例如，在网络因素方面，Harmaakorpi 和 Rinkinen（2020）基于创新生态系统理论对拉赫蒂地区竞争力战略进行案例分析，发现利益相关者之间的网络关系对区域创新知识的补充具有重要作用；外部性（Ke et al.，2020；Fernanda et al.，2022）、资源互补性、网络距离、结构洞（Harmaakorpi and Rinkinen，2020）等也是影响区域创新生态系统共生演化的重要原因。此外，Song（2016）认为，创新参与者在网络中的位置和异质性、互动模式等也会影响系统演变；在社会因素方面，例如社会创新因素（Martha and David，2022）、创业精神和系统属性（Foray，2019）及开放程度（Çubukcu，2021）等对系统演化发展的影响都是当前研究关注的重点；在制度因素方面，Xie 和 Wang（2020）的研究发现，公共政策能对创新行为者发展跨界互动意愿和能力产生影响，并通过制度化影响系统运行发展；Ma 等（2019）以原始资源有限的地区为研究对象，分析不同阶段政府政策对区域创新生态系统的动态影响，认为政府在整合资源、促进产学研的联系与沟通、创新基础设施建设等方面起到了重要作用；蔡杜荣和于旭（2022）从"架构者"理论出发，并通过案例分析和定量分析相结合的方法，揭示出政府在区域创新生态系统的不同演化阶段中作用不同，认为政府应当通过识别演化阶段及其"架构者"从而给予相应的政策措施。在创新基础设施因素方面，Harmaakorpi 和 Rinkinen（2020）认为创新平台、孵化器等是影响创新生态系统演化发展的重要因素，数字化的快速步伐会导致企业技术创新轨迹从个人产品和服务向更复杂的价值主张转变（Wang et al.，2024），杨伟等（2020）发现，互联网等新兴技术引起的数字化接入水平、数字化装备、数字化平台建设与应用等也会影响系统发展。

从研究对象区域来看，增加了针对选定区域的创新生态系统演化发展的研究。根据区域范围划定标准的不同，这类研究主要有两类：一是以国内外创新活跃区作为区域范围，例如王海军（2021）以硅谷为研究对象，基于企业创新生态系统分析，通过归纳近 20 年来硅谷企业的代表性颠覆性创新特征等发现，嵌入平台化思维和模块化逻辑，是提升硅谷企业创新生态系统独特性的重要机制；Jukka（2016）则以剑桥为研究的对象区域，围绕系统组成、运行发展规律等进行研究；欧忠辉等（2017）以杭州城西科创大走廊为对象区域，基于构建的创新生态系统共生演化模型判断出五种系统共生模式，其中发现互利共生模式为系统共生演化的最佳方向。二是以国家次一级的省级行政单位或城市群为区域范围，其中常用的主要定量评价方法有 TOPSIS 模型、Brusselator 模型、DEA 模型等。TOPSIS 模型可用来对区域创新生态系统的发展状况、活力指数以及安全性进行评估，李晓娣等（2020）运用 TOPSIS 生态位评估投影集成模型及二次加权算法，对我国 30 个省份区域创新生态系统的发展状况进行了静态和动态的综合评价；吕晓静等（2021）利用改进的熵权 TOPSIS 模型和障碍度模型计算京津冀地区创新生态系统的活力指数和障碍因子，识别出京津冀地区的创新活力特征；吴艳霞等（2021）运用 TOPSIS 生态位评估投影模型测算长江经济带区域创新生态系统的安全状况，研究发现长江经济带的区域创新生态系统安全状况呈趋好态势，但存在明显的不均衡现象。Brusselator 模型的科学转译方法可用来判定区域创新生态系统的耗散结构,王展昭和唐朝阳(2021)对我国 31 个省份区域创新生态系统耗散结构进行判定,发现若某一省市区域创新生态系统出现耗散结构,将在未来的一段周期内保持耗散结构现象的连续性。学者还通过不同方法对区域创新生态系统的自主进化能力、健康性、运行效率及系统韧性进行评估,徐君等(2022)基于多维超体积生态位理论构建创新生态位模型,对区域创新生态系统的自主进化能力进行评价;李晓娣等(2021)采用具有速度特征的动态综合评价模型,综合评价我国 30 个省份的区域创新生态系统健康性;廖凯诚等(2022)和陈邑早等(2022)均利用 DEA 模型和 Malmquist 指数分别测算了中国八大综合经济区创新生态系统和我国 30 个省份区域创新生态系统的运行效率;刘和东和鲁晨曦(2023)利用全序列功效法和时序加权平均法综合计算并分析了省级层面创新生态系统的韧性值,探究其对经济高质量发展的影响。在我国区域发展战略、区域创新政策等的推动下,近年来还出现了极少数聚焦京津冀城市群创新生态系统(杨力等,2023)、长江中游城市群创新生态系统(Yan et al.,2021)、长三角创新生态系统(武翠和谭清美,2021)、粤港澳大湾区创新生态系统(张玉臣等,2021)等区域创新生态系统演化发展的相关研究,将区域范围扩大到区域发展战略涉及的新发展空间上。

区域创新生态系统与一般的创新生态系统一样,是一种强调成员彼此依赖的复杂协同网络(Adner,2010),其本身具有多主体、强互动等关键特征,内部构成要素间的良性互动是该系统实现可持续健康发展的关键(吴金希,2015)。特别是在当前科学技术快速发展、市场需求日益多样化和复杂化、科技创新资源又相对有限的情况下,任何单个创新主体都很难凭借一己之力对瞬息万变的市场需求迅速地产生响应,这就需要区域创新生态系统内部要素通过协同作用快速整合多样性资源,从而达到维持企业、产业或地区竞争力的目的。因此,区域创新生态系统协同演化的模式、效率等问题也逐渐引起学界关注。樊霞(2018)通过对创新生态系统研究的主题演化规律进行分析,发现迄今为止,创新生态系统相关研究主要经历了"可持续发展""开放式创新"及"价值创造和协同创新"三个阶段，特别是 2016 年以来，国外关于"创新生态系统协同"的研究热度与日俱增（魏芬芬和冯南平，2019），不同创新主体之间的协同模式、协同效率等问题逐渐引起了学者们的关注（Davis，2009；Tamayo et al.，2017），Davis（2009）发现多个合作伙伴在创新过程中可能会受到第三方的干扰，由其产生的不信任与冲突会降低创新主体间的协作效率，认为通过发挥管理者在团队动态协作中的作用能够有效提高创新绩效；还有学者从创新的主体、资源和环境三大子系统内部要素组合及子系统间的关系等方面考察了区域创新生态的协同演进过程（苏屹等，2016）。

1.2.3　绿色创新与绿色创新生态系统的研究进展

关于绿色创新的研究最早出现在 20 世纪 90 年代，主要指的是绿色技术方面的创新（齐绍洲等，2018）。目前，绿色创新相关的研究主要包括绿色创新的内涵、绿色创新的驱动因素等。就绿色创新的内涵而言，大致可以分为两种，其一是从微观角度关注生产过程的绿色化，较早时期的研究认为绿色创新是为了减少环境污染、促进资源高效利用的关于产品和工艺的创新（Braun and Wield，1994；Fussler and James，1996；Kemp et al.，2000）。之后，对绿色创新的认识逐渐延伸到企业绿色活动中的生产和管理等环节的创新管理（Chen，2006；Antonioli，2016）。其二是从宏观上关注绿色创新效应，认为绿色创新坚持创新性、创新能力和可持续性原则（曹慧等，2016），能减少对环境的不利影响（廖中举和程华，2014；潘楚林和田虹，2017），并以实现环境—经济—创新三者的协调发展为目标，尽可能多地产生经济效益、环境效益和科技创新（陈华斌，1999；曹慧等，2016）。绿色创新的驱动因素主要涉及：（1）经济与金融因素。例如绿色发展绩效、经济增长、数字经济和数字金融、碳金融等都是影响绿色创新的重要因素。Feng 等（2017）发现绿色发展绩效指数与经济发展水平之间存在"U"形环境库兹涅茨曲线，曲线的拐点为 2 424 美元；陈艳春等（2014）认为中国绿色技术创新与经济增长之间存在"U"形关系；郭爱君等（2023）、卢建霖等（2023）分别探讨了数字经济产业发展和数字金融对绿色科技研发和成果转化的影响；王凤荣等（2022）分析了碳金融的绿色创新效应。（2）产业结构与产业集聚。主要包括产业结构优化升级、产业集聚和产业协同集聚等因素。葛世帅（2022）等发现，推进产业结构优化升级能显著提升区域绿色创新绩效；Gao 和 Zhang（2019）发现当经济发展水平较低时，能源、产业和就业结构等结构性变量对区域技术效率的影响较大。（3）制度因素。主要涉及知识产权保护、环境规制、区域开放程度等方面。肖振红和李炎（2022）发现知识产权保护对区域绿色创新效益具有非线性影响；Porter（1995）等认为长期来看环保政策会对企业绿色创新产生积极影响，绿色创新的经济效益要远远大于环保投入；Horbach（2008）研究环境规制对企业绿色创新效率的影响，发现环境规制有效促进了绿色创新效率的提升；Berrone 等（2013）的研究发现在高污染行业中，环境规制对绿色创新效率具有显著影响；Song 等（2018）分析了环境规制对绿色技术和研发效率的影响；Jin 等（2019）分析了环境规制与工业水资源绿色全要素效率的关系；翟琼等（2022）将环境规制、生产性服务业集聚、绿色创新纳入统一的研究框架中，从城市层面对三者的关系进行详细解析和梳理。此外，孟卫东和傅博（2017）认为人才聚集水平、区域开放程度、环境管制强度与政府角色的差异会导致绿色创新绩效空间异质性的出现；闫华飞和肖静（2022）发现区域开放程度会对工业绿色技术创新效率产生显著影响；孙小龙等（2022）认为高等教育资源是影响绿色创新的重要因素。

创新的发展需要一个特定的生态系统，在这个生态系统中，创新将因不同参与者之间的协作和共同创造而出现（Costa and Matias，2020），创新生态系统会进化并适应危机，通过打破之前的行为模式来突破新的创新（Arribas‒Ibar et al.，2021）。伴随绿色发展进入学者们的视线，绿色增长的理念与思维模式被嵌入创新生态系统，形成了绿色创新生态系统（Sotarauta and Suvinen，2019），实现了绿色价值主张（Yang，2021）及参与者多样化（René et al.，2010）。关于绿色创新生态系统的组成界定，一些学者从政府、大学和产业的视角来进行研究（Bartlett and Trifilova，2010；Zygiaris，2013），在以企业为主体、社会组织和公众共同参与的绿色创新生态系统中，中介机构、环境监管和政策也是不可或缺的一部分（Yang et al.，2021；Melander and Arvidsson，2022）。例如，CI等（2020）将绿色创新生态系统视为一个循环系统，结合循环发展和低碳发展等理论，将自然资源（包括生态系统服务功能和废物吸收能力）和"废物"（如二氧化碳）作为重要的创新资源；曾经纬等（2021）认为区域绿色创新生态系统的目标是促进绿色创新能力的提升和绿色产品的创造，与传统的区域创新生态系统相同，区域绿色创新生态系统也是一个创新主体与创新环境互动共生的复杂开放系统。城市绿色创新生态系统是区域创新生态系统的进一步拓展；朱志红等（2017）认为城市绿色创新生态系统包括以企业、高校、科研机构、政府等为主的创新主体和以科技中介服务机构、科技团体、行业协会等为主的辅助主体，还包括自然生态环境、社会文化环境、科学技术环境、政策法律环境和市场环境等外界环境；邓晓辉等（2022）则在五螺旋创新理论的基础上对绿色创新生态系统的内涵进行了解读。由此可见，对于绿色创新生态系统的研究本质上仍然是对创新生态系统的研究，其重点在于绿色价值主张的体现上。在此基础上，还有研究初步探讨了绿色创新生态系统的演化。例如，田红娜和毕克新（2012）根据Logistic基本原理构建了制造业绿色工艺创新系统的自组织演化模型，探索中国制造业绿色工艺创新系统的演化规律；曲薪池等（2019）构建了政府、绿色金融机构和企业间的三方博弈演化模型来分析绿色创新生态系统的演化。李婉红和李娜（2022）以绿色智能制造创新生态系统作为研究对象，运用随机演化博弈模型分析产学研博弈的演化规律，并通过仿真模型分析影响系统发展的因素。

1.2.4　黄河流域绿色发展的研究进展

一是黄河流域绿色发展评价的相关研究。相关文献主要围绕绿色发展效率和绿色发展绩效的测度展开研究，郭付友等（2021）通过构建黄河流域绿色发展的综合评价指标体系，并通过熵值法计算绿色发展水平。一些学者通过SBM模型测算黄河流域内各城市的绿色发展效率，发现流域的绿色发展效率整体呈现波动上升趋势，且上中下游地区绿色发展效率差距明显（岳立和薛丹，2020；李春梅等，2023）；陈明华等（2022）采用基于 MinDS 模型的 Global – Luenberger 指数测算了 2005～2018 年黄河流域城市绿色发展绩效，测算出黄河流域城市绿色发展绩效年均增长 0.40%。

二是黄河流域绿色发展的影响因素相关研究。相关因素主要涉及：（1）经济因素，岳立和薛丹（2020）发现经济发展水平显著提升了绿色发展效率，认为经济发展水平通过提高居民的环保意识和企业的污染治理能力来推动流域的绿色发展。（2）政策因素，郭付友等（2022）认为政府调控作为改变路径依赖的外在变量对黄河流域绿色发展发挥着正向的促进作用。赵明亮等（2020）通过实证发现环境规制具有显著的正向影响。（3）产业结构，产业结构的优化升级能够不断提升黄河流域绿色发展绩效，但第二产业占比提高会抑制流域城市的绿色发展（陈明华等，2022）。（4）科学技术，一些学者通过 Tobit 回归分析发现科学技术对黄河流域绿色发展效率发挥着负向的驱动作用，说明流域面临着科技创新能力不足的问题，且绿色可持续发展能力有待提升（岳立和薛丹，2020；郭付友，2022）。

1.2.5 黄河流域技术进步与创新发展的研究进展

从现有的关于黄河流域的研究看，围绕黄河流域技术进步或创新发展的研究，无论从研究的数量还是质量上看，都还较为稀少。但伴随黄河流域生态保护和高质量发展上升为重大国家战略，有关研究日益丰富。整体来看，相关研究主要包括以下三方面。

一是黄河流域技术进步及创新能力评价的相关研究。这类研究中，有关流域科技创新能力、技术创新水平、绿色技术创新水平、绿色创新效率等的评价较为常见。例如张志新等（2014）、曾刚和胡森林（2021）、斯丽娟（2020）、王星等（2022）等对黄河流域科技创新能力进行综合评价，发现绿色创新能力取得较大进步，但整体发展水平和层次较低，且空间差距依然明显。部分研究还表明黄河流域科技创新、绿色创新能力与全国或长江经济带等地区对比，仍存在明显不足。

二是黄河流域技术进步及创新发展的影响效应的相关研究。相关文献主要围绕黄河流域技术进步或创新能力对高质量发展、绿色发展、地区环境等影响进行了探讨。例如，岳立和闫慧贞（2022）指出黄河流域技术进步与绿色发展存在先降后升的非线性关系，在发展初期，技术进步回弹效应会抑制绿色发展效率提升，随着资源环境约束趋紧，技术水平日益提高且进步偏向环境保护，由此催生相关绿色产业、提高生产效率，促进城市绿色发展；张子龙等（2021）发现黄河流域技术进步可以在一定程度上缓解流域内资源诅咒效应；赵明亮等（2020）、毛锦凰和王林涛（2022）则认为黄河流域技术进步与绿色全要素生产率的联系紧密，更切合实际的偏向性技术进步在黄河流域高质量发展中发挥着重要作用。

三是黄河流域技术进步及创新发展的影响因素。相关影响因素主要涉及：（1）政策法规，例如吴晓飞和李长英（2016）以黄河三角洲高效生态经济区战略为例，发现其对地区创新存在正向影响；斯丽娟（2020）发现黄河流域城市加强环境规制对本地和邻近城市技术创新都有显著的正向作用。（2）创新主体间关系，例如郭淑芬和温璐迪（2023）运用黄河流域地级市专利数据研究科技合作显著促进了黄河流域城市创新能力提升，且城市在国家创新网络中的中心性是其中重要的传导路径。（3）经济因素，例如赵景峰和李妍（2022）认为黄河流域近年来推动数据要素参与更多价值的创造和分配，得益于数字经济对科技创新产出的作用，且通过实证研究发现，数字经济发展是流域科技创新产出的重要支撑，并呈现显著的空间溢出效益。此外，还有研究指出，偏向性技术进步在黄河流域高质量发展中发挥着重要作用（许佑江，2023）。水资源是黄河流域最重要的战略资源，但已有黄河流域偏向性技术进步研究仅关注资本劳动因素，尚未把水要素纳入分析范畴。

1.2.6　文献评述

自熊彼特提出创新理论以来，创新研究范式目前已演化进入创新生态系统阶段，已有文献围绕区域创新生态系统演化发展、绿色创新与绿色创新生态系统等展开了丰富研究，还有研究针对黄河流域绿色发展、技术进步与创新发展等方面进行了一定探讨，为未来研究奠定了基础。但当前研究仍存在以下不足。

其一，创新生态系统成为继市场、政府与社会之后推动创新的第四种力量，在创新发展过程中发挥着越来越重要的作用，但目前在涉及特定区域范围的创新生态系统相关研究中，研究对象区域多是以硅谷（王海军，2021）、剑桥（Jukka，2016）等为代表的成功的创新区域，国内文献多以粤港澳、长三角等经济较为发达的地区为研究对象。但对于欠发达地区、地理环境多样地区、生态脆弱地区等特殊类型地区的创新生态系统的研究较为少见。在区域创新生态系统的地区根植性特征下，相关研究结论对这些类型地区的启示意义较弱。黄河流域是横跨我国东中西三大区域的重要经济带，是我国重要的生态安全屏障，也是人口活动和经济发展的重要区域，梳理黄河流域创新生态系统演进、偏离及其针对区域禀赋的创新价值主张特色，可形成对研发资源稀缺区域、流域经济、欠发达地区的创新认识。迄今，鲜少有研究以黄河流域作为特定研究对象区域，探索创新生态系统的转向及发展问题。

其二，在当前区域一体化发展、区域协调发展重大战略影响下，不同省份创新生态系统之间也逐步实现了相互的生态嵌入，使得系统演化发展除了在创新参与者，即系统要素层面具有协同关联关系外，还在不同省份间，即空间层面具有了协同关联关系。但在区域创新系统、绿色创新生态系统及其价值创造的相关研究中，仍多以创新参与者之间关联互动、创新种群共生共荣等为主要研究对象，对于更大空间尺度下子空间尺度的区域创新生态系统间的协同关系及其内在协同机制的探讨较为欠缺。就黄河流域而言，将区域空间尺度扩大至跨越行政边界的流域后，区域创新生态系统"协同"的内涵得以丰富，各省际间的协同也成为协同关系的重要内容。但已有的关于黄河流域、流域绿色创新及流域绿色创新生态系统等方面的研究仍较多地关注创新主体或种群间的行为或策略选择，对于空间层面的关注尚显不足。

其三，地区根植性是区域创新生态系统的基本特征之一，打造与各地发展实践相适配的区域创新生态系统是各地深入推进创新驱动发展战略的重要保障。在黄河流域创新发展的相关研究中，一方面，尚未有研究聚焦流域创新生态系统及其演化规律展开探讨，另一方面，伴随创新过程的逐渐开放及驱动因素的多样化，公众及自然环境在创新中的驱动作用逐渐凸显，推动各级创新政策由单一经济目标转向经济、社会与生态等多目标体系，为协同制定政策提供思路。在黄河流域生态保护和高质量发展这一新使命驱动下，各省要在发展的同时追求非期望产出的减少，创新作为驱动流域发展的根本动力，创新生态系统的绿色转向成为必然要求。但在生态保护和高质量发展的新使命驱动下，却尚未有研究揭示黄河流域创新生态系统在社会公众及自然环境的影响下，流域创新生态系统或绿色创新生态系统的演化规律。"节约用水"作为黄河流域生态保护和高质量发展的主要原则之一①，体现出流域发展的显著特色，却鲜少有研究将水资源作为区域发展的主要生产要素纳入研究，并据此探讨流域创新生态系统的发展与演化问题。

1.3　研究框架与研究内容

创新是实现持续发展的不竭动力，黄河流域在生态保护和高质量发展的新使命驱动下，要转向形成以绿色技术创新为硬核，省域创新生态系统各类创新要素关联、跨省域创新生态系统各类要素互动，人类社会与自然环境相适应的竞合开放创新生态。因此，明晰黄河流域地区发展概况、研判黄河流域创新生态系统发展问题、建立面向新使命要求的黄河流域创新生态系统理论框架、厘清该生态系统协同转向机制、提炼驱动该生态系统协同演化的优化路径等，共同构成了本书相互关联的总体研究框架。主要研究内容及其逻辑关系如下（如图1-3所示）。

---

① 中共中央、国务院：《黄河流域生态保护和高质量发展规划纲要》。

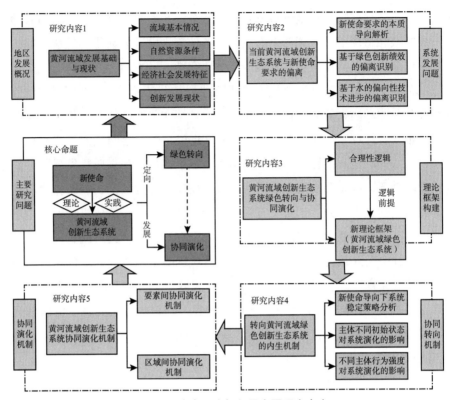

图 1-3　本书研究框架及主要研究内容

研究内容 1：地区发展概况——黄河流域发展基础与现状。

梳理地区发展基本现实，了解黄河流域发展的自然条件与发展现状，是进行黄河流域创新生态系统研究的重要前提。本书第 2 章从流域基本情况、自然资源条件、经济社会及创新发展现状等方面梳理黄河流域发展的基本现实，全面立体地剖析黄河流域发展概况。具体地：第一，分别从地形地势、气候特点、水资源以及能源等方面，明晰黄河流域实现高质量发展的自然条件基础。第二，基于国民生产总值、产业结构、居民生活水平和环境污染等基本情况，回顾黄河流域的发展历程，分析经济社会发展现状。第三，从创新投入与产出两个方面，厘清黄河流域创新资源及创新成果总量演变趋势。在分析过程中，考虑到黄河流域作为一个发展的新空间，其本身是一个整体，但同时，关注到黄河流域各流域段和各省份发展不平衡不充分问题突出，因此，该研究内容一方面从流域整体及各流域段关注其发展的基础条件与现状，另一方面，则关注各省份发展现状及省份间的基础条件及其差异，以形成对研究对象的基本了解，为项目后续研究奠定现实基础。

研究内容 2：系统发展问题——当前黄河流域创新生态系统与新使命要求的偏离。

准确度量黄河流域创新生态系统当前的创新表现，并结合新使命要求分析其存在的问题，是探索流域创新生态系统在新使命驱动下应转向何处的基础。该研究内容集中体现在第 3 章。第 3 章通过将黄河流域创新生态系统发展现状对标流域生态保护和高质量发展的新使命要求，进而揭示当前黄河流域创新生态系统发展与新使命要求的偏离。研究内容主要包括：第一，结合相关政策文件要求及黄河流域发展实践，凝练流域生态保护和高质量发展赋予的新使命要求，解析新使命本质导向，从而明确流域从创新转向"绿色创新"、从发展转向"绿色发展"的科学性与必要性；第二，基于绿色创新绩效视角，从流域绿色创新产出、绿色创新效率、绿色全要素生产率三个方面，动态地揭示流域整体、上中下游[①]及各省份创新生态系统创新产出现状与新使命要求的偏离及收敛趋势，并分析差异；第三，立足黄河流域水资源这一最大的刚性约束，基于水的偏向性技术进步视角，从投入和产出两个方面，考察黄河流域创新生态系统在"节约用水"与"废水减排"这两个目标的实现程度上与新使命要求的偏离情况，系统揭示黄河流域发生的技术创新是否实

[①] 依据《黄河流域生态保护和高质量发展规划纲要》将研究选取的 99 个城市划分为上游组、中游组和下游组。上游组包括：西宁市、成都市、自贡市、攀枝花市、泸州市、德阳市、绵阳市、广元市、遂宁市、内江市、乐山市、南充市、眉山市、宜宾市、广安市、达州市、雅安市、巴中市、资阳市、兰州市、嘉峪关市、金昌市、白银市、天水市、武威市、张掖市、酒泉市、平凉市、庆阳市、陇南市、定西市、银川市、石嘴山市、吴忠市、固原市、中卫市。中游组包括：呼和浩特市、包头市、乌海市、赤峰市、通辽市、鄂尔多斯市、呼伦贝尔市、巴彦淖尔市、乌兰察布市、西安市、宝鸡市、咸阳市、铜川市、渭南市、延安市、榆林市、汉中市、安康市、商洛市、太原市、大同市、朔州市、阳泉市、长治市、晋城市、忻州市、晋中市、临汾市、运城市、吕梁市。下游组包括：郑州市、开封市、洛阳市、南阳市、漯河市、许昌市、三门峡市、平顶山市、周口市、驻马店市、新乡市、鹤壁市、焦作市、濮阳市、安阳市、商丘市、信阳市、济南市、淄博市、泰安市、聊城市、德州市、滨州市、菏泽市、济宁市、枣庄市、临沂市、日照市、青岛市、烟台市、威海市、潍坊市、东营市。

现了水要素节约与废水排放减少，以及各地区在基于水的偏向性技术进步方面是否体现了协同推进。

研究内容3：理论框架构建——黄河流域创新生态系统绿色转向与协同演化理论框架。

面向新使命要求，在系统揭示黄河流域创新生态系统绿色转向及协同演化合理性逻辑的基础上，构建起黄河流域绿色创新生态系统理论框架，能为进一步探索流域创新生态系统优化与发展奠定理论基础。该研究内容由第4章呈现。首先基于区域创新生态系统的内涵，结合黄河流域发展与创新实践，揭示黄河流域创新生态系统的绿色转向与协同演化的合理性逻辑；在此基础上，同时考虑黄河流域创新生态系统要素层面及流域各省区空间层面，构建起包含要素层和空间层在内的黄河流域绿色创新生态系统理论框架，分析系统特征，并进一步从要素本地协同、区域空间协同和要素跨区协同三方面建构系统多维协同演化机制。

研究内容4：协同转向机制——转向黄河流域绿色创新生态系统的内生机制。

黄河流域创新生态系统绿色转向有赖于系统各组成要素在新使命驱动下，通过关联互动、竞争合作等策略行为选择的变化，为系统整体核心价值主张向绿色化方向演变提供内生动力。策略行为选择的变化体现在系统各组成要素是否有进行绿色创新的意愿及这种意愿的强弱等方面。因此，研究内容4即第5章借助演化博弈模型，在探索新使命导向下的系统稳定策略的基础上，进一步采用数值模拟方法，从系统各行为主体不同初始状态下及不同行为强度下揭示系统稳态的内生演化机制，为后续研究奠定理论基础。

研究内容5：协同演化机制——黄河流域绿色创新生态系统协同演化优化路径分析。

基于黄河流域绿色创新生态系统发展实践，提炼影响系统协同演化的关键因素、凝练优化路径，能为形成流域绿色创新生态系统政策体系提供经验证据。该研究内容在黄河流域绿色创新生态系统新理论框架的基础上，一方面，运用耦合协同度模型从要素层面测度黄河流域各省份绿色创新生态系统协同度，揭示协同演化规律，并采用 fsQCA 方法探索影响要素层协同演化的路径机制；另一方面，运用社会网络分析方法，从空间层面提炼黄河流域各省区绿色创新生态系统的协同演化规律，并运用二次指派程度（quadeatic assignment procedure，QAP）方法等凝练系统协同演化的关键驱动因素。以上内容设计了第 6 章和第 7 章两个章节。

1.4　研究方法和技术路线

1.4.1　研究方法

（1）文献研究法。本书以"创新生态系统""区域创新生态系统""绿色创新生态系统""协同演化""黄河流域"等为关键词，广泛搜索国内外相关文献，在阅读与分析总结现有研究成果的同时，借助 Citespace 等文献计量软件对搜集的文献进行筛选，以获取高质量文献，同时对筛选得到的文献进行分类、总结和研读。通过对已有的研究成果进行梳理，明确了区域创新生态系统的组成、形成与演化机制、黄河流域技术进步及创新发展等相关内容及研究脉络，一方面从中了解了现有研究中有待进一步推进和完善的领域，为本书探讨关涉的相应内容选择奠定了基础，另一方面为研究方案的细化、理论框架的构建及实证研究的设计等提供了理论支撑。

（2）演化博弈模型与数值模拟方法。演化博弈模型是揭示创新生态系统要素关联关系与演化规律的常用方法。本书基于黄河流域绿色创新生态系统五大要素的理论认知，以除自然环境以外的其余具有主观能动性的主体要素为研究对象，利用演化博弈分析工具通过构建演化博弈模型并对复制动态方程进行求解，明晰上述各主体要素在黄河流域绿色创新生态系统协同转向过程中的策略选择与系统演化路径；进一步对新使命导向下理想的系统演化方向进行判定，通过仿真模拟细致剖析使系统发生转向的关键影响机制。

（3）复杂系统分析与逻辑演绎法。本书将黄河流域绿色创新生态系统视作一个典型复杂巨系统，表现在系统构成要素的复杂性、要素间联系的复杂性及子系统关联的复杂性等多个方面，并认为系统在新使命驱动下将发生适应新使命绿色要求的长期协同调整与演进。因此，在文献阅读与理论学习基础上，类比推演黄河流域创新生态系统组成要素，并运用复杂系统研究方法，在确定黄河流域绿色创新生态系统的组成要素、子系统结构及其关系等的基础上，结合逻辑演绎的方法，推演构建黄河流域绿色创新生态系统理论框架，并对其特征、演化机制等进行分析，为黄河流域绿色创新生态系统的定量评价、指标体系构建等提供依据，还为研究流域绿色创新生态系统协同演化奠定了理论基础。

（4）耦合协同度模型与社会网络分析。本书将黄河流域绿色创新生态系统划分为两个层次，其一是基于五螺旋创新驱动范式的各类要素代表的要素层次，其二是基于黄河流域由九个差异显著的行政单元组成这一客观现实，从而将黄河流域绿色创新生态系统看作九个子系统在空间上的集合，反映不同子系统代表的空间层次。因此，黄河流域绿色创新生态系统协同演化也包含了要素层和空间层两个层次的协同演化。一方面，以构建的黄河流域绿色创新生态系统发展评价指标体系为基础，借助耦合协同度模型，从要素层定量评估黄河流域九省份绿色创新生态系统协同水平，并对省份间差异、演化趋势、收敛趋势等进行分析；另一方面，采用社会网络分析，以绿色发明专利为系统绿色创新产出的代表指标，分析九省份合作开展创新的情况，并以此分析黄河流域创新合作时空演变特征，从而揭示流域绿色创新生态系统演化规律等。

（5）模糊集定性比较分析（fsQCA）与二次指派程序（QAP）。fsQCA方法的本质旨在寻找因果关系，可以识别导致结果的因素模式，适合研究具有相互影响的复杂原因组合的问题。QAP是社会网络分析中可用于研究关系之间的关系的一种方法。本书在对黄河流域绿色创新生态系统协同演化关键影响因素及驱动路径进行系统挖掘与凝练时，分别采用了上述两种方法。其中，fsQCA方法用于分析要素层协同演化路径，QAP方法用于提炼子系统层协同演化的关键影响因素。

此外，本书还用到部分定量分析方法。例如：采用超效率 SBM 方法测算黄河流域绿色创新效率，并借助 Malmquist 指数分析其跨期变动趋势；采用 Malmquist 指数等测算基于水的偏向性技术进步指数，并对其进行分解；采用 Dagum 基尼系数分解、核密度方法等判断黄河流域各省区创新活动、绿色创新活动、有偏技术进步、各省份绿色创新生态系统发展水平等的空间差异；采用 σ 收敛、β 收敛等方法判断各省份绿色创新产出、绿色创新效率、偏向性技术进步等的收敛趋势。

1.4.2　技术路线

本书在理论与实践双重导向下，基于区域创新生态系统理论、螺旋创新范式理论、使命驱动型创新理论、演化经济学理论、可持续发展理论及协同理论等，通过挖掘黄河流域创新生态系统发展问题，同时结合流域实践，构建黄河流域创新生态系统绿色转向的理论框架，在此基础上，挖掘流域创新生态系统转向绿色的内生机制，并进一步基于流域绿色创新生态系统发展实践，揭示其协同演化机制，从而提炼、归纳出相关政策启示。技术路线如图 1-4 所示。

首先，以 2011~2021 年作为研究窗口期，收集相关数据资料及文献资料，在流域整体及九省份两个空间尺度下，分别分析经济社会发展、自然资源条件及创新发展现状等方面的历时性演变并探讨区域间差异，较为全面地分析研究对象区域的基本情况。

其次，基于黄河流域发展现状，通过对相关政策进行文本分析等，凝练黄河流域生态保护和高质量发展的新使命要求主成分，并进一步从系统创新产出绩效与基于水的偏向性技术进步两个方面，运用 DEA 系列方法、基尼系数、核密度估计等方法，探讨各研究样本创新活动与新使命的偏离程度，同时采用 β 收敛、σ 收敛等方法判断收敛趋势，以挖掘黄河流域创新生态系统发展与新使命要求的偏离，为后续提出黄河流域创新生态系统的绿色转向与协同演化提供现实依据。

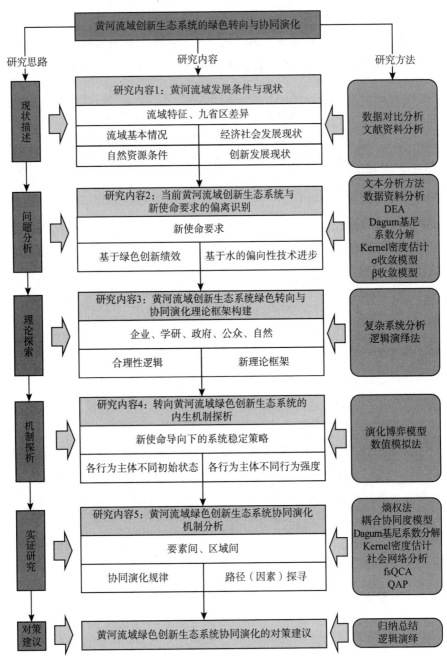

图1-4 技术路线

再次，在分析黄河流域创新生态系统与新使命要求偏离程度的基础上，以区域创新生态系统理论、五螺旋创新驱动范式、演化经济学理论等为指导，结合黄河流域创新及发展实践，揭示流域创新生态系统绿色转向的合理性逻辑，并借助复杂系统分析、逻辑演绎法等构建黄河流域绿色创新生态系统理论框架，建构系统多维演化机制，并借助演化博弈模型、数值模拟等方法，探讨黄河流域创新生态系统绿色转向的稳态策略，从系统行为主体出发，揭示不同主体不同初始状态、不同行为强度下系统协同演化规律，凝练流域创新生态系统转向绿色的内生机制，从系统内部探寻其协同演化规律。

进一步地，采用耦合协同度模型和社会网络分析等方法，分别从要素层面和空间层面分析黄河流域绿色创新生态系统协同演化趋势，揭示系统发展特征及规律，并在理论提炼各层次影响因素的基础上，借助 fsQCA、QAP 等方法，探寻系统协同演化的关键驱动路径或要素。

最后，综合研究内容 1 ~ 研究内容 5 的研究结论，形成黄河流域绿色创新生态系统协同演化的对策建议。

1.5　创　新　点

（1）聚焦黄河流域探索区域创新生态系统演化方向及路径，突破了已有研究在对象区域选取上的局限性。

区域创新生态系统具有地区根植性等特征，现有的涉及区域范围的创新生态系统研究多集中在创新生态培育相对成功、经济水平相对发达的地区。黄河流域在中国国家发展大局和社会主义现代化建设中具有重要战略地位，是多个重大国家发展战略的空间载体，同时，也是欠发达地区、地理环境多样地区、生态脆弱地区的典型代表，在经济社会发展路径、要素禀赋类型、创新基础条件等方面与其他地区相比表现出明显的差异，由此导致其创新生态系统或绿色创新生态系统的形成、结构及发展等方面具有不同于其他地区的独特性。本书以黄河流域作为研究的对象区域，拓展了区域创新生态系统的研究对象类型。

（2）立足实践识别黄河流域创新生态系统与新使命要求的偏离，形成了对流域创新生态系统核心价值主张的理论边际贡献。

全面研判黄河流域创新生态系统发展现状与新使命要求的偏离，是提出其转向及发展路径的前提与基础。但在新使命要求影响下，黄河流域创新生态系统核心价值主张更具丰富多样性，加之流域创新要素稀缺、生态脆弱多样，九省份发展情况不同、创新能力迥异，这些都为厘清流域创新生态系统发展现状与新使命要求的偏离加大了难度。当前关于黄河流域创新生态系统发展现状的相关研究中，大多缺乏与新使命要求的对话。因此，本书一方面基于绿色创新绩效识别黄河流域创新生态系统与新使命要求的偏离程度，关注流域创新活动的结果绩效及过程绩效，从绿色创新产出、绿色创新效率、绿色全要素生产率等多个方面，对标新使命要求进行偏离识别；另一方面，强调水对黄河流域绿色发展的重要性，创造性地立足黄河流域节水、治水这一特殊要求，并将其作为流域创新生态系统的重要核心价值主张之一，一是以技术进步偏向作为考察要点，从水资源投入和产出两个方面分析流域创新生态系统的运行成效是否偏向水资源节约及污水减排，基于黄河流域发展实践进行偏离识别。二是将水环境作为黄河流域自然环境考察的重要内容之一，纳入流域绿色创新生态系统发展评价指标体系中，对其发展水平进行评价，实现了黄河流域创新生态系统运行由关注科技价值、经济价值等向同时关注生态价值的拓展，丰富了对流域创新生态系统核心价值主张内涵的理解。

（3）系统挖掘黄河流域创新生态系统绿色转向的合理性逻辑，深化了对黄河流域创新及其生态系统的理解。

实践中，区域创新生态系统也已成为超越政府与市场作用的新资源配置力量。区域创新生态系统本质上是一个复杂适应系统，内外部因素的变动均会对系统要素、结构等产生影响，并引起系统运行过程、发展方向等的变化。加之区域创新生态系统可通过政策引导等外部干预实现优化，因而在其当前状态的基础上融入新的发展构建，对系统适应内外因素复杂变化具有重要意义。新使命要求使黄河流域的发展向绿色发展转变，从而引起地区创新生态系统核心价值主张的嬗变，并进一步改变系统组成及其演化轨迹，迫使系统向绿色转变。但当前关于黄河流域创新或创新发展的研究与黄河流域生态保护和高质量发展重大战略进行系统性的对话较少，对新使命诉求关注还不是十分充分，相应地，流域创新生态系统的建设与发展对"绿色"这一核心价值主张的凸显也较弱。因此，在自发形成的黄河流域创新生态系统的基础上，进一步加入有效干预使其向绿色转向，形成要素完备、关联密切、连接通畅的绿色创新生态系统是本书的最终目标。本研究坚持学术研究和服务决策两个导向，把黄河流域生态保护和高质量发展这一新使命引入黄河流域创新生态系统创新范式中，基于黄河流域发展情境，提出其创新生态系统发生绿色转向与协同演化的合理性逻辑，并以价值主张较为契合的"五螺旋"创新驱动范式为理论指导，同时关注政府、产业、学研、公众和自然环境等在地区创新活动中的驱动作用，为理解黄河流域绿色创新生态系统提供了根本遵循，也对基于黄河流域特色的创新发展新思路具有借鉴意义。

（4）构建黄河流域绿色创新生态系统的理论框架，形成了对较大空间尺度下复杂地理单元创新生态系统的新认识。

要素、结构与功能是认识系统的重要范畴。其中，要素决定存在，结构决定如何存在，功能决定存在的属性与作用。在系统要素方面，黄河流域创新生态系统包含企业、学研机构、政府、公众等多种创新主体及它们存在的环境等；在系统结构方面，黄河流域创新生态系统首先体现在多种要素关联互动的要素结构上，而且由于黄河流域是基于地理单元的典型区域，从流域角度看，可分为上、中、下游，从行政归属看，流经多个省份与市域，因而还体现在不同省份（市域）创新生态系统及其要素关联形成的多尺度空间结构上。不同系统组成要素在省份（市域）内或之间关联互动、协同发展，从而实现黄河流域全域有限创新资源的合理配置、科技创新能力的提升等系统功能。因此，在新使命驱动下，黄河流域创新生态系统除了突出对人地和谐的关注外，还要强调对跨省份市域创新生态培育等的关注。因此，黄河流域绿色创新生态系统一方面应涉及要素间协同共生，即在微观层面上由多种要素及其相关关联关系构成，另一方面又应涉及区域间协同合作，在空间或中观层面上，不同省份、市域创新生态系统通过相互间的生态嵌入实现要素共生、互动。本书基于区域创新生态系统理论、"五螺旋"创新驱动范式等，同时结合黄河流域发展实践与新使命要求，创新性地提出并构建了黄河流域绿色创新生态系统新框架，形成了包含要素层和空间层的系统概念模型。其中，要素层从系统组成要素结构出发，重点关注创新知识研发种群、创新知识应用种群、创新政策制定种群、社会公众与自然环境之间的互动关联，空间层从系统空间结构出发，将沿黄省份或城市各看作一个子系统，强调各子系统及其要素之间的有机互动、协调发展。由此打破了已有研究多关注单一省份、市域范围的局限，推动较大空间尺度的区域创新生态系统研究的具体化。

（5）全面挖掘转向黄河流域绿色创新生态系统的内生机制，为应对新使命要求提供了新的着力点。

如何能使黄河流域创新生态系统更快、更好地发生绿色转向，这一过程与系统中各主体要素在共同价值主张下的协同共演密切相关。本书基于黄河流域绿色创新生态系统理论框架，以要素层中四大主体要素的动态决策过程为核心，通过更加包容的价值设计将社会公众引入演化博弈模型，剖析使系统发生绿色转向的内生演化机制。在此过程中，一方面，考虑到既有的关于流域技术进步、创新发展等相关研究对新使命要求及公众参与关注的不足，基于大数据发展时代背景对公众深度参与绿色创新生态系统的赋能作用，本研究创新性地在模型中建立政府与公众共治的网络平台，使研究结论更加符合现实场景与实践需求。通过模型求解与仿真模拟发现，以"公众"为核心主体形成的社会选择机制是驱动黄河流域创新生态系统实现绿色转向的重要补充机制。另一方面，认为系统的初始状态及主体行为强度是影响系统演化的重要方面，因而从不同主体初始状态下的绿色创新意愿和进行绿色创新行为强度两个方面共同挖掘系统转向绿色的内生机制，从而共同为黄河流域创新生态系统应对新使命要求提供新的着力点。

（6）凝练黄河流域绿色创新生态系统协同演化的优化路径，形成了推动复杂地理单元绿色创新生态系统发展的新思路体系。

基于对黄河流域绿色创新生态系统理论框架的认识，本书认为，黄河流域绿色创新生态系统的发展，既要强调系统内各组成要素的协同互动，又要关注跨省份、市域系统要素的有机关联、共同演进。在此基础上，本书首先从理论层面揭示系统协同演化机制，并创新性地构建黄河流域绿色创新生态系统发展评价指标体系，为系统量化研究奠定基础。进一步地，结合黄河流域各省份、市域创新活动及创新生态系统发展实践，一方面，考虑系统要素构成，在要素层从学研支持、企业支持、政府支持、生态支持及公众支持五个方面，另一方面，关注系统空间构成，在子系统层基于邻近性，从地理邻近、技术邻近、制度邻近及经济邻近四个方面，分别提炼影响系统协同演化的关键因素，并凝练驱动路径，为理解复杂地理单元的创新生态系统发展与演进提供了新思路。

（7）结合区域创新生态系统理论及其主要特征，围绕研究内容，综合运用定性及定量多种研究方法，形成了严谨的黄河流域绿色创新生态系统研究方法体系。

区域创新生态系统是将生态概念嵌入到区域创新系统之中形成的一个复合概念，在系统论的基础上，兼具生态学要义，呈现出整体性、层次性、协同性、适应性、开放性、复杂性和涌现性等主要特征，是一个融合了系统论、生态学、演化经济学等多学科理论的复杂的跨学科研究内容，需要完善、严谨的研究方法体系对主要研究问题予以逐个突破。本书在区域创新生态系统理论、演化经济理论等核心理论指导下，基于主要研究内容设置，运用复杂系统分析方法、逻辑演绎法、文本分析方法等定性研究方法探究新使命核心本质，在新使命驱动下揭示黄河流域创新生态系统绿色转向的合理性逻辑，并构建黄河流域绿色创新生态系统理论框架，在此基础上，运用演化博弈模型、数值模拟方法、耦合协同度方法、fsQCA及QAP等方法探求黄河流域绿色创新生态系统的协同演化规律特征，并挖掘其关键影响因素和驱动路径。这些研究为分析与揭示黄河流域创新生态系统绿色转向与协同发展构建了较为合理的方法体系。

第2章

黄河流域的基础条件和发展现状

　　黄河流域作为我国全局性和战略性的区域，在新时代被赋予了"生态保护和高质量发展"的新发展使命，而实现这一使命是一项极为复杂的系统工程，涉及自然资源、经济社会、创新发展等多方面内容。其中，气候资源、水资源及矿产资源等作为先天禀赋的自然资源，被称为"第一自然"，是黄河流域赖以生存和发展的物质基础（尹虹潘，2012）；作为我国重要的经济走廊，黄河流域经济社会发展不仅意味着经济指标的增长，更表现为人民生活水平的提高以及地区发展地位的提升，这也是实现高质量发展的现实根基；创新是引领高质量发展的第一动力，是解决黄河流域生态环境脆弱、水资源保障形势严峻、经济发展活力不足等突出问题的力量源泉，是实现区域生态保护和高质量发展双赢的重要保障（王浩闻等，2023）。因此，本章节分别从自然资源、经济社会以及创新发展三个方面，全面立体剖析黄河流域的基础条件和发展现状。第一，以上中下游和行政省区为划分依据，分别从地形地势、气候特点、水资源以及能源等方面，明晰黄河流域实现高质量发展的自然条件基础；第二，基于国民生产总值、产业结构、居民生活水平和环境污染等基本情况，回顾黄河流域的发展历程，梳理实现高质量发展的经济社会发展现状；第三，从创新的投入和产出两个方面，理清黄河流域创新资源和创新要素的发展现状。

2.1 黄河流域基本情况

黄河流域西起黄河水系的发源地青藏高原北麓巴颜喀拉山脉,自西向东分别流经青海、四川、甘肃、宁夏、内蒙古、山西、陕西、河南及山东9个省份,至山东省东营市垦利区注入渤海,干流全长为5 464千米(李小建等,2020),其流域面积,水利部网站黄河网记载为79.5万平方公里(含内流区面积4.2万平方公里)①。黄河支流众多,流域面积大于1万平方公里的支流有11条,流域面积达37万平方公里,占全河集流面积的50%;流域面积大于1 000平方公里的有76条,流域面积达58万平方公里,占全河集流面积的77%;流域面积大于100平方公里的支流共220条,众多支流是构成黄河流域面积的主体②。根据流域形成发育的地理、地质条件及水文情况,黄河干流河道可分为上、中、下游。

2.1.1 上中下游基本情况

据黄河水利委员会记载,黄河上中下游位置的区分是由地形、地貌以及水文等自然因素决定的,分别以内蒙古托克托县河口镇以及河南省郑州市桃花峪为分界点,将黄河分为上游、中游和下游。

其中,黄河上游西起巴颜喀拉山脉东至内蒙古托克托县河口镇,该河段长3 471.6千米,面积约为42.8万平方千米③,地形以山地为主,流经青藏和内蒙古两大高原地形区。上游地区地势落差大、水流湍急、降雨面积较大,具有丰富的水力资源及径流稳定清澈等优点使其成为黄河流域径

---

① 流域范围及其历史变化 [EB/OL]. 黄河网, 2011 – 08 – 14. http://www.yrcc.gov.cn/hhyl/hhgk/hd/lyfw/201108/t20110814_103452.html.

② 《中国河湖大典》编纂委员会. 中国河湖大典: 黄河卷 [M]. 北京: 中国水利水电出版社, 2014: 1 – 16.

③ 张泽民, 刘博, 关潇. 黄河流域上游煤矿区土地利用类型变化及其对固碳服务的影响 [J]. 环境科学研究, 2024, 37 (1): 190 – 201.

流的主要来源地，提供了全流域超过一半的产流量。但由于上游气候多尺度变化以及地处我国第一级阶梯和二级阶梯的交替处等特征，极具特殊性和复杂性，属黄河流域内生态和经济社会高质量发展的重难点区域；黄河中游自托克托县河口镇流至河南省的桃花峪，河段长 1 206 千米，其流域面积大约为 34.4 万平方千米①，流经沟壑纵横的黄土高原，峡谷与宽谷相间，夏秋多暴雨，水流湍急且夹带大量泥沙入河，该河段水土流失尤为严重；黄河下游由桃花峪附近至黄河入海口，流经地势低平的华北平原地。该河段长 785.6 千米，流域面积为 2.3 万平方千米②，是上中下游流域中面积最小的区域，多冲积平原，水流平缓，由黄河自中游夹带的泥沙在此淤积，河床不断抬高，形成了著名的"地上悬河"，防洪压力大，易造成严重的水患灾害。黄河流域上、中、下游有关流域范围、河道长度、面积、所含省区范围、特征属性以及存在的问题具体可见表 2 - 1。

表 2 - 1　　　　　　　　　黄河流域上、中、下游基本概况

流域	流域范围	长度（千米）	面积（万平方千米）	省区范围	自然特征	存在问题
黄河上游	发源地—河口镇	3 471.6	42.8	宁夏回族自治区和青海、甘肃省大部分市州、四川省阿坝州以及内蒙古自治区部分	地形地貌复杂，"水高地低"且河流水位落差大，水力资源丰富；气候变化空间差异显著，呈多尺度变化	植被覆盖率低，滑坡等地质灾害频发；宽谷河段泥沙淤积严重，形成"新悬河"
黄河中游	河口镇—桃花峪	1 206.0	34.4	山西省与陕西省的大部分地市、河南省的个别市	流经黄土残垣沟壑区，河流含沙量较大；煤炭、石油、天然气等的能源矿产资源储量丰富	水土流失问题严重，泥沙含量大；暴雨频发

① 史利江，李前锦，高杉，等. 黄河中游城市群绿色技术创新能力的时空演变与影响因素 [J]. 中国沙漠，2024，44（6）：122 - 134.
② 刘慰，王随继. 黄河下游河道断面沉积速率的时段变化及其原因分析 [J]. 水土保持研究，2019，26（2）：167 - 174.

续表

流域	流域范围	长度（千米）	面积（万平方千米）	省区范围	自然特征	存在问题
黄河下游	桃花峪—入海口	785.6	2.3	山东省和河南省的部分地市	河床淤积，形成"地上河"	洪涝灾害频发

资料来源：根据"曲绅豪，周文婷，张翔，等．黄河中游典型流域近60年水沙变化趋势及影响因素［J］．水土保持学报，2023，37（3）：35－42."和"姜德文，曹炜．创建黄河中游水土保持高质量监管示范区的机制与模式［J］．人民黄河，2023，45（4）：1－5."整理。

2.1.2 九省（区）基本情况

黄河流域涵盖地域范围广阔，自西向东共流经青海省、四川省、甘肃省、宁夏回族自治区、内蒙古自治区、陕西省、山西省、河南省以及山东省九省（区），流域总面积达79.5万平方千米（张杰等，2023），横贯东西形成巨大的纬度带，是我国重要的涵养水源和保持水土的生态安全保护屏障。从行政区划层面来看，黄河沿线的九个省份行政区划总面积约为356.87万平方千米[①]。

黄河流域九省份的相关地理区位、行政区划、流域面积以及水资源总量如表2－2所示，本书基于2021年度数据进行分析。其中，青海省位于黄河上游地区，是黄河的源头区，流域面积分布最广，山东省位于黄河下游地区，是黄河的入海口，但流域面积最少；四川省因植被覆盖率高和河流众多的特点，成为黄河上游地区重要的水源涵养区和供给之地（王寅等，2022），水资源总量最为丰富，而宁夏回族自治区由于流域面积较小，且植被覆盖率较低，水资源总量最为匮乏。

黄河流域的内部结构复杂性、地理位置重要性和自然生态的敏感性高度叠加（张国兴等，2023），流域内各省（区）在社会经济以及自然条件等方面存在较大差异，以此构成了一个完整且独立的拥有丰富矿产资源和

[①] 韩叙，王英，刘文婷，等．县域视角下黄河流域农业绿色发展时空分异特征及驱动因素研究［J］．中国生态农业学报（中英文），2024，32（7）：1251－1263.

复杂气候资源等的生态区域，是我国实现经济高质量发展的重要场域。

表 2-2　　　　　　　　　黄河流域九省（区）基本情况

省（区）	地理区位	行政区划	流域面积（万平方千米）	水资源总量（亿立方米）
青海省	黄河上游	8 个地级区划、44 个县级区划、404 个乡镇级行政区划	15.3	842.2
四川省	黄河上游	21 个地级区划、183 个县级区划、3 101 个乡镇级区划	1.9	2 924.5
甘肃省	黄河上游	14 个地级区划、86 个县级区划、1 356 个乡镇级区划	14.6	279.0
宁夏回族自治区	黄河上游、中游	5 个地级区划、22 个县级区划、242 个乡镇级区划	6.7	9.3
内蒙古自治区	黄河上游、中游	12 个地级区划、103 个县级区划、1 025 个乡镇级区划	15.2	942.9
陕西省	黄河中游	10 个地级区划、107 个县级区划、1 316 个乡镇级区划	13.3	852.5
山西省	黄河中游	11 个地级区划、117 个县级区划、1 278 个乡镇级区划	9.7	207.9
河南省	黄河中游、下游	17 个地级区划、157 个县级区划、2 478 个乡镇级区划	3.6	689.2
山东省	黄河下游	16 个地级区划、136 个县级区划、1 825 个乡镇级区划	1.4	525.3

资料来源：根据《中国统计年鉴2022》和各省份水资源公报整理。

2.2　黄河流域自然特征与资源条件

2.2.1　地势西高东低，地形地貌复杂

黄河发源于青藏高原巴颜喀拉山北麓，北至阴山、南达秦岭，依西高

东低的总体地势蜿蜒向东流，最终呈"几"字形注入渤海，途中自西向东横跨青藏高原、内蒙古高原、黄土高原以及黄淮海平原这四个典型的地貌单元，地形总高差超 4 000 米，为地形地势最为特殊和复杂的区域（王纪凯等，2023）。在沿黄九省（区）中，西部的青海省和甘肃省，深居内陆，地处青藏、内蒙古、黄土高原的交汇处，兼具高原、沙漠和盆地多种地貌结构，境内总体地势起伏显著，地形相当复杂；位于黄河上游和中游的宁夏回族自治区是黄河沿线唯一全区属于黄河流域的省区，拥有较完整的山水林田湖草沙生态系统；陕西省和山西省位于黄河流域"几"字弯附近，属于典型的黄土高原地形，呈现出沟壑纵横的地貌特征，水土流失尤为严重；河南省和山东省的地形以冲积平原为主，形成了以山地丘陵、平原和盆地为骨架结构的地形地势。

2.2.2 气候类型多样，生态环境脆弱

黄河流域东西经度跨越较广，地形地貌复杂，导致气候多样化。首先，黄河流域包含半湿润、半干旱和干旱三种气候类型。其中，青海省和四川省均含有亚热带湿润、半湿润、高原大陆性气候三种气候类型；甘肃省经度跨越较广，涉及亚热带季风、温带季风、温带大陆性以及高原高寒气候四种气候类型；黄河上游和中游地区的宁夏回族自治区、内蒙古自治区、陕西省及山西省以温带大陆性气候为主；河南省和山东省属于季风气候显著的温带季风气候，雨热同期。其次，黄河流域内部区域日照时长存在差异。青海省海拔较高，空气稀薄，太阳辐射较强；四川省处于四川盆地，且受长江流域影响较大，阴雨连绵，日照时长较短；内蒙古自治区纬度较高，夏季光照充足，冬季受西伯利亚寒流影响较重，日照时长较短；甘肃省、宁夏回族自治区、陕西省、山西省常年干旱，日照时长较长；河南、山东两省属于季风型气候，多年平均气温为 9.5℃，近 60 年来有逐步升高的趋势，夏季太阳辐射较强，光照充足，雨水充沛，冬季寒冷干燥。最后，黄河流域内降水集中、分布不均且年际变化较大，流域内大部分地区的年降水量为 200~650 毫米，多年平均降水量为 466.5 毫米，降水总

体呈流域南部远大于北部地区的分布状况，中游和上游的南部地区以及下游地区降雨在 650 毫米以上，南部秦岭北坡受地形影响降水可达 700 ~ 1 000 毫米，天然径流量将近 580 亿立方米，中游和下游地区受季风气候影响显著，夏季多暴雨，而上游降雨强度较小（李雪等，2023）。此外，黄河流域多年蒸发量为 653.6 毫米，蒸发量较大[①]，预计未来该流域会由于气温上升，蒸发量持续上升。如此复杂的气候环境是黄河流域内旱灾和洪涝灾害频发的主要原因，黄土高原地区水土流失严重，多沙暴和扬沙天气，同时也是冰雹最多的区域。脆弱的生态环境如若遭到破坏，极端天气的发生将更为频繁。

2.2.3 水资源本底薄弱，域内供需矛盾紧张

水资源是保持生态环境和社会经济可持续发展不可替代的生产要素。黄河流域复杂的地质地貌环境构成了我国重要的生态屏障，黄河在水土保持、水源涵养等方面发挥重要作用。良好的自然资源基础和历史文化因素使其在实现高质量发展过程中扮演着极为重要的角色，但同时也面临着生态脆弱性明显和生态脆弱类型多样等问题，其中水资源短缺是制约其发展的主要因素之一。黄河水利委员会有关评价结果显示，1919 ~ 1975 年，该流域多年平均径流量可达 580 亿立方米，而在 21 世纪之后径流量却大幅减少。在 2007 ~ 2021 年，黄河流域年径流量总体呈减少态势（如图 2 - 1 所示）。具体来看，2007 ~ 2010 年黄河流域年径流量始终维持在 661 亿立方米，在 2011 年之后减少为 592 亿立方米，这主要是由于 2010 年发生的特大旱涝灾害后，水利建设改革开始提上日程。2011 年是"十二五"水利规划的开局之年，中央发布《中共中央国务院关于加快水利改革发展的决定》重点加强农田水利以及合理开发水资源等的规划和要求，这是水利发展极具里程碑意义的一年，水利建设对黄河的径流量变化产生了一定的影

---

① 水利部黄河水利委员会_黄河网（yrcc. gov. cn）．黄河流域气候的主要特征．（2011 - 08 - 14）［2023 - 07 - 01］. http://www.yrcc.gov.cn/hhyl/hhgk/qh/lyqh/201108/t20110814_103457.html.

响。同时，2011 年山西等地发生的重大干旱也使得黄河径流量大幅减少。黄河流域径流量的减少一定程度上也体现了流域内水资源本底的弱化。

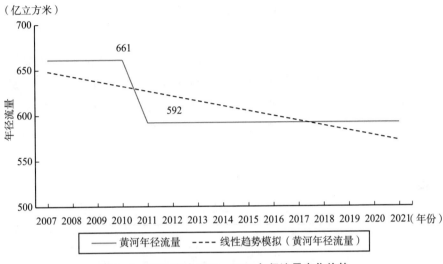

图 2 – 1　黄河流域 2007 ~ 2021 年径流量变化趋势

资料来源：根据 2008 ~ 2022 年《中国统计年鉴》整理。

　　黄河流域逐渐减少的水资源量远无法满足流域内巨大的水资源需求量。作为哺育全国30%左右人口，并贡献全国近 25% GDP 的腹心地带，黄河流域承担着全国 12% 的人口供水任务和15%的灌溉需求，却仅占有全国水资源总量的 2.6% （王兆华等，2022），不足长江流域水资源总量的 7% ，且流域内人均水资源量为全国人均水资源量的 1/3。除此之外，伴随着城镇化进程的加快，黄河流域用于经济发展的用水需求不断提升，再加之水资源过度开发和不合理的用水行为，进一步加剧了水资源短缺、水循环失衡的生态问题。同时，黄河流域生态问题还表现在上游部分地区生态退化，导致涵养水源的功能降低，中游地区流经黄土高原，水土流失较为严重，下游地区存在河口湿地萎缩等生态恶化现象。近年来虽然通过水沙调节以及水资源管理和利用等方式对黄河流域的自然生态环境进行修复，也取得一定成效，但是黄河流域作为我国典型的水少沙多的生态脆弱敏感区，水土流失以及水资源利用效率较低等问题仍然尤为突出，因此，黄河流域的生态修复是一项兼具长期性和复杂性的系统工程。

2.2.4 矿产资源丰富，能源相对富集

黄河流域因其能源储量丰富且种类齐全而被称为我国的"能源流域"，为全面发展的能源供给体系提供物质保障，奠定关键基础（谭文娟等，2023）。黄河流域内矿产资源丰富，矿产种类较为齐全，截至2022年8月，黄河流域已形成多处重要能源矿产基地（矿产资源类型如表2-3所示）。

表2-3　　　　　　　　　　黄河流域已发现矿产资源

矿产分类		矿种数	矿种名称
能源矿产		5	石油、天然气、煤、煤气层、地热
金属矿产	黑色金属	4	铁、锰、钒、钛
	有色金属	22	铜、铅、锌、铝、镁、镍、钨等
	贵金属	2	金、银
	稀有金属矿产、稀土矿产、分散金属矿产	3	锂、铷、稀土
非金属矿产	矿物类非金属矿产	24	金刚石、石墨、萤石、磷、自然硫、盐、钾盐、水晶、石棉、云母、石榴子石、硅灰石、沸石、天然碱等
	岩石类非金属矿产	24	石灰岩、脉石英、石英岩、砂岩、天然石英砂、高岭土、膨润土、含钾岩石、花岗岩、大理岩、页岩、板岩等
	水气矿产	2	地下水、天然矿泉水

资料来源：根据文献"谭文娟，赵国斌，魏建设，等. 黄河流域矿产资源禀赋、分布规律及开发利用潜力 [J]. 西北地质，2023，56（2）：163-174."整理。

其中，能源矿产有5种，金属矿产有31种，矿物类非金属矿产有24

种，岩土类非金属矿产有 24 种，水气矿产有 2 种。能源矿产主要以油气、石油、天然气、煤、煤气等为代表，集中在黄河中游和上游流域，并设有全国唯一国家级能源化工基地——陕北能源化工基地。截至 2022 年，黄河流域的煤炭基础储量约占全国储量的 73%，同年，黄河流域油气资源基础储量约占全国产量的 34%[①]。此外，黄河中上游流域优势矿种还有金、铜、铅和锌，在陕西东部—河南西部的小秦岭以及甘肃甘南地区的西秦岭建设有国内重要的黄金生产基地。黄河流域的非金属矿产石灰岩矿产地数量最多，主要分布在鄂尔多斯盆地周边，以及山东泰安市、济宁市一带，其次是石膏、石英岩、白云岩、硫铁矿、黏土类等。陕北地区以盐类、玻璃用石英砂岩和黏土类矿产为主，渭河以北的关中地区以石灰岩和黏土等建材矿产为主。贺兰山地区被规划打造为国家级万吨多晶硅基地，以支撑石嘴山特大型太阳能电站的建设。石膏矿主要分布在宁夏海原县东北部及盐池县中部，山西晋中市—临汾市一带（王岩等，2020）。据中国地质调查局西安地质调查中心 2021 年的调查，天然气水合物主要存在于黄河中上游流域的青藏高原冻土带，分布在南祁连盆地和木里盆地，资源巨大，地质资源量为 253×10^8 吨油当量。黄河流域作为重要能源矿产基地，为我国发展能源、化工、原材料和基础工业等能源耗竭型产业提供了坚实的基础支撑。

2.3 黄河流域经济与社会环境现状

黄河流域大部分位于我国中西部地区，经济社会发展相对滞后（张会言等，2013），关注黄河流域经济现状与社会特征是判断和了解该区域所处发展阶段的基础和前提，也对促进黄河流域高质量发展具有重要意义。本书通过分析黄河流域经济发展、环境治理、对外开放、城市群建设四方

---

① 张有生，苏铭，田智. 加快黄河流域能源基地转型发展 [J]. 宏观经济管理，2022（5）：38-45，51.

面的流域整体发展趋势和省域发展差异特征，以了解黄河流域实现高质量发展的经济基础和社会条件。

2.3.1 经济发展稳中有进，社会发展相对平稳

黄河流域处于全国近 25% GDP 的经济腹心地，对国家经济高质量发展的重要性不言而喻（张跃等，2021），其经济发展对于促进我国区域协调可持续发展、维护社会稳定、保障黄河长治久安等具有重大意义。本书收集并计算了黄河流域九省份生产总值、产业结构系数、城镇失业登记率、恩格尔系数、基尼系数，以此剖析黄河流域经济社会发展的阶段性特征。

整体上看，2012～2021 年黄河流域生产总值增长趋势如图 2-2 所示，由 2012 年的 156 087 亿元增长到 2021 年的 286 852 亿元，整体呈现逐年递增趋势，这说明黄河流域经济水平和生产能力也在逐年提升。

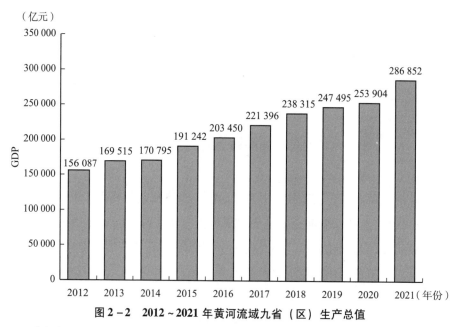

图 2-2　2012～2021 年黄河流域九省（区）生产总值

资料来源：根据 2013～2022 年《中国统计年鉴》整理。

图 2 - 3 反映了 2021 年黄河流域九省份的 GDP，总体来看，黄河流域九省份在 2021 年 GDP 悬殊较大，山东省 2021 年 GDP 总值为 83 095.9 亿元，位于九省份排名第一，约为排名最后的青海省 GDP 的 24 倍，说明黄河流域九省份经济发展水平差距较大。

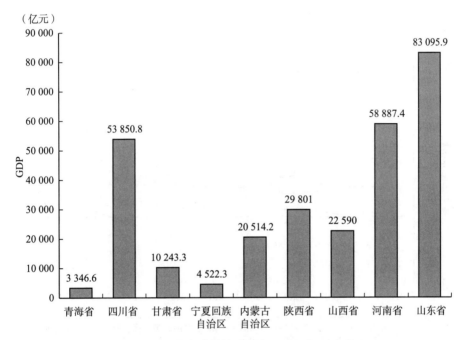

图 2 - 3 2021 年黄河流域九省（区）GDP 总值

资料来源：根据《中国统计年鉴 2022》整理。

从动态的角度看，一个经济体的产业结构变迁具有两个维度，即产业结构合理化和产业结构高级化（干春晖等，2011）。本书借鉴现有研究，采用泰尔指数①作为度量产业结构合理性的指标，采用第三产业与第二产

①　泰尔指数计算公式为：$TL = \sum_{i=1}^{3} \left(\frac{Y_i}{Y} \right) \ln \left(\frac{Y_i/L_i}{Y/L} \right)$，式中，$TL$ 表示泰尔指数，是产出结构和就业结构耦合性的反映。Y 表示产业产值，L 表示产业就业人数，i 表示第一、二、三产业，Y/L 即表示生产率。根据古典经济学假设，如果经济处于均衡状态，各产业生产率水平相同。因此，TL 值越大，表示经济越偏离均衡状态，产业结构越不合理。

业的产值之比进行测算产业结构高级化（干春晖等，2011；郭淑芬等，2020）。由图 2 - 4 可以看出，黄河流域九省（区）2012 ~ 2021 年泰尔指数逐渐收敛，且整体趋近于 0。这表明黄河流域的要素投入结构和产出结构耦合程度正在提升，产业结构偏离度整体下降，产业结构正在趋于合理化。

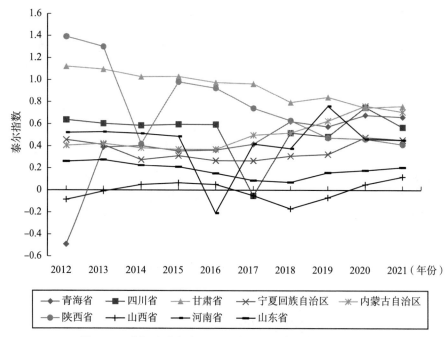

图 2 - 4　黄河流域九省（区）产业结构泰尔指数变化趋势

资料来源：根据 2012 ~ 2021 年黄河流域九省份《国民经济和社会发展统计公报》相关指标数据计算。

区域产业结构高级化的进程一般表现为第一产业所占比例逐渐减少，第二、第三产业在整体所占比例逐渐增加。同时，这也符合库兹涅茨法则①

_____

　　① 库兹涅茨法则的基本内容：（1）随着时间的推移，农业部门的国民收入在整个国民收入的比重和农业劳动力在全部劳动力中的比重处于不断下降。（2）工业部门国民收入在整个国民收入中的比重大体上是上升的，但是，工业部门劳动力在全部劳动力中的比重则大体不变或略有上升。（3）服务部门的劳动力在全部劳动力中的比重和服务部门的国民收入在整个国民收入的比重基本上都是上升的。

（Kuznets and John，1966）的基本内容。在信息化推动下，经济结构服务化的重要表现是第三产业的增长率要快于第二产业的增长率。图 2 - 5 反映的是 2012 ~ 2021 年黄河流域九省份第三产业与第二产业比值，如果该比值上升，就意味着经济在向服务化的方向推进，产业结构在升级。从图 2 - 5 中可以看出，该比值整体也呈现出上升趋势。这说明，黄河流域的产业结构变化规律符合库兹涅茨法则，经济结构出现服务化倾向，产业结构朝着"服务化"的方向发展，正在趋于高级化，这有利于建立和完善市场经济体制，加快黄河流域整体的经济发展。但在 2020 ~ 2021 年有六个省份出现了不同程度的下降，这说明第三产业受新冠疫情影响较重，出现了服务业萎缩现象。

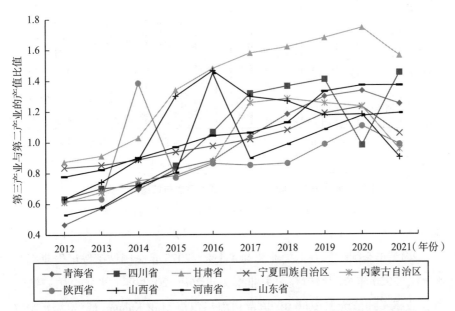

图 2 - 5 黄河流域九省（区）第三产业与第二产业的产值比值变化趋势

资料来源：根据 2012 ~ 2021 年黄河流域九省（区）《国民经济和社会发展统计公报》相关指标数据计算。

2012 ~ 2021 年黄河流域九省份总人口数与城镇登记失业率总体增长趋势如图 2 - 6 所示，2012 ~ 2021 年黄河流域总人口数量总体呈波动上升的趋势，但 2020 年人口总量下降了约 2 500 万人。2012~2021 年黄河流域城镇失业登记率呈波动下降趋势，从 2012 年城镇失业率 3.44% 下降到 2021 年的 3.20%，但 2019~2020 年黄河流域城镇失业登记率上升了 0.16%。

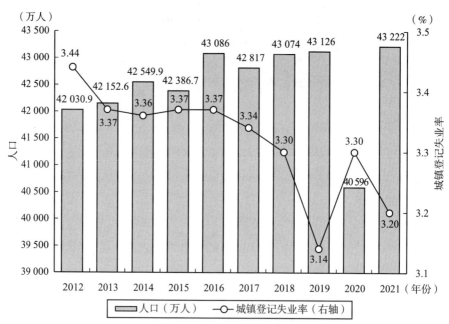

图 2-6　2012~2021 年黄河流域人口数与城镇登记失业率

资料来源：根据 2012~2021 年《中国城市统计年鉴》相关指标数据整理。

2012 年全国城镇登记失业率为 4.1%，2015 年全国城镇登记失业率为 4.0%，2020 年全国城镇登记失业率为 4.2%，2023 年上半年全国城镇调查失业率平均值为 5.3%。有学者利用三角模型和 Kalman 滤波估计 2017 年 1 月至 2022 年 4 月中国不变的自然失业率在 5.06% 左右，可变自然失业率在 2022 年 4 月为 5.15% 左右（都阳和张翕，2022）。对比全国与黄河流域九省（区）失业率数据发现，黄河流域九省份城镇登记失业率低于全国自然失业率和城镇登记失业率，且低于程度逐年增加。这说明黄河流域的就业容纳情况较好。

2021 年黄河流域九省份总人口数与城镇登记失业率整体情况如图 2-7 所示,横向对比来看,青海、四川、甘肃、宁夏、内蒙古、陕西、山西等省份均呈现出人口总量相对较少,而城镇失业率相对较高的现象;河南、山东虽然 2021 年失业率也维持在 3% 左右,但这两省份人口数量远超其余省份。这说明河南、山东的劳动力供求关系较为平衡。

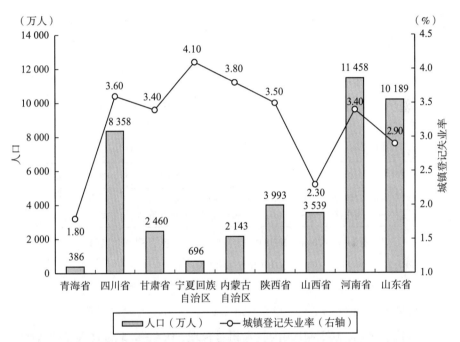

图 2-7 2021 年黄河流域九省份人口数与城镇登记失业率

资料来源:根据 2021 年《中国城市统计年鉴》整理。

按照联合国粮农组织的标准,恩格尔系数在 59% 以上认定为贫困,59%~50% 认定为温饱,50%~40% 认定为小康,40%~30% 认定为富裕,30% 以下认定为最富裕(余峰,2021)。图 2-8 反映的是 2011~2020 年黄河流域九省份恩格尔系数的变化趋势,总体来看,2011~2020 年九省份的恩格尔系数整体呈下降趋势。这说明黄河流域居民经济收入水平逐步提高，生活质量水平稳步提升。

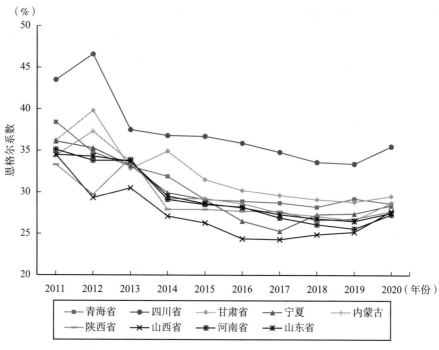

图 2 - 8　2011 ~ 2020 年黄河流域九省（区）恩格尔系数

资料来源：根据 2011 ~ 2020 年《中国城市统计年鉴》整理。

　　按照国际惯例，收入基尼系数 0.2 以下视为收入绝对平均，0.2 ~ 0.3 为收入比较平均，0.3 ~ 0.4 为收入相对合理，0.4 ~ 0.5 为收入差距较大，0.5 以上则表示收入悬殊。表 2 - 4 是 2011 ~ 2020 年黄河流域九省份收入基尼系数的变化情况，总体来看，这九省份的收入基尼系数基本稳定在 0.3 ~ 0.5，收入水平逐渐从收入差距较大向收入相对合理的阶段转变。从变化趋势来看，青海、甘肃、宁夏、山西、河南的居民收入基尼系数在下降，说明其收入差距逐年缩小，收入分布趋于合理，而四川、内蒙古、山东等省份的收入基尼系数在上升，说明其收入差距逐年增加，收入水平的分化现象趋于明显。

表2-4 2011～2020年黄河流域九省份居民收入基尼系数

省份	年份	收入基尼系数	年平均增长率（%）
青海省	2011	0.51	-2.94
	2020	0.39	
四川省	2011	0.37	0.59
	2020	0.39	
甘肃省	2011	0.50	-0.45
	2020	0.48	
宁夏回族自治区	2011	0.49	-0.23
	2020	0.48	
内蒙古自治区	2011	0.37	0.87
	2020	0.40	
陕西省	2011	0.41	-7.67
	2020	0.2	
山西省	2011	0.48	-0.71
	2020	0.45	
河南省	2011	0.45	-2.75
	2020	0.35	
山东省	2011	0.44	1.65
	2020	0.51	

资料来源：根据2011～2020年《中国城市统计年鉴》相关指标数据计算整理。

2.3.2 工业三废排放下降，环境污染得到遏制

黄河流域作为我国北方重要的生态屏障和经济区域，做好黄河流域的生态环境治理和保护工作有助于促进流域内生态环境系统和经济社会系统良性循环，有助于增进流域整体利益和共同福祉，以此推动黄河流域生态文明建设取得新成绩。

本小节关注黄河流域环境污染情况，主要从工业废水排放量、工业二氧化硫排放量、工业烟（粉）尘排放量这三方面来评价。2011～2020年

黄河流域城市环境污染情况如图 2 - 9 所示，黄河流域工业废水排放量从 2011 年的 544 357 万吨下降到 2020 年的 338 654 万吨，工业二氧化硫排放量从 2011 年的 755.43 万吨下降到 2020 年的 91.59 万吨，工业烟（粉）尘排放量从 2011 年的 885.47 万吨下降到 2020 年的 159.76 万吨。由此可知，2011～2020 年黄河流域工业二氧化硫、烟（粉）尘、废水排放量逐年下降，且下降幅度较大。其中，工业废水排放量在 2015～2016 年大幅下降，主要得益于《国务院关于印发水污染防治行动计划的通知》，以此全面控制污染物排放。工业二氧化硫排放量十年下降了约 664 万吨，工业烟（粉）尘排放量十年减少了约 726 万吨，工业废水排放量十年降低了约 205 703 万吨，这说明黄河流域城市工业污染物排放整体都在递减，城市环境污染水平整体降低，得益于近年来国家和政府越来越重视对黄河流域环境的治理和保护。

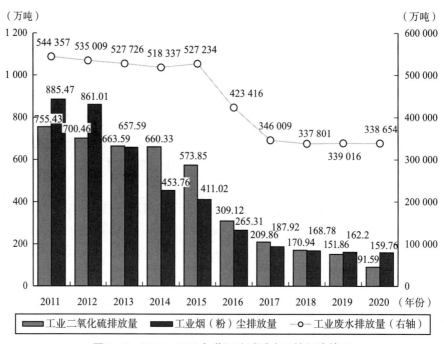

图 2 - 9 2011～2020 年黄河流域城市环境污染情况

资料来源：根据 2011～2020 年《中国城市统计年鉴》整理计算。

　　2020 年黄河流域九省份环境污染情况变化趋势如图 2 - 10 所示。其中，山西省工业二氧化硫排放总量为 18.58 万吨，工业烟（粉）尘排放总量为 34.32 万吨，两者均居于九省之首；山东省工业废水排放总量为 145 680 万吨，其远超其余八省份；青海省工业二氧化硫排放总量为 3.14 万吨、工业烟（粉）尘排放总量为 4.32 万吨、工业废水排放总量为 1 492 万吨，后两者均居于九省份之末。相比可知，青海省的环境相对较好，山西省和山东省环境污染情况相对严重。2020 年黄河流域九省份每单位 GDP 工业污染情况变化趋势如图 2 - 11 所示。其中，宁夏回族自治区每亿元 GDP 工业二氧化硫排放量为 3.32 吨、工业烟（粉）尘排放量为 7.55 吨、工业废水排放量为 4 820 吨，三废排放量均位于九省份之首。由此说明，宁夏回族自治区每单位工业污染排放量较大，面临的环境压力巨大。结合图 2 - 10 与图 2 - 11 的增长趋势看，山东省虽然工业污染排放量较大，但每单位 GDP 工业污染量相对较低，这说明了山东省工业技术发展水平相对较高。

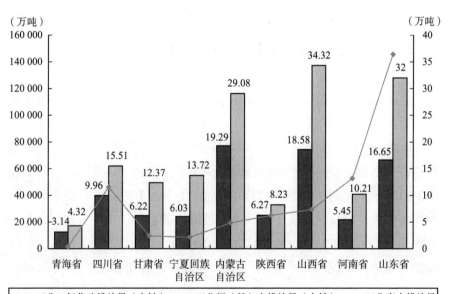

图 2 - 10 　2020 年黄河流域九省（区）环境污染情况

资料来源：根据 2020 年《中国城市统计年鉴》整理。

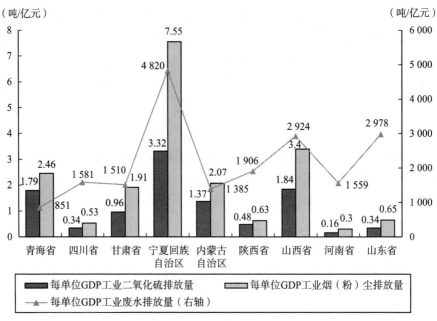

图2-11　2020年黄河流域九省份每单位GDP工业污染量

资料来源：根据2020年《中国城市统计年鉴》整理。

2.3.3　对外贸易波动增长，开放水平快速提升

开放发展是黄河流域生态保护和高质量发展的重要内容。立足黄河流域开放发展的基础现状，是推动黄河流域实现更高水平对外开放的发展之本，对黄河流域生态保护和高质量发展意义重大（方创琳，2020）。本小节主要从进出口总额来评估研究黄河流域对外发展水平，总的增长趋势如图2-12所示，黄河流域进出口总额从2012年的4 098.03亿美元增长到2021年的7 717.97亿美元，总体上呈波动上升趋势。其中，2014～2016年进出口总额出现下降趋势，由2014年进出口总额4 860.53亿美元下降到2016年的4 008.45亿美元；2020～2021年增速较快，增长率约为25%；其余年份进出口总额增速也约维持在10%～20%。以上数据说明黄河流域城市对外开放水平整体呈现出稳中向好的态势。

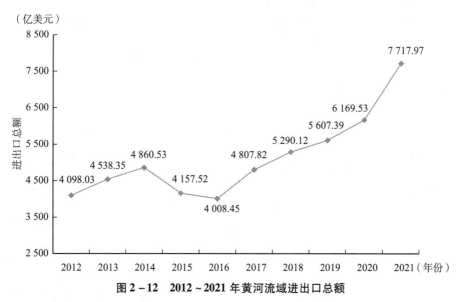

图 2 - 12　2012 ~ 2021 年黄河流域进出口总额

资料来源：根据 2012 ~ 2021 年《国民经济和社会发展统计公报》整理。

2021 年黄河流域九省份进出口贸易总额与其占 GDP 的比重的变化趋势如图 2 - 13 所示。其中，山东省进出口贸易总额为 29 426.1 亿元，在九省份中位居第一，其占 GDP 的比重为 55.55%，其他八省份与山东省进出口贸易总额差距较大。对比 2021 年山东省和青海省的进出口贸易情况可知，山东省进出口贸易总额是青海省的 1 120 倍，进出口贸易总额占 GDP 的比重比青海省高出 54 个百分点。以此说明，青海省对外开放水平相对较低，山东省对外开放水平相对较高，黄河流域九省份对外开放水平的差距比较明显。

2.3.4　城市群发育初具雏形，梯级分布特征显现

党的二十大报告明确指出，以城市群、都市圈为依托构建大中小城市协调发展格局。城市群作为国家经济发展的战略核心区和国家新型城镇化的主体区，对实现"两个一百年"奋斗目标具有非常重要的支撑作用（方创琳，2020）。它是经济发展到一定阶段的典型空间组织形态，是推动区域发展的重要增长极，也是促进当前经济高质量发展的核心空间载体。

黄河流域高质量发展的核心空间也在于城市群的高质量发展。国务院印发的《黄河流域生态保护和高质量发展规划纲要》中强调要以高质量高标准建设沿黄城市群，增强城市群之间发展协调性，形成特色鲜明、高效协同的城市群发展新格局。

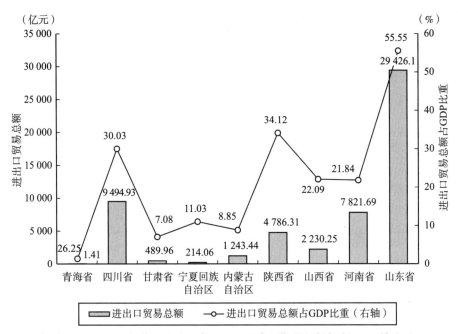

图 2－13　2021 年黄河流域九省（份）进出口贸易总额与占 GDP 的比重

资料来源：根据 2021 年黄河流域九省（份）《国民经济和社会发展统计公报》相关指标数据计算整理所得。

依照《中华人民共和国国民经济和社会发展第十四个五年规划纲要》（以下简称"十四五"规划纲要）对我国城市群的划分，黄河流域分布的城市群包括山东半岛城市群、中原城市群、关中平原城市群、山西中部城市群、呼包鄂榆城市群、宁夏沿黄城市群、兰西城市群这 7 个城市群①，其构成如表 2－5 所示。

———————————

①《中华人民共和国国民经济和社会发展第十四个五年规划纲要》将"十三五"规划纲要中"晋中城市群"改为"山西中部城市群"。

表 2 - 5   黄河流域分布的城市群构成

黄河流域	城市群名称	城市构成
上游	宁夏沿黄城市群	以银川为核心，包括石嘴山、吴忠、中卫、平罗、青铜峡、灵武、贺兰、永宁、中宁城市
	兰西城市群	以兰州市和西宁市为核心，包括甘肃省白银市、定西市、临夏州，青海省西宁市，海东市，海北州，海南州等全部或部分的辖区
中游	关中平原城市群	以西安为核心，包括宝鸡、咸阳、铜川、渭南、商洛、天水、平凉、运城、临汾等城市
	山西中部城市群	以太原为核心，包括阳泉、晋中、忻州、吕梁等城市
	呼包鄂榆城市群	以呼和浩特市为核心，包括内蒙古自治区的包头市、鄂尔多斯市和陕西省榆林市
下游	山东半岛城市群	以济南和青岛为核心，包括烟台、威海、东营、淄博、潍坊、日照、莱芜、菏泽、枣庄、德州、滨州、临沂、济宁、泰安等城市
	中原城市群	以郑州为核心，包括洛阳、开封、南阳、焦作、许昌、平顶山、漯河、济源、鹤壁、商丘、周口、长治、晋城、邢台、亳州等城市

资料来源：根据《中华人民共和国国民经济和社会发展第十四个五年规划纲要》整理。

"十四五"规划纲要中进一步指出，要推动城市群一体化发展，发展壮大山东半岛、中原、关中平原城市群，培育发展山西中部、呼包鄂榆、兰西、宁夏沿黄城市群，如图 2 - 14 所示。

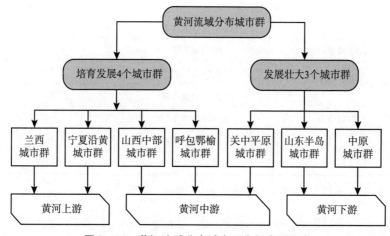

图 2 - 14 黄河流域分布城市群空间布局示意

从总体来看，黄河流域分布的城市群发育程度较低，大部分城市群尚
处在发育雏形阶段。根据《中国城市群发展报告 2016》计算结果（方创
琳，2016），城市群发育程度指数如表 2 - 6 所示，黄河流域分布的七大城
市群中，没有处在鼎盛阶段和趋于鼎盛阶段的一级和二级城市群，有发育
成熟阶段的三级城市群——山东半岛城市群，有快速发育阶段的四级城市
群——中原城市群、呼包鄂榆城市群，有发育雏形阶段的五级城市群——
关中平原城市群、山西中部城市群、兰西城市群和宁夏沿黄城市群。流域
内上中下游城市群因所处的地理区位条件、自然条件基础不同，因此发育
程度的空间差异十分显著，在空间分布上具有明显的梯级分布特征，整体
发展水平呈现"下游城市群 > 中游城市群 > 上游城市群"的特征（刘烜
等，2023）。上游城市多为低质量和较低质量的发展水平，中游城市多为
较低质量和中等质量的发展水平，而高质量和较高质量的城市主要集中在
黄河下游地区。其中，上游兰州、呼和浩特、包头的发展质量较高，没有
处于最高质量发展水平的城市；中游西安的发展质量最高，太原的发展质
量较高；下游郑州、济南、青岛的发展质量均属于层级最高；山东半岛城
市群内大部分城市的发展质量均较高（李梦程等，2021）。

表 2 - 6 城市群发育程度指数

城市群		发育程度指数
三级城市群	山东半岛城市群	3.594
四级城市群	中原城市群	2.626
五级城市群	呼包鄂榆城市群	2.478
	山西中部城市群	1.945
	关中平原城市群	1.802
	宁夏沿黄城市群	1.797
	兰西城市群	1.341

资料来源：根据《中国城市群发展报告 2016》整理计算得出。

2.4 黄河流域创新投入与产出情况

创新是推动区域高质量发展的关键支撑（王建事等，2023）。黄河流域生态保护和高质量发展战略的实施对该流域各省区创新发展提出了更高的要求。在此背景下，本小节以黄河流域九省份为研究对象，分析 2011 ~ 2021 年创新投入和产出水平及其分解项，揭示其时空演变特征。现有研究大多从创新投入、创新产出两方面衡量创新发展水平（蒋天颖等，2014；葛鹏飞等，2020）。其中，创新投入包括人力和资金的投入，二者是创新发展的基础条件（杨骞等，2022），也是造成区域创新水平差异的主要原因；创新产出的指标主要有专利数据和新产品销售收入（蒋仁爱等，2023），二者是创新成果的最佳体现。故本节从资金投入和人力资源投入两个方面综合剖析黄河流域创新投入现状，从专利数据和新产品销售收入两个维度评价黄河流域的创新产出情况。

2.4.1 研究发展强度相对稳定，财政科技支出整体增长

科技创新离不开资金的持续投入，加大与创新相关的资金投入对创新产出具有重要促进作用（袁胜军等，2018）。本节从 R&D 经费、R&D 投入强度及地方财政科学技术支出及其占比三方面分析黄河流域九省份创新资金投入现状。

（1）R&D 经费。

R&D 经费是创新的核心资源，R&D 经费支出对提升区域创新能力具有显著的促进作用（张晓莹，2018）。2011 ~ 2021 年黄河流域九省份 R&D 经费投入情况如图 2 – 15 所示。

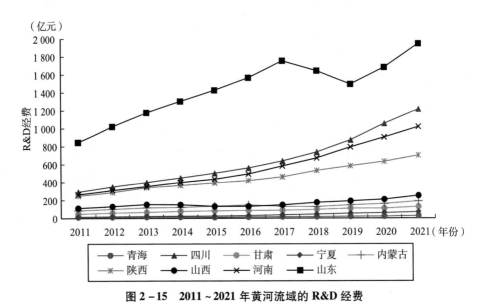

图 2 – 15　2011 ~ 2021 年黄河流域的 R&D 经费

资料来源：根据《中国科技统计年鉴 2012 ~ 2022》整理。

纵向来看，研究期内黄河流域九省份 R&D 经费总体处于增长态势。以 R&D 经费投入始终最大的山东省为例，其经费投入由 2011 年的 844.4 亿元增长至 2021 年的 1 944.7 亿元，增长了约 1.3 倍，经费投入有了明显提升，且年均增长率达 23%，增长速度较快。横向来看，各省份间 R&D 经费投入差异显著，R&D 经费投入不均衡。根据黄河流域九省份 R&D 经费投入规模历年平均水平，大致可将研究样本分为领先组、中间组和落后组。其中，领先组仅有山东省，其 R&D 投入明显大于其他组；中间组包括四川、河南和陕西三个省，R&D 经费投入分别由 2011 年的 294.1 亿元、264.5 亿元和 249.4 亿元增长至 2021 年的 1 214.5 亿元、1 018.8 亿元和 700.6 亿元，分别增长了约 3.12 倍、2.85 倍和 1.81 倍；落后组包括山西、青海、内蒙古、宁夏和甘肃省五省份，R&D 经费投入量均较小，且增速缓慢。

（2）R&D 投入强度。

R&D 投入强度指 R&D 经费投入占 GDP 的比重，通常用以衡量一国或地区对科技创造及创新能力的资金支持力度（何飞和蓝定香，2020）。该项指标可以使处于不同发展阶段的国家或地区间的 R&D 经费投入具有可比性（肖敏和谢富纪，2009）。

图 2-16 呈现了 2011~2021 年黄河流域九省份的 R&D 投入强度，截取 2021 年上游地区 R&D 投入强度最低的青海省，中游地区 R&D 投入强度最低的山西省以及全流域 R&D 投入强度最高并处于下游地区的山东省三省 R&D 投入强度数据来看，青海、山西、山东三省分别由 2011 年的 0.75、1.01、1.86 增长至 2021 年的 0.8、1.12、2.34，分别增长了 0.06 倍、0.11 倍、0.26 倍。

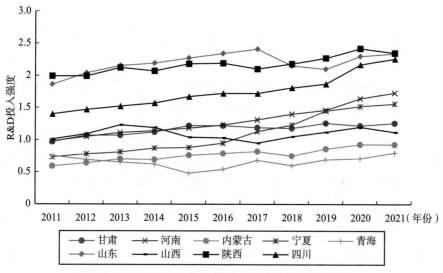

图 2-16 2011~2021 年黄河流域的 R&D 投入强度

资料来源：根据《中国科技统计年鉴 2012~2022》整理计算所得。

可以看出，黄河流域九省份之间的 R&D 投入强度存在差异，且总体增速不高。从总的趋势来看，R&D 强度的增长呈现出一定的规律性，其发展轨迹呈现出一条"S"形曲线，在 1%~2% 的"科技起飞"阶段，R&D 投入强度急速增长，而在 2%~3% 之后，虽然对 R&D 投入继续增大，但增速放缓。R&D 强度变化的总过程大致可以划分为三个阶段，即缓慢增长阶段、快速增长阶段（即"科技起飞"阶段）和基本稳定阶段

（肖敏和谢富纪，2009）。根据 2011～2021 年黄河流域九省份 R&D 投入强度数据，内蒙古和青海的 R&D 投入强度始终低于 1%，处于缓慢增长阶段。甘肃、河南、宁夏三省的 R&D 强度由 2011 的 0.97、0.98、0.73 增长至 2021 年的 1.26、1.73、1.56，这三省的 R&D 强度由缓慢增长阶段迈入了"科技起飞"阶段。山西省 R&D 强度由 2011 年的 1.01 缓慢增长至 2021 年的 1.12，始终位于"科技起飞"阶段，R&D 投入增幅缓慢。四川、山东和陕西三省 R&D 强度由 2011 年的 1.4、1.86、1.99 增长至 2021 年的 2.26、2.34、2.35，已经从"科技起飞"阶段跨入基本稳定阶段，R&D 投入增长迅速。

（3）地方财政科学技术支出。

地方财政科学技术支出是指地方政府在科学技术领域的资金投入，该指标可以展示地方政府对科技创新和技术进步的支持程度。一些学者认为，由于创新具有非生产性公共物品的属性，地方财政科技支出比重越小，创新意愿越低，创新能力越弱（胡丽娜，2020）。图 2 - 17 展示了 2011～2021 年黄河流域上中下游及全流域的地方财政科学技术支出及其占财政支出比重，黄河上中下游以及全流域由 2011 年的 98.81 亿元、56.18 亿元、165.21 亿元、320.2 亿元增长至 2021 年的 384.54 亿元、176.38 亿元、701.57 亿元、1 262.49 亿元，分别增长了 2.89 倍、2.14 倍、3.24 倍以及 2.94 倍。可以看出，黄河上中下游以及全流域总体呈现增长态势，其中，下游地区的增长幅度和数量大于中上游地区。此外，从科学技术财政支出的比例来看，下游地区也是高于上中游地区，从 2011 年的 3.5% 增长至 2021 年的 6.53%，增长了将近 1 倍。从全流域来看，科学技术财政支出的比例也由 2011 年的 9.8% 增长至 2021 年的 15.52%，增长了 0.5 倍左右。由此可见，上中下游以及全流域在 2011 到 2021 年，整体处于增长态势，地方财政科学技术支出在不断上升。这表明黄河流域各省区不断加大对研发的资金投入，越来越重视研发创新在整个黄河流域发展的支撑性地位。

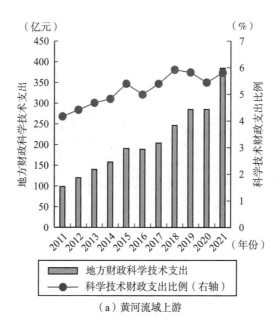

（a）黄河流域上游

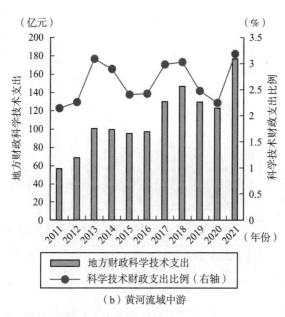

（b）黄河流域中游

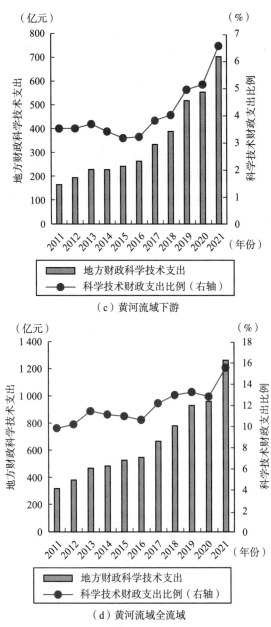

（c）黄河流域下游

（d）黄河流域全流域

图 2 - 17　2011 ～ 2021 年黄河流域地方财政科学技术支出

资料来源：根据国家统计局官网相关指标数据整理计算。

2.4.2　人才投入增长缓慢，下游增速相对较快

近些年来，科技人才已经成为我国发展的战略性人力资源。创新过程不仅需要大量资金的投入（张辽和黄蕾琼，2021），更重要的是创新人才的投入（苗文龙等，2019）。各城市和地区逐渐意识到培育、吸引和留住科技人才是地区发展的关键，纷纷通过放宽落户限制、加强财政补贴等措施为"引凤"工作加码提速（郭淑芬和张文礼，2022）。然而，需要注意的是，各地区在吸引人才方面的效果存在差异。考虑到较高的 R&D 人员全时当量通常意味着更多的专业人才从事创新研究，有助于推动科技创新和技术进步。因此，采用研发人员全时当量来衡量创新人才的投入力度。

图 2-18 展示了 2011～2021 年黄河流域九省份和全流域的 R&D 人员全时当量。可以看出，九省份在 2011～2021 年间 R&D 人员全时当量整体上呈现出增长态势。从全流域来看，2011～2013 年间处于快速增长趋势，2013～2019 年间增长缓慢，甚至出现轻微下降，而 2019 年后又恢复了快速增长的趋势。R&D 人员全时当量由 2011 年的 407 559 人增长至 2021 年的 731 592 人，增长了约 80%。值得注意的是，自 2019 年以来，下游地区的山东省和河南省 R&D 人员全时当量明显高于上中游各省份。从时间维度来看，黄河流域各省份的 R&D 人员增长幅度不高，在 2018 年还出现过短暂下滑，这说明黄河流域各省份对 R&D 人员的引进力度的重视程度还有待提升。从区域维度来看，R&D 人员数量在黄河流域上、中、下游不同地区存在明显差异，其中，下游地区的 R&D 人员数量普遍较高，中游地区 R&D 人员数量次之，上游地区 R&D 人员数量略低于中游地区。

2.4.3　专利产出逐年提升，下游地区增幅明显

创新产出反映了一个地区的创新发展成效，为创新驱动经济增长提供了知识和技术保障（白俊红和王林东，2016）。目前，科技创新产出尤其是专利产出，已成为衡量一个地区技术创新水平高低的合意指标和有效量

化手段（杨明海等，2018；杨骞等，2022），并成为区域创新成果拉开差距的重要来源。因此，综合分析专利申请数和发明专利授权数，可以更加全面地评估整个黄河流域的创新能力和科技实力。

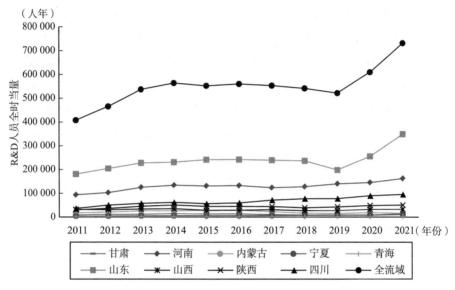

图 2 - 18　2011～2021 年黄河流域 R&D 人员全时当量

资料来源：根据《中国科技统计年鉴 2012～2022》整理。

如图 2 - 19 和图 2 - 20 所示，分别展示了 2011～2021 年黄河流域各省区专利申请数和发明专利授权数，二者的增长曲线类似，都处于稳步增长趋势。如图 2 - 19 所示，山东省专利申请数由 2011 年的 275.6 万件增长至 2021 年的 981.9 万件，增长了 2.5 倍左右，远高于其他省份，与上游的青海省、甘肃省、宁夏回族自治区等省份拉开了较大差距。山东省的发明专利授权数依然远高于其他各省，依次是四川省、陕西省和河南省等。从全流域来看，专利申请数由 2011 年的 539.78 万件增长至 2021 年的 2 289.10 万件，增长了 3.24 倍；发明专利授权数由 2011 年的 169.3 万件增长至 2021 年的 941.1 万件，增长了 4.5 倍。由此可见，研究期内，黄河流域发明专利授权数和专利申请数都出现了大幅增长，这表明黄河流

域在创新领域的投入取得了一定的创新成果，且成果转化能力和知识产权
保护水平也在不断提升。

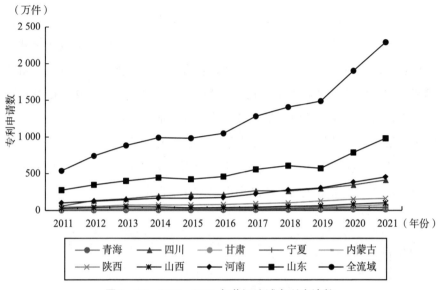

图2－19　2011～2021年黄河流域专利申请数

资料来源：根据《中国统计年鉴2012～2022》整理所得。

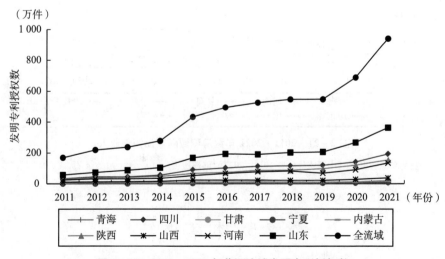

图2－20　2011～2021年黄河流域发明专利授权数

资料来源：EPS数据库。

2.4.4 新产品销售收入波动上升，流域内差异较大

科技创新的最终成果是新产品，新产品销售收入是创新投入的最终目标（郭丽娟和刘茜铭，2023）。图2-21展示了2011~2021年黄河流域九省份新产品销售收入情况。黄河流域九省份新产品销售收入整体处于增长趋势。从区域维度来看，下游地区的新产品销售收入高于中游和上游地区，山东省新产品销售收入处于黄河流域领先地位。从时间维度来看，上游和中游新产品销售收入近五年来呈现平稳上升趋势，但是下游地区的新产品销售收入在2017~2019年出现明显下降，却又在2019年~2021年呈现高速上升，下游地区的新产品销售收入并不稳定。

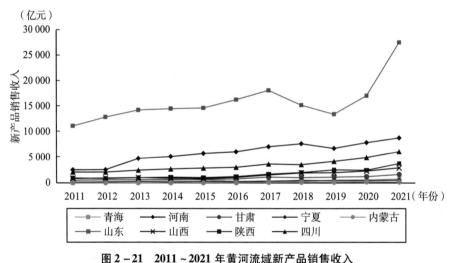

图2-21 2011~2021年黄河流域新产品销售收入

资料来源：根据《中国统计年鉴2012~2022》整理所得。

 2.5 本章小结

自然资源是高质量发展的支撑保障，经济社会发展现状是高质量发展

的基础条件，创新驱动是高质量发展的动力源泉。本章从自然资源、经济社会以及创新发展三个方面，分析了黄河流域的基础条件和发展现状。纵向来看，黄河流域水资源在不断枯竭，经济水平逐年提升，产业结构趋于高级，三废排放整体下降，对外贸易额显著增长，创新资金投入和人才投入都呈现出整体增长趋势，专利产出和新产品销售收入也逐年增长；横向来看，黄河上游水资源相对富裕，生态环境较好，中游矿产和煤炭资源相对富集，下游经济社会发展水平、对外开放水平、城市群发育水平、创新投入和产出水平都相对较高。在自然资源方面，黄河流域地形地貌复杂，气候类型多样，主要资源大多集中在中游和上游地区；在经济社会方面，下游地区经济相对发达，第三产业发展较好，对外开放水平以及城市群发育程度较高；在创新发展方面，上游地区的创新投入处于缓慢增长阶段，中游和下游地区大多省份处于快速增长阶段，只有四川、山东和陕西三省基本跨入基本稳定阶段，全流域的创新产出呈现逐年递增的趋势，山东省的创新产出始终处于黄河流域的领先地位。此外，在城市群发育方面，黄河流域分布的七大城市群发育程度都相对较低，但山东半岛城市群处于发育成熟阶段。

第3章

黄河流域创新生态系统发展
与新使命要求的偏离识别

黄河流域具有沿黄省份共享黄河一条河的流域经济特点，流域内经济发展整体性强、关联度高（覃成林，2010），其创新生态系统内部各主体之间形成了相互依赖和共生演进的天然网络关系。然而，黄河流域面临着生态脆弱和区域发展落后的历史性问题。推动黄河流域生态保护和高质量发展是黄河流域的新使命要求，是破解当前生态环境脆弱和经济社会发展滞后双重难题的必然之义，具有深远历史意义和重大战略意义。新使命要求归根结底是广义的绿色发展问题，识别当前黄河流域创新生态系统的发展现状与新使命要求是否发生偏离，是贯彻落实黄河流域新使命要求的前提依据。首先，创新绩效是观察创新生态系统当前运行状态的关键变量，结合流域绿色发展的新使命要求，从绿色创新绩效来剖析黄河流域创新生态系统运行现状与新使命要求的偏离程度，是识别这一差距的有效性判定。其次，与创新绩效相比，技术进步更是创新生态系统演化发展的深度反映。新使命要求强调水是生命之源、生产之要、生态之基，是黄河流域的重要资源环境约束，要量水而行、节水为重。基于水的技术进步是黄河流域创新生态系统运行现状的重要体现。因此，本书从绿色创新绩效和水的偏向性技术进步两方面来识别当前黄河流域创新生态系统与新使命要求的偏离程度，以明确绿色创新生态系统是应对黄河流域新使命要求的合理性逻辑，为明晰黄河流域创新生态系统的多维协同演化机制提供现实基础。

3.1　新使命要求的本质导向解析

保护黄河是中华民族伟大复兴的千秋大计，黄河流域生态保护和高质量发展是重大国家战略。2021年10月8日，中共中央、国务院印发了《黄河流域生态保护和高质量发展规划纲要》（以下简称《规划纲要》），《规划纲要》中"生态保护"出现了51次、"高质量发展"出现了42次。2022年10月16日，党的二十大报告明确提出，加快发展方式绿色转型，推动经济社会发展绿色化、低碳化是实现高质量发展的关键环节。黄河流域的新使命要求就是保护生态环境，走绿色发展之路。因此，必须树立和践行绿水青山就是金山银山的发展理念，塑造以绿色为本底的沿黄城市风貌，用绿色发展贯彻黄河流域生态保护和高质量发展的新使命要求，以此破解黄河流域环境污染与经济滞后的双重困境。

在黄河流域新使命要求中，无论是水沙治理、工农业污染防治等生态保护要求，还是建设能源基地、发展战略性新兴产业和建设特色优势现代产业体系等高质量发展要求，其背后反映的都是绿色发展问题。在黄河流域的实际发展过程中，绿色发展更需要通过绿色创新来驱动。同时，技术创新是新时代绿色发展的关键引擎，绿色发展为技术创新"指引"发展方向（武宵旭等，2022）。水资源和水环境是黄河流域实现绿色发展重要的自然约束，2019年9月，习近平总书记在黄河流域生态保护和高质量发展座谈会上指出，现今黄河流域水资源保障形势严峻、水环境污染问题突出，黄河生态建设与经济发展都需要用水，不能把水当作无限供给的资源[1]。针对黄河流域在实现新使命要求中面临的水资源节约集约利用困境，将技术进步聚焦于水资源和水环境问题，可有效促进水资源生产效率的提升（董直庆等，2017）与水污染排放的减少（李静等，2018）。结合黄河

---

[1]　习近平：在黄河流域生态保护和高质量发展座谈会上的讲话［EB/OL］. 中华人民共和国生态资源部，2020－12－25，https：//www.mnr.gov.cn/zt/xx/xjpstwmsx/lszb/202012/t20201225_2596334.html.

流域发展现实，绿色发展离不开绿色创新驱动，绿色创新是绿色发展的根本动力，是形成绿色发展模式的重要载体，也是提高资源利用率、减少环境污染的重要途径（刘贝贝等，2021；秦书生和杨硕，2015）。偏向性技术进步可以通过改变要素偏向来调整要素投入与产出结构，提高要素使用效率，进而引导要素流动方向，增加相对产出（郭沛和冯丽华，2019）。偏向节约用水、废水减排的绿色技术可以通过节约水资源投入和减少水污染排放来实现水资源节约集约利用和助力生态环保，是契合绿色发展进一步实现新使命要求的关键手段。创新驱动下偏向节约用水和偏向废水减排的技术进步也是实现绿色发展的重要部分。

学界对"绿色发展"的内涵理解大致可以分为两个层面。其一，从狭义上理解，"绿色发展"从可持续发展、绿色经济到绿色增长，再到党的十八大将绿色发展作为高质量发展之一，狭义的"绿色发展"在全国形成广泛共识。部分学者将绿色发展落脚到绿色全要素生产率、绿色GDP，重点关注绿色发展的效率、绩效和水平（陈超凡，2018；张可云和张江，2022；陈明华等，2022；张杰和范雨婷，2023），同时考虑到了环境因素，从生态效率和环境税的角度来研究绿色发展（李虹和熊振兴，2017；邹璇等，2019）。其二，从广义上理解，认为绿色发展内涵应从经济"绿色化"、绿色"经济化"两方面把握（朱东波，2020）。绿色发展是可持续发展的延伸，是以合理消费、低消耗、低排放和生态资本不断增加为主要特征，是经济、社会、自然系统三者间的相互协调（胡鞍钢和周绍杰，2014）。绿色发展所强调的人与自然和谐相处，实质上是把握好金山银山与绿水青山之间的平衡关系，以效率、协调、可持续为目标，使得经济社会发展与资源节约、环境改善之间形成相互促进关系（许宪春等，2019），以高效率、低污染、低损耗的绿色发展模式实现经济增长（魏丽莉和侯宇琦，2023）。除此之外，协同演化是保障黄河流域实现绿色发展的重要条件。一方面，流域绿色创新活动以沿岸水陆交通物流体系为基础和纽带，存在上中下游、干支流以及区段间的相互影响和相互关联，使得流域的绿色创新活动具有整体性和关联性。另一方面，受到地域跨度、资源占有量以及经济发展水平等因素的影响，流域内绿色创新活动同时存在明显的区段性和差异性，区域创新差异的扩大不仅会影响区域创新资源配置的效率，还会影响产业升级的质量，进一步影响区域经济发展水平（肖刚等，2016）。对于黄河流域而言，受地理条件等因素的制约，沿黄各省份经济关联程度历来不高，区域分工协作意识不强，高效协同发展机制尚不完善，这导致黄河流域的绿色创新活动发展不平衡不充分。以上现实问题迫切要求黄河流域的创新活动紧扣绿色和协同展开，以形成绿色、环境友好型的发展方式。

综上所述，对当前黄河流域创新生态系统情况与新使命要求是否发生偏离需要重点考察两方面：一是，绿色创新是黄河流域绿色发展的第一动力，黄河流域创新生态系统与新使命要求是否在绿色创新绩效上表现为发生偏离，以及黄河流域创新生态系统是否发生绿色转向；二是，黄河流域共享一条河的特点决定了水资源和水环境是最重要的自然约束，黄河流域创新生态系统与新使命要求是否在基于水的偏向性技术进步上发生偏离。

3.2　基于绿色创新绩效的偏离识别

创新是引领黄河流域生态保护和高质量发展的核心动能，绿色创新作为培育经济增长的新动能，是促进黄河流域生态保护和高质量发展的重要动力（许玉洁和刘曙光，2022）。因此，基于绿色创新绩效识别黄河流域创新生态系统发展状况与新使命要求的偏离程度，是对黄河流域绿色创新发展现状的最有效判定。当前学者们主要通过两个方面反映创新绩效：一是创新成果方面，根据所研究的内容选取单一指标来直接表示创新绩效，指标多为专利和科技论文等具有代表性的科研成果（覃柳婷和曾刚，2022）；二是创新效率方面，根据数学模型和统计方法来测算创新投入产出比，作为区域创新绩效的量化结果，主要是借助于全要素生产率和 DEA 方法从科技创新资源投入与产出的视角来考察城市创新绩效（范斐等，2022）。基于现有研究，识别黄河流域创新生态系统与新使命要求的偏离程度，一方面要识别创新生态系统促进区域经济和社会发展的有效性，即产出的成果；另一方面，要识别区域创新活动的投入产出效率，即投入的资源是否有效利用。评价区域创新绩效需要包括上述两个方面的综合反映。考虑到新使命要求的绿色发展本质，本章分别从绿色创新产出、绿色创新效率、绿色全要素生产率方面，分析当前黄河流域创新生态系统与新使命要求的偏离程度，并探究是否在整体上发生了绿色转向。在样本的考察期内考虑绿色创新绩效数据的可获得性，此处选取黄河流域 95 座城市①作为研究对象，从全流域和分流域段两个空间尺度分别识别当前黄河流域创新生态系统与新使命要求在绿色创新绩效上的偏离程度。

3.2.1 基于绿色创新产出的偏离识别

创新产出是专利授权数、新产品销售收入、技术市场成交额等一系列成果的反映。学界通常使用研发密度、专利和新产品销售占比等指标来衡量创新产出。专利是创新的重要体现，专利占有量既能体现一个地区的原始创新能力，也可以反映创新成果的应用市场潜能，是衡量一个地区创新能力的重要标志（Mansfield，1986）。目前我国的专利类型主要有发明专利、实用新型专利和外观设计专利三类。其中，发明专利具有更高的技术含量，可以更好地体现一个地区的原始创新能力（吕岩威等，2020）。绿色专利是指以绿色为发明主题的专利，与其他专利相比，绿色专利具有直接的、显而易见的减少或停止对自然资源的消耗以及环境友好的技术效果②。绿色外观设计专利和绿色实用新型专利的数量可以反映一个地区绿色创新的活跃程度，而绿色专利数量占专利总量的比重可以反映一个地区对绿色创新的重视程度。因此，本章采用绿色外观设计专利和绿色实用新型专利的授权数量反映一个地区绿色创新的活跃程度，采用绿色授权专利数量占授权专利总量的比值反映一个地区对绿色创新的重视程度。由于外观设计专利所反映的创新程度较低，本章分别计算绿色发明专利授权量占

① 因中卫、固原、定西、陇南 4 座城市数据缺失较多，未纳入研究。
② 国家知识产权局办公室编制的《绿色技术专利分类体系》。

发明专利授权量的比重（以下简称为绿色发明授权专利占比）和绿色实用新型授权量占实用新型授权量的比重（以下简称为绿色实用新型授权专利占比），以体现黄河流域创新生态系统与新使命要求的偏离情况。

本书通过绿色创新产出识别黄河流域创新生态系统与新使命要求的偏离情况。由图 3 – 1 可知，绿色发明专利授权量由 2011 年的 1 856 个增长至 2021 年的 8 613 个，绿色实用新型专利授权量由 2011 年的 7 997 个增长至 2021 年的 49 970 个，说明研究期内绿色创新产出规模得到了明显的提高。研究期内绿色实用新型专利授权量保持较高的增速，在 2019 ~ 2020 年增速达到最大，增长率为 59.4%。除此之外，绿色实用新型专利授权量始终高于绿色发明专利授权量。

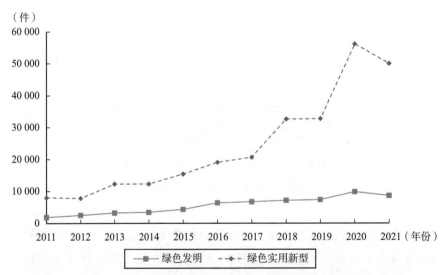

图 3 – 1 2011 ~ 2021 年黄河流域绿色发明专利和绿色实用新型专利授权量

资料来源：根据 2012 ~ 2022 年《中国城市统计年鉴》相关指标数据整理。

从黄河流域对绿色创新重视程度的变化来看，由图 3 – 2 可知，研究期内绿色专利授权量占专利授权总量的比重呈现波动上升的趋势，绿色发明授权专利占比始终高于绿色实用新型授权专利占比。2021 年黄河流域绿色发明授权专利占比和绿色实用新型授权专利占比分别为

14.22%和11.83%，高于同期全国平均水平的9.55%和7.49%，这说明研究期内黄河流域对绿色创新的重视程度较高。绿色发明授权专利占比和绿色实用新型授权专利占比的提升表明黄河流域创新生态系统发生了绿色转向。

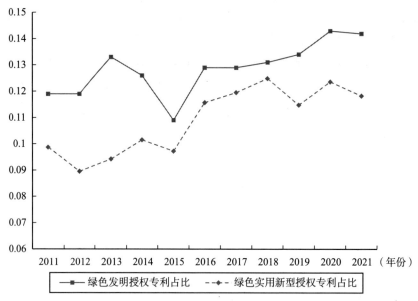

图3-2　全流域绿色发明授权专利占比和绿色实用新型授权专利占比变化
资料来源：根据2012~2022年《中国城市统计年鉴》相关指标数据整理计算。

　　本章通过对黄河流域上中下游绿色创新活动产出进行分析从而考察上中下游绿色创新的发展差距。由图3-3可知，2011~2021年下游地区绿色发明授权量均远高于上游和中游，且与上游和中游的差距有逐年扩大的趋势，这可能是因为下游地区经济基础好，绿色创新活动更加活跃。除此以外，研究期内上游和中游绿色发明专利授权量均未突破2100件。这说明与下游相比，上游和中游地区绿色创新活动活跃程度低且发展差距较小。绿色实用新型专利授权量的规律如图3-4所示，与绿色发明专利授权量的规律基本一致。

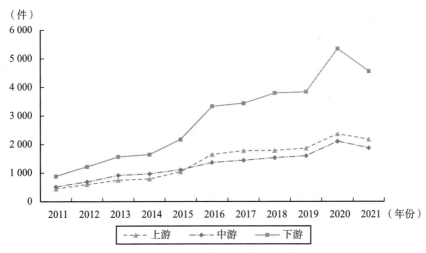

图 3－3　黄河流域上中下游绿色发明专利授权量变化

资料来源：根据 2012～2022 年《中国城市统计年鉴》指标数据计算。

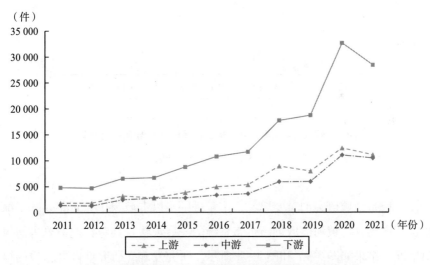

图 3－4　黄河流域上中下游绿色实用新型专利授权量变化

资料来源：根据 2012～2022 年《中国城市统计年鉴》相关指标数据计算所得。

从绿色发明授权专利占比来看，如图 3－5 所示，2021 年绿色发明授权专利占比呈现"下游＞上游＞中游"的分布特征。可以看出，下游绿色发明授权专利占比整体呈波动增长趋势，中游和上游处于波动趋势，这说明上中下游地区对绿色创新的关注可能随当年情况波动变化，对绿色创新的重视程度还不够稳定。从绿色实用新型授权专利占比来看，如图 3 - 6 所示，研究期内绿色实用新型授权专利占比基本处于稳步提升阶段，呈现"中游 > 上游 > 下游"的分布特征，对比绿色发明授权专利占比变化情况，发现下游地区绿色发明授权专利占比后期处于领先，而绿色实用新型授权专利占比始终落后于中游和上游地区，这可能是因为中游和上游地区的原始创新能力较弱，大多进行技术水平较低的绿色创新。

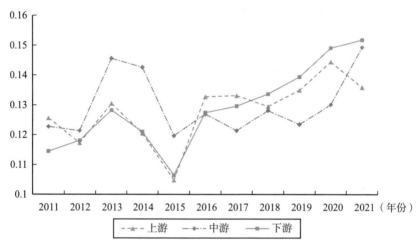

图 3 - 5　黄河流域上中下游绿色发明授权专利占比变化

资料来源：根据 2012 ~ 2022 年《中国城市统计年鉴》相关指标数据计算。

　　省域是地域研究的重要单元，本章进一步以省域为研究对象，基于绿色创新产出分析黄河流域创新生态系统的发展现状及其与新使命要求的偏离情况，结果如图 3 - 7 和图 3 - 8 所示。研究发现，研究期内九省份的绿色发明专利授权量和绿色实用新型专利授权量均得到了提升。其中，山东省的绿色发明专利授权量由 2011 年的 630 个增长至 2021 年的 3 438 个，绿色实用新型专利授权量由 2011 年的 3 304 个增长至 2021 年的 19 163 个，绿色发明专利授权量在 2020 年突破了 4 000 个，绿色实用新型专利授权量在 2020 年突破了 20 000 个，山东省的绿色创新产出规模远大于其他沿黄

八省份。除此以外，四川省、陕西省和河南省的平均绿色创新产出能力高
于流域内平均水平。

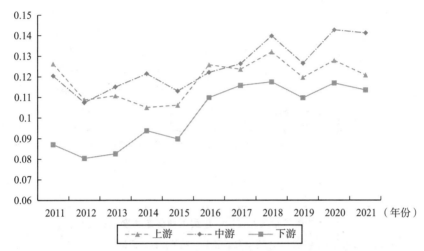

图3-6 黄河流域上中下游绿色实用新型授权专利占比变化

资料来源：根据2012~2022年《中国城市统计年鉴》相关指标数据计算。

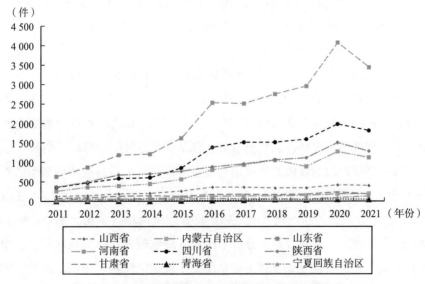

图3-7 黄河流域九省份绿色发明专利授权量变化

资料来源：根据2012~2022年《中国统计年鉴》相关指标数据整理。

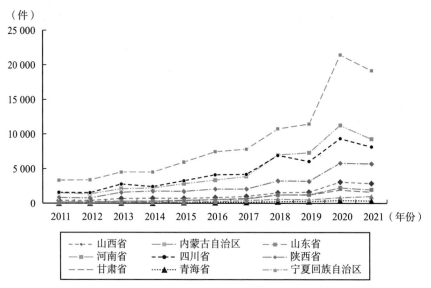

图3-8 黄河流域九省份绿色实用新型专利授权量变化

资料来源：根据 2012~2022 年《中国统计年鉴》相关指标数据整理。

　　从九省份绿色发明授权专利占比和绿色实用新型授权专利占比情况来看，如图 3-9 和图 3-10 所示，绿色发明授权专利占比主要集中在 5%~25%，绿色实用新型授权专利占比数据主要集中在 5%~20%。以 2021 年为例，2021 年黄河流域九省份的绿色发明授权专利占比和绿色实用新型授权专利占比分别集中在 12.5 和 10% 左右，同时期长江流域的江苏省和湖北省的绿色发明授权专利占比分别为 10.05% 和 8.94%，绿色实用新型授权专利占比分别为 7.61% 和 7.75%。这说明黄河流域九省份的绿色创新产出在创新产出中所占的比重较高，创新的绿色转向趋势相对明显。

　　绿色创新产出的收敛趋势一定程度上可以反映出黄河流域创新生态系统发展的演变趋势。学术界认为收敛的表现形式可以分为 σ 收敛和 β 收敛，其中，β 收敛包括绝对 β 收敛和条件 β 收敛两种（刘帅，2019；Barro and Sala，1992）。σ 收敛主要分析不同地区绿色创新产出的离散程度。绝对 β 收敛主要分析在其他条件不变情况下不同地区绿色创新产出的收敛速度，条件 β 收敛则在绝对 β 收敛的基础上考虑了不同地区的地理位置、自然资源禀赋、政策优惠等因素，本研究重点讨论绿色创新产出的 σ 收敛和

绝对 β 收敛。

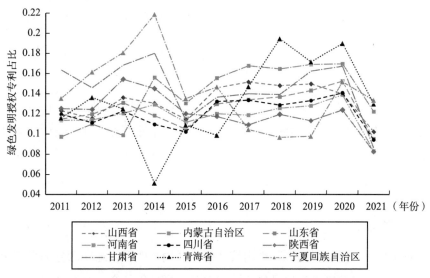

图 3－9 黄河流域九省份绿色发明授权专利占比变化

资料来源：根据 2012～2022 年《中国统计年鉴》相关指标数据计算所得。

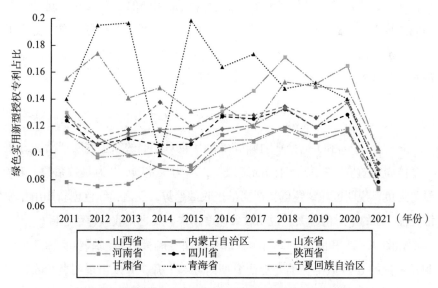

图 3－10 黄河流域九省份绿色实用新型授权专利占比变化

资料来源：根据 2012～2022 年《中国统计年鉴》相关指标数据计算所得。

绿色创新产出的 σ 收敛表明各地区绿色创新产出的离散程度随着时间的变化不断缩小，绿色创新产出较低的地区最终实现对绿色创新产出的较高地区的追赶和超越。本节绿色创新产出的 σ 收敛用标准差指标进行分析：

$$\sigma_t = \frac{\sqrt{\left[\sum_{i}^{n}(Gi_{it} - \overline{Gi_1})^2\right]/n}}{\overline{Gi_1}} \tag{3.1}$$

其中，σ_t 是标准差，表示个体值偏离整体均值的程度，n（$i=1$，2，3，…）为所评价区域内的城市数量，Gi_{it} 表示 i 城市在 t 时的绿色创新产出，$\overline{Gi_1}$ 为在 t 时区域内所有城市绿色创新产出的均值。若 $\sigma_t < \sigma_{t-1}$，说明随着时间的变化，该地区绿色创新产出的离散程度下降，形成不断向均值收敛的态势，存在 σ 收敛。

绿色创新产出的绝对 β 收敛指绿色创新产出较低的地区其绿色创新产出提高的速度要比绿色创新产出较高的地区快，即不同地区绿色创新产出发展速度与绿色创新产出呈负相关的关系。绿色创新产出绝对 β 收敛的前提是要假定不同区域的经济发展水平、政府政策、对外开放水平等条件完全相同后，不同区域的绿色创新产出会收敛到相同的稳态条件，同时具有相同的稳态收敛路径和稳态收敛结果。条件 β 收敛是指不同区域在受到不同的发展环境的影响下，会存在不同的收敛路径和稳态结果。本章的绿色创新产出绝对 β 收敛公式如式（3.2）所示。

$$\ln\left(\frac{Gi_{i,t+1}}{Gi_{i,t}}\right) = \alpha + \beta\ln(Gi_{i,t}) + \mu_i + \vartheta_t + \varepsilon_{it} \tag{3.2}$$

其中，$Gi_{i,t+1}$ 和 $Gi_{i,t}$ 分别为城市在 $t+1$ 期和 t 期的绿色创新产出，μ_i 表示个体固定效应，ϑ_t 表示时间固定效应，ε_{it} 为误差项，β 为收敛系数，若 β 显著为负，说明区域绿色创新产出呈现收敛趋势，反之，绿色创新产出呈发散特征；β 的绝对值越大，说明收敛速度越快，反之则收敛速度越慢。

如图 3-11 和图 3-12 所示，绿色发明专利授权量和绿色实用新型专利授权量的 σ 收敛的标准差在研究期内逐年上升，并未出现明显的收敛趋势。说明黄河流域内城市间绿色创新产出的差距较大。其中，下游地区的 σ 收敛的标准差高于其他地区，下游地区绿色创新产出的差距高于其他地区的差距，与流域内绿色创新产出存在较大差异。

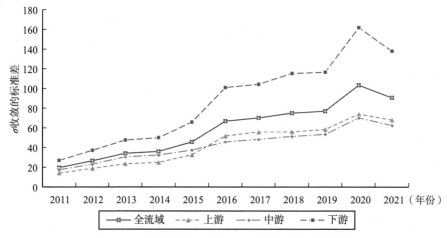

图3-11 黄河流域绿色发明专利授权量 σ 收敛变化

资料来源：根据2012~2022年《中国城市统计年鉴》相关指标数据计算所得。

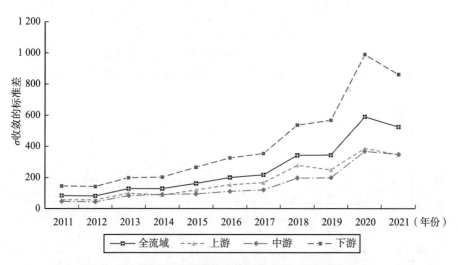

图3-12 黄河流域绿色实用新型专利授权量 σ 收敛变化

资料来源：根据2012~2022年《中国城市统计年鉴》相关指标数据计算所得。

从绿色发明授权专利占比和绿色实用新型授权专利占比的收敛情况来看（见图3-13、图3-14），绿色发明授权专利占比和绿色实用新型授权

专利占比的 σ 收敛的标准差存在一定程度的波动，σ 收敛的标准差的期末值大于期初值，说明存在一定的发散特征。其中，中游地区 σ 收敛的标准差高于其他地区，说明中游地区城市绿色创新占比的差异较大，绿色创新产出的趋同特征最不明显。下游地区 σ 系数最低，说明下游地区各城市的绿色创新产出较为相似。

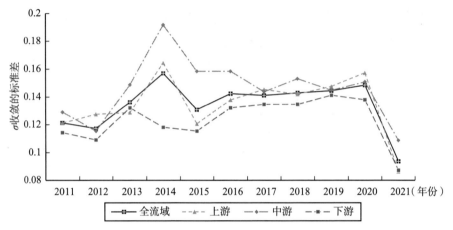

图 3 – 13　黄河流域绿色发明授权专利占比 σ 收敛变化

资料来源：根据 2012 ~ 2022 年《中国城市统计年鉴》相关指标数据计算所得。

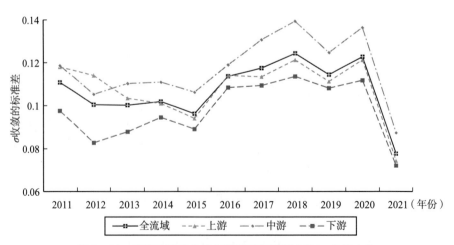

图 3 – 14　黄河流域绿色实用新型授权专利占比 σ 收敛变化

资料来源：根据 2012 ~ 2022 年《中国城市统计年鉴》相关指标数据计算所得。

由于绿色发明授权专利占比和绿色实用新型授权专利占比存在 σ 收敛，所以本章通过测算绿色授权专利占比和绿色实用新型授权专利占比的 β 收敛系数来测度其收敛速度，以判断其趋同速度。由表 3 - 1 和表 3 - 2 可以发现黄河流域及其上中下游均存在 β 收敛，其中绿色发明授权专利占比和绿色实用新型授权专利占比的 β 系数的绝对值均呈现"上游 > 中游 > 下游"的分布特征，这说明上游地区绿色创新产出的趋同速度更快，对绿色创新的重视程度的速度在不断提高。

表 3 - 1　　　　　黄河流域绿色发明授权专利占比绝对 β 收敛

变量	全流域	上游	中游	下游
β	− 0. 918 *** (− 24. 32)	− 0. 945 *** (− 15. 23)	− 0. 924 *** (− 12. 65)	− 0. 790 *** (− 12. 39)
Cons	0. 108 *** (4. 43)	0. 106 *** (3. 49)	0. 095 *** (3. 06)	0. 103 *** (6. 05)
是否收敛	是	是	是	是
时间固定	Yes	Yes	Yes	Yes
城市固定	Yes	Yes	Yes	Yes
N	760	256	240	264
R2	0. 502	0. 548	0. 493	0. 470
Wald chi2	664. 63 ***	262. 35 ***	196. 52 ***	197. 71 ***

注：***、**、*分别表示回归结果在 1%、5% 和 10% 的显著性下显著，() 内为 t 值，Hausman 检验中 () 内为 p 值。

表 3 - 2　　　　黄河流域绿色实用新型授权专利占比绝对 β 收敛

变量	全流域	上游	中游	下游
β	− 0. 918 *** (− 27. 20)	− 1. 008 *** (− 17. 98)	− 0. 921 *** (− 14. 21)	− 0. 726 *** (− 14. 48)
Cons	0. 117 *** (10. 63)	0. 128 *** (9. 80)	0. 113 *** (7. 03)	0. 069 *** (8. 16)

续表

变量	全流域	上游	中游	下游
是否收敛	是	是	是	是
时间固定	Yes	Yes	Yes	Yes
城市固定	Yes	Yes	Yes	Yes
N	760	256	240	264
R2	0.568	0.634	0.534	0.600
Wald chi2	863.96 ***	375.45 ***	231.44 ***	334.56 ***

注释：***、**、*分别表示回归结果在1%、5%和10%的显著性下显著，（）的值为 t 值，Hausman 检验中（）的值为 p 值。

3.2.2 基于绿色创新效率的偏离识别

绿色创新是一个包含创新投入、创新产出以及环境效益等方面的一个复杂生产过程。绿色创新效率是投入和产出的比值关系，即经济与环境的效益比值，以节约资源和改善环境等作为可持续发展目标，将环境问题考虑到创新的过程中（肖黎明等，2018）。绿色创新效率的评价深刻体现了创新发展的绿色特征，体现着黄河流域生态发展程度以及绿色创新水平，对黄河流域绿色和可持续发展具有重要意义（刘贝贝，2021）。因此，本章基于绿色创新效率识别黄河流域创新生态系统与新使命要求的偏离。

在测度方法的选择上，数据包络分析（DEA）模型是测度效率最为常用的方法。本研究通过构建全局参比技术和超效率 SBM 结合模型（GS - SBM 模型）测算绿色创新效率，由于不同地区拥有不同的规模以及发展情况，运用 SBM 模型进行测算时存在规模报酬不变（CRS）和规模报酬可变（VRS）两种假设。本章认为规模报酬可变的假设更加符合实际情况。因此，借鉴 Zheng 等（1998）和朱承亮等（2018）的做法，本章以规模报酬可变（VRS）作为假设进行测度。

首先假设系统中有 n 个决策单元，每个单元的投入、期望产出和非期望产出分别为 x、y^g、y^b 三个向量，可以分别表示为 $x \in R^m$、$y^g \in R^{s_1}$ 和 $y^b \in$

R^{s_2}，定义矩阵可以表示为 $X = [x_1, \cdots, x_n] \in R^{m \times n}$、$Y^g = [y_1^g, \cdots, y_n^g] \in R^{s_1 \times n}$ 和 $Y^b = [y_1^b, \cdots, y_n^b] \in R^{s_2 \times n}$，其中，$x_i > 0$，$y_i^g > 0$（$i = 1, 2, \cdots, n$），$t$ 时期决策单元 k 的生产可能性集合（P^t）如式（3.3）所示，以此为基础，引入全局参比技术后的集合（P^G）如式（3.4）所示，基于全局参比的超效率 SBM 模型如式（3.3）~式（3.6）所示：

$$\frac{P^t}{(x_k^t, y_k^t)} = \{\overline{X}, \overline{Y^g}, \overline{Y^b} | \overline{X} \geq \sum_{\substack{j=1 \\ j \neq k}}^{n} \lambda_j^t x_j^t, \ \overline{Y^g} \leq \sum_{\substack{j=1 \\ j \neq k}}^{n} \lambda_j^t x_j^{tg},$$

$$\overline{Y^b} \geq \sum_{\substack{j=1 \\ j \neq k}}^{n} \lambda_j^t x_j^{tb}, \ \lambda_j \geq 0\} \tag{3.3}$$

$$P^G = (P1 \cup P2 \cup \cdots \cup PT) \tag{3.4}$$

$$\rho = \min \frac{1 - \dfrac{1}{m}\sum_{i=1}^{m}\dfrac{s_i^-}{x_{i_0}}}{1 + \dfrac{1}{s_1 + s_2}\left(\sum_{r=1}^{s_1}\dfrac{s_r^g}{y_{r_0}^g} + \sum_{r=1}^{s_2}\dfrac{s_r^b}{y_{r_0}^b}\right)} \tag{3.5}$$

$$s.t. \begin{cases} x_0 = X\lambda + s^- \\ y_0^g = Y^g\lambda - s^g \\ y_0^b = Y^b\lambda + s^b \\ s^- \geq 0, \ s^g \geq 0, \ s^b \geq 0, \ \lambda \geq 0 \end{cases} \tag{3.6}$$

在式（3.6）中，s^-、s^g、s^b 分别表示投入、期望产出和非期望产出的松弛量，λ 表示权重向量。

在此基础上，第 k 个观测时期绿色创新效率从 t 到 $t+1$ 的变化可用 Malmquist 指数表示，其特点是将所有各期的指数作为参考集并进行跨期比较，如式（3.7）所示：

$$M_k^G(x^{t+1}, y^{g,t+1}, y^{b,t+1}, x^t, y^{g,t}, y^{b,t}) = \frac{\rho_k^G(x^{t+1}, y^{g,t+1}, y^{b,t+1})}{\rho_k^G(x^t, y^{g,t}, y^{b,t})}$$

$$(3.7)$$

其中，M_k^G 表示全局参比下的 Malmquist 指数，可以衡量绿色创新效率的变动，Malmquist 指数可以分解为技术效率改善以及技术进步，从而识别绿色创新效率的驱动因素，分解式如式（3.8）所示，其中，$\rho_k^t(x^t,$

$y^{g,t}$，$y^{b,t}$）和 $\rho_k^{t+1}(x^{t+1}$，$y^{g,t+1}$，$y^{b,t+1})$ 可以分别表示 t 和 $t+1$ 时期内投入和产出的比值，$\dfrac{\rho_k^{t+1}(x^{t+1}，y^{g,t+1}，y^{b,t+1})}{\rho_k^t(x^t，y^{g,t}，y^{b,t})}$ 和 $\dfrac{\rho_k^G(x^{t+1}，y^{g,t+1}，y^{b,t+1})}{\rho_k^{t+1}(x^{t+1}，y^{g,t+1}，y^{b,t+1})}\times$

$\dfrac{\rho_k^t(x^t，y^{g,t}，y^{b,t})}{\rho_k^G(x^t，y^{g,t}，y^{b,t})}$ 分别表示样本的技术效率改善和技术进步。

$$M_k^G = \frac{\rho_k^{t+1}(x^{t+1}，y^{g,t+1}，y^{b,t+1})}{\rho_k^t(x^t，y^{g,t}，y^{b,t})}$$
$$\left\{ \frac{\rho_k^G(x^{t+1}，y^{g,t+1}，y^{b,t+1})}{\rho_k^{t+1}(x^{t+1}，y^{g,t+1}，y^{b,t+1})} \frac{\rho_k^t(x^t，y^{g,t}，y^{b,t})}{\rho_k^G(x^t，y^{g,t}，y^{b,t})} \right\} \tag{3.8}$$

在指标的选择上，本章综合相关研究，进一步考虑数据的完整性以及可得性，构建了绿色创新效率测度指标体系（如表 3-3 所示）。本章将劳动投入和资本投入作为绿色创新的投入指标；将专利申请量和绿色专利申请量作为期望产出，并将环境污染的相关指标作为非期望产出。由于部分数据缺失，对绿色创新效率的测度截至 2020 年。

表 3-3　　　　　　　　　绿色创新效率测度指标体系构建

目标层	准则层	指标层	指标解释	单位
绿色 创新效率	创新投入	劳动投入	科学技术、技术服务从业人数	万人
		资本投入	科学研究和试验发展经费	亿元
	创新产出	期望产出	专利申请量	件
			绿色专利申请量	件
		非期望产出	全市工业 SO_2 排放量	吨
			全市工业废水排放量	吨

如图 3-15 所示，黄河全流域及其上中下游的绿色创新效率均值在研究期整体上呈增长趋势，全流域绿色创新效率由 2006 年的 0.07 增长至 2020 年的 0.29，上游绿色创新效率由 2006 年的 0.10 增长至 2020 年的 0.40，中游绿色创新效率由 2006 年的 0.05 降低至 2020 年的 0.20，下游绿色创新效率由 2006 年的 0.07 增长到 2020 年的 0.29。黄河流域全流域及其上中下游的绿色创新效率在研究期内得到提高。

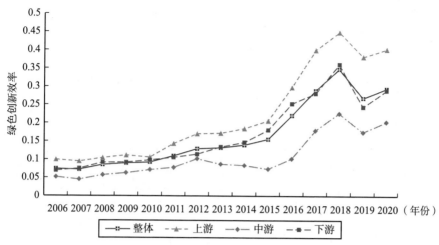

图3-15 全流域和上中下游绿色创新效率均值对比

资料来源：根据绿色创新效率测度结果绘制。

此外，如图3-16所示，从绿色创新效率的 σ 收敛结果来看，2006~2018年绿色创新效率并未出现明显的收敛特征，而2018~2019年绿色创新效率呈现一定的收敛特征；如表3-4所示，从绿色创新效率的绝对 β 收敛结果来看，绿色创新效率的绝对 β 收敛速度呈现"上游>下游>中游"的分布特征，说明上游地区城市绿色创新效率差距缩小的速度快于其他地区。

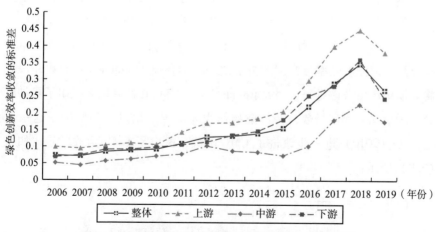

图3-16 全流域和上中下游绿色创新效率 σ 收敛情况

资料来源：根据绿色创新效率 σ 收敛计算标准差后绘制。

表 3 - 4   黄河流域绿色创新效率绝对 β 收敛

变量	黄河流域	上游	中游	下游
β	- 0.379 *** (- 14.35)	- 0.443 *** (- 8.60)	- 0.185 *** (- 4.68)	- 0.401 *** (- 9.83)
Cons	0.017 *** (0.51)	0.102 ** (2.00)	0.014 (0.73)	0.111 *** (3.18)
是否收敛	是	是	是	是
时间固定	Yes	Yes	Yes	Yes
城市固定	Yes	Yes	Yes	Yes
N	1235	416	390	429
R2	0.246	0.239	0.305	0.323
Wald chi2	367.89 ***	116.34 ***	152.47 ***	182.67 ***

注：*** 、** 、* 分别表示回归结果在1%、5%和10%的显著性下显著，（ ）的值为t值，Hausman 检验中（ ）的值为p值。

3.2.3　基于绿色全要素生产率的偏离识别

绿色全要素生产率（GTFP）可以测度绿色创新投入对经济的贡献度。本章将劳动投入和资本投入作为绿色创新的投入指标，将专利申请量和绿色专利申请量作为期望产出，并将环境污染的相关指标作为非期望产出，运用 DEA 模型对黄河流域绿色创新效率进行表征，DEA 的 Malmquist 指数是目前测度效率最常用的方法之一，但传统的 Malmquist 函数并没有将非期望产出考虑进来，因此 Chung 等（1997）在此基础上提出了更加符合实际情况的 ML 函数，将污染物作为非期望产出进一步解决了这一问题。Oh（2010）进一步改进了 GML 函数，提出了 GML 函数。公式如式（3.9）所示：

$$GML_0^{T,T+1} = \frac{\rho_0^{T+1}(x_0^{T+1}, y_0^{g,T+1}, y_0^{b,T+1})}{\rho_0^{T}(x_0^{T}, y_0^{g,T}, y_0^{b,T})}$$

$$\times \left[\frac{\rho_0^{g}(x_0^{T+1}, y_0^{g,T+1}, y_0^{b,T+1})}{\rho_0^{T+1}(x_0^{T+1}, y_0^{g,T+1}, y_0^{b,T+1})} \times \frac{\rho_0^{T}(x_0^{T}, y_0^{g,T}, y_0^{b,T})}{\rho_0^{g}(x_0^{T}, y_0^{g,T}, y_0^{b,T})} \right] \quad (3.9)$$

在式（3.9）中，T 为时间，$GML_0^{T,T+1}$ 表示从 T 年到 $T+1$ 年 GTFP 的变化情况，$\rho_0^T(x_0^T, y_0^{g,T}, y_0^{b,T})$ 和 $\rho_0^{T+1}(x_0^{T+1}, y_0^{g,T+1}, y_0^{b,T+1})$ 表征了从 T 到 $T+1$ 年效率值的变化情况；$\rho_0^g(x_0^T, y_0^{g,T}, y_0^{b,T})$ 和 $\rho_0^g(x_0^{T+1}, y_0^{g,T+1}, y_0^{b,T+1})$ 是从全局不同时期生产技术条件下投入产出的效率值；$\dfrac{\rho_0^T(x_0^T, x_0^{g,T}, x_0^{b,T})}{\rho_0^g(x_0^T, x_0^{g,T}, x_0^{b,T})}$ 和 $\dfrac{\rho_0^g(x_0^{T+1}, x_0^{g,T+1}, x_0^{b,T+1})}{\rho_0^{T+1}(x_0^{T+1}, x_0^{g,T+1}, x_0^{b,T+1})}$ 表征了 T 年和 $T+1$ 年和全局前沿的接近程度，通过观察 $GML_0^{T,T+1}$ 可以分析 GTFP 水平是否提升或者降低。若 $GML_0^{T,T+1}$ 为 1，说明 GTFP 水平没有发生变化；若 $GML_0^{T,T+1}$ 大于 1，说明 GTFP 水平提升；若 $GML_0^{T,T+1}$ 小于 1，说明 GTFP 水平下降。GTFP 测度指标体系构建如表 3-5 所示。由于部分数据缺失，GTFP 的测度数据只统计到了 2020 年。

表 3-5 　　　　　　　　　　GTFP 测度指标体系构建

目标层	准则层	指标层	指标解释	单位
绿色全要素生产率	投入指标	劳动投入	年末从业人员数	万人
		能源消耗	当年用电量	万千瓦时
		资本投入	年末固定资产资本存量	万元
	期望产出	经济产出	当年实际 GDP	万元
	非期望产出	环境污染	当年工业 SO_2 排放量	吨
			当年工业废水排放量	吨
			当年工业烟尘排放量	吨

如图 3-17 所示，从测度结果来看，黄河全流域 GTFP 呈现波动上升的趋势，在 2016 年达到峰值，此后出现下降趋势。分上中下游来看，2007～2015 年，上中下游 GTFP 均值基本一致；2015～2020 年，GTFP 均值呈现"下游＞中游＞上游"的分布特征。这可能是因为下游地区可以获得来自京津冀和长三角等地区的资金以及人才支持，拥有更好的经济发展条件。因此，下游地区的 GTFP 均值相对较高，绿色创新投入对经济的贡

献度更高。

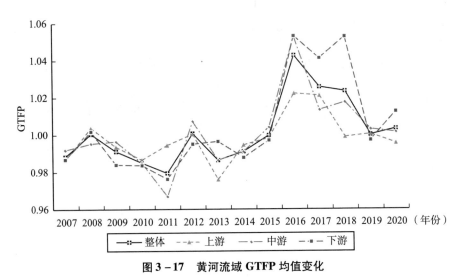

图 3 - 17 黄河流域 GTFP 均值变化

资料来源：根据 GTFP 测度结果绘制。

从 σ 收敛情况来看，如图 3 - 18 所示，2016 年之前流域整体及其上中下游的 σ 值呈现上下波动态势，2016 年之后 σ 值出现了明显的下降。说明 2016 年流域内出现了 σ 收敛特征，即 GTFP 的变化逐渐出现了趋同的特点。其中，上游地区的 σ 值最低，说明上游地区 GTFP 的差异最小。此外，如表 3 - 6 所示，根据绝对 β 收敛系数结果发现，GTFP 的收敛速度呈现"中游 > 上游 > 下游"的分布特征。这说明中游 GTFP 的趋同速度快于上游和下游地区。

本章节通过整理分析发现，黄河流域各城市绿色发明授权专利占比、绿色实用新型授权专利占比、绿色创新效率、绿色全要素生产率等均呈现了上升趋势，这表明黄河流域创新生态系统整体上确实发生了绿色转向。然而，绿色创新产出、绿色创新效率和绿色全要素生产率的 σ 收敛特征并不明显，甚至呈现发散特征，但却呈现了显著的条件 β 收敛特征，这说明黄河流域各城市之间绿色创新绩效差异呈现扩大趋势，但差异扩大的速度呈降低态势。以上分析表明，黄河流域创新生态系统正在朝着新使命要求的方向演化发展，但流域内各城市之间的绿色发展差异正在不断扩大，且扩大的速度正在下降。这可能是由于在新使命要求的驱动下，各城市之间正在趋于合作，以缩小城市之间的绿色发展差异，但协同合作效应并未产生及时的效果。因此，黄河流域各城市仍需在新使命要求下，通过开展城市合作，以中心城市带动周围城市共谋绿色发展。

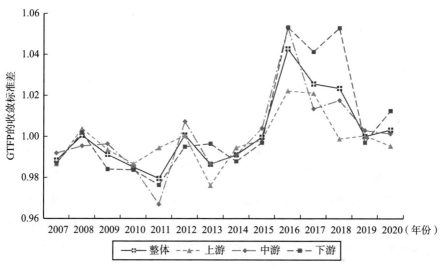

图 3 – 18 黄河流域 GTFP 的 σ 收敛情况

资料来源：根据 GTFP 的 σ 收敛计算标准差后绘制。

表 3 – 6   黄河流域 GTFP 绝对 β 收敛

变量	黄河流域	上游	中游	下游
β	– 1. 246 *** （ – 43. 16）	– 1. 235 *** （ – 24. 94）	– 1. 364 *** （ – 26. 79）	– 1. 219 *** （ – 24. 43）
Cons	1. 257 *** （40. 68）	1. 257 *** （24. 75）	1. 371 *** （26. 23）	1. 252 *** （23. 98）
是否收敛	是	是	是	是
时间固定	Yes	Yes	Yes	Yes
城市固定	Yes	Yes	Yes	Yes

续表

变量	黄河流域	上游	中游	下游
N	1 235	416	390	429
R2	0.653	0.653	0.720	0.663
Wald chi2	2 117.19 ***	694.80 ***	891.55 ***	752.70 ***

注释：***、**、*分别表示回归结果在 1%、5% 和 10% 的显著性下显著，（）的值为 t 值，Hausman 检验中（）的值为 p 值。

资料来源：通过 Stata 16.0 软件计算而得。

3.3　基于水的偏向性技术进步的偏离识别

大量学者认为技术进步是提高全要素生产率，减少污染排放量，降低经济增长的"资源依赖症"，促进经济增长的重要途径（马海良和张格琳，2021）。偏向性技术进步代表了技术进步的一般形态，技术进步偏向相对丰裕且相对便宜的生产要素有利于全要素生产率增长，相对稀缺且相对昂贵的生产要素会引起全要素生产率下降（李小克和李小平，2022）。水资源在黄河流域绿色发展中占据重要地位，水资源的节约集约利用和废水的减排是新使命要求的重要内容，因此，黄河流域创新生态系统需要致力于提升水资源节约集约利用效率和降低工业废水排放的偏向性技术进步。本章将水要素纳入偏向性技术进步分析框架中，以投入导向和产出导向为研究视角，将投入导向的偏向性技术进步称为节约用水偏向性技术进步，将产出导向的偏向性技术进步称为废水减排偏向性技术进步。通过测算黄河流域 97 座城市①的节约用水、废水减排偏向性技术进步指数，考察技术进步的偏向对投入、产出结构的影响，并综合分析水的偏向性技术进步的时空差异和演进趋势，来识别黄河流域创新生态系统实际的节约用水、废水减排偏向性技术进步与新使命要求的偏离程度。

---

① 因黄河流域上游固原与吴忠两座城市数据缺失较多，未纳入研究。

3.3.1 基于节约用水偏向性技术进步的偏离识别

依据科学性、系统性和可操作性等原则，结合黄河流域实际发展需求及偏向性技术进步测度相关理论要求，本节从投入要素和产出要素两个方面构建节约用水偏向性技术进步指标体系。考虑到黄河流域各城市共享河流发展的经济特点，将指标层中投入要素设为水资源、劳动力和资本要素，将指标层中产出要素设为 GDP 和工农业总产值，建立的节约用水偏向性技术进步指标体系（见表 3－7）。通过测算节约用水偏向性技术进步指数，分析黄河流域技术进步的实际要素投入偏向，从而识别黄河流域的节约用水偏向性技术进步能否相对减少水资源使用量，推动工农业水资源的高效利用，以及在缓解水资源短缺矛盾中发挥作用。

表 3－7 节约用水偏向性技术进步指标体系

准则层	指标层	指标解释	单位
投入要素	水资源（W）	当年工业用水量与农业用水量之和	亿立方米
	劳动力（L）	年末单位就业人员数量	万人
	资本（K）	年末永续盘存法处理后的资本存量	亿元
产出要素	国内生产总值（GDP）	以 2009 年为基期平减后的 GDP	亿元
	工农业总产值（V）	当年农业总产值与工业增加值之和	亿元

（1）测算方法和判别原则。

DEA 为非参数方法，无须设定模型具体形式，可有效规避价格扭曲对偏向性技术进步的干扰，结果较为稳健，同时可以借助跨时期要素投入产出比例分析技术进步的偏向。本研究参考 Färe 等（1997）、尚杰和许雅茹（2020）的研究，使用 DEA － Malmquist 指数分解法来计算各城市的节约用水偏向性技术进步指数，结合 Weber 和 Domazlicky（1999）提出的技术进步要素偏向判别原则，可以分析黄河流域技术进步的实际要素投入偏向。

设（x_n，y_m）表示一个决策单元，x_n 和 y_m 分别表示一个决策单元在 t 时期的投入和产出向量，则 t 时期的生产可能性集和产出的 $Shephard$ 距离函数分别为：

$$C_t = \{(x_t, y_t): x_t \text{ 能够生产 } y_t\} \quad (3.10)$$

$$D_{t0}(x_t, y_t) = inf\{\theta: (x_t, y_t/\theta) \in C_t\} \quad (3.11)$$

式（3.10）、式（3.11）中，C_t 表示生产可能性集，距离函数 D_{t0}（x_t，y_t）被定义为给定要素组合 x_t 时产出 y_t 的最大扩展比例的倒数，θ 表示产出效率的度量，inf 表示下确界，当且仅当（x_t，y_t）$\in C_t$ 时，$D_{t0}(x_t, y_t) \leqslant 1$。

Malmquist 指数可将全要素生产率（MI）分解为技术进步指数（TC）和技术效率指数（EC），以反映生产前沿面本身的移动和低效率要素组合相对于前沿面的移动。如果存在非中性的技术进步，可进一步将 TC 指数分解为投入偏向性技术进步指数（$IBTC$）、产出偏向性技术进步指数（$OBTC$）和规模技术进步指数（$MATC$），即：

$$TC = IBTC \times OBTC \times MATC$$

$$= \left[\left(\frac{D_0^{t+1}(x^t, y^t)}{D_0^t(x^t, y^t)} \times \frac{D_0^t(x^{t+1}, y^t)}{D_0^{t+1}(x^{t+1}, y^t)}\right)^{\frac{1}{2}}\right]$$

$$\times \left[\left(\frac{D_0^t(x^{t+1}, y^{t+1})}{D_0^{t+1}(x^{t+1}, y^{t+1})} \times \frac{D_0^{t+1}(x^{t+1}, y^t)}{D_0^t(x^{t+1}, y^t)}\right)^{\frac{1}{2}}\right] \times \frac{D_0^t(x^t, y^t)}{D_0^{t+1}(x^t, y^t)}$$

$$(3.12)$$

其中，$IBTC$ 为本研究所求的节约用水偏向性技术进步指数，度量技术进步随生产要素投入组合的变化而发生的变化。$OBTC$ 反映技术进步对多种产出不同比例的促进作用，而当企业是单一产出时 $OBTC$ 为 1。$MATC$ 为中性技术进步，度量生产前沿面整体的平移。当 $IBTC > 1$ 时，表示偏向性技术进步在某投入要素等比例降低的情况下增加全要素生产率，反之会降低全要素生产率。

根据式（3.12）计算结果，结合投入要素比，参考 Weber 和 Domazlicky 的判别原则来判定有偏技术进步的要素偏向，具体见表 3-8。

表3-8 节约用水偏向性技术进步的要素偏向判别原则

跨期要素比	IBTC > 1	IBTC = 1	IBTC < 1
x2t + 1/x1t + 1 > x2t/x1t	增加使用 x2	中性	增加使用 x1
x2t + 1/x1t + 1 < x2t/x1t	增加使用 x1	中性	增加使用 x2

资料来源：参考 Weber 和 Domazlicky 的判别原则整理。

（2）节约用水偏向性技术进步发展路径方向特征。

为探究黄河流域各城市不同年份技术进步是否偏向节约水资源使用并分析其背后原因，本节利用 DEA - Malmquist 法分解出 IBTC 指数。根据表3-8中技术进步偏向性判别方法，将 *IBTC* 指数与跨期要素投入量比值进行分析以得出各城市技术进步的具体要素投入偏向。

本研究主要对比工农业用水量、劳动力及资本三类要素的技术进步偏向，现将用水量与资本要素（W/K）、用水量与劳动要素（W/L）进行两两比较。主要得出以下特征，具体见表3-9。从黄河流域总体来看，研究期内节约用水偏向性技术进步主要偏向于使用资本、节约水资源与使用水资源、节约劳动。这很大程度上是由于在市场机制下会驱使产业扩大对丰裕要素的使用来增加产量，同时，黄河地区很多城市受益于"西部大开发"和"中部崛起"等国家战略，前期已累积大量资本要素，资本要素相对于水资源更加丰裕。但与劳动要素相比，由于水资源定价市场的不完善，靠近黄河等区位优势，流域内多省人口有流失，水资源相比于劳动力更加丰裕。这与李静等（2018）研究的全国各城市技术进步要素偏向结论存在相似性。从时间变化趋势来看，技术进步偏向节约用水的城市占比降低，在一定程度上表明，黄河流域节约用水偏向性技术可能趋于饱和，基于水的技术进步逐渐由节约用水偏向性技术转向其他偏向性技术。

表3-9 技术进步要素组合中节约用水偏向比重 单位：%

年份	W/K	W/L
2011 ~ 2015	57.32	45.98
2016 ~ 2020	51.55	43.92

表 3 - 10 为黄河流域上中下游水资源与资本要素组合、水资源与劳动要素组合中偏向节约使用水资源的比例。从上中下游来看，上游节约用水偏向性技术进步在资本与水资源要素组合中偏向使用资本，在劳动与水资源要素组合中偏向于使用水资源，这与黄河流域整体偏向类似，但上游节约用水偏向性技术进步偏向节约水资源的程度更多。这是由于黄河流域上游城市经济发展相比较而言不够发达，与拥有的水资源相比资本相对稀缺，与拥有的劳动力相比水资源相对丰富，且上游流经我国地势第一、第二阶梯交界处，地势落差大，水资源开发潜力较大。中游节水偏向性技术进步的偏向在研究期内变化较大，2014～2017 年主要偏向于使用资本、节约水资源，而 2018 年及以后偏向节约资本。这表明陕西、山西等省在"最严水法"及水资源短缺等现实因素影响下，2014 年后着力投入资金研发节约用水偏向性技术，以节约水资源，保护水环境，这期间水资源颓势得到好转。2014～2017 年，中游三省水资源重复利用率提高明显，2018 年后增量加速明显，表明发展节约用水偏向性技术进步成效突出。但 2018 年后，水资源的高效利用也导致技术进步更加偏向短缺的劳动力资源，技术进步的劳动力偏向明显。下游技术进步始终偏向于使用资本、节约水资源，这是由于河南与山东两省自身经济基础较好，资本要素相对充足，再加上黄河携带的泥沙流到下游平原后逐渐沉积，形成"地上悬河"且河水补给方式多为地下水，这些都造成下游水资源短缺较严重，因而节约用水偏向性技术进步始终偏向节约水资源投入。总之，上、中、下游的节约用水技术进步偏向与相应发展要求的偏离程度呈逐渐收窄趋势，整体向绿色发展转变。

表 3 - 10　　　　黄河流域各时期技术进步节约用水偏向比重　　　　单位：%

年份	上游		中游		下游	
	W/K	W/L	W/K	W/L	W/K	W/L
2010	52.9	44.1	53.3	60.0	51.5	39.4
2011	64.7	61.8	66.7	73.3	54.5	45.5

年份	上游		中游		下游	
	W/K	W/L	W/K	W/L	W/K	W/L
2012	55.9	44.1	66.7	50.0	66.7	54.5
2013	41.2	47.1	33.3	46.7	42.4	42.4
2014	50.0	35.3	63.3	26.7	57.6	30.3
2015	67.6	38.2	73.3	56.7	57.6	39.4
2016	50.0	55.9	60.0	36.7	51.5	42.4
2017	61.8	38.2	83.3	60.0	93.9	63.6
2018	23.5	32.4	20.0	33.3	24.2	39.4
2019	52.9	23.5	36.7	30.0	57.6	63.6
2020	55.9	47.1	50.0	50.0	51.5	42.4

（3）节约用水偏向性技术进步时空差异与演化趋势。

本章基于测算出的节约用水偏向性技术进步指数，借助 Dagum 基尼系数、Kernel 密度估计法、σ 收敛和 β 收敛模型来分析黄河流域节约用水偏向性技术进步的时空差异演进趋势及收敛趋势特征，判断不同区域及城市的节约用水偏向性技术进步的演变趋势与空间差异。

根据 Dagum 基尼系数及子群分解法，本章考察了 2010～2020 年黄河流域节约用水偏向性技术进步发展的空间相对差异，并依据相关地理划分，将黄河流域分为上、中、下游三大子群，进而分析区域内城市间、区域间差异的演变趋势。

2010～2020 年黄河流域节约用水偏向性技术进步与流域内各城市的差异演进趋势如图 3-19 所示。

图 3-19 呈现出 2010～2020 年黄河流域上、中、下游节约用水偏向性技术进步发展的总体差异及演变趋势。整体来看，节约用水偏向性技术进步的波动较大，呈现"上升—下降"的起伏态势，大致向右上方倾斜。

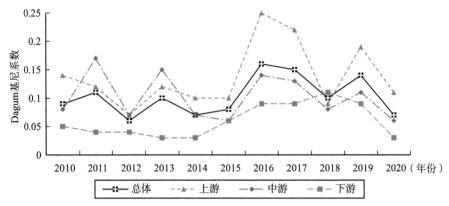

图 3 - 19　黄河流域节约用水偏向性技术进步地区内差异的演进趋势

资料来源：根据 2011 ~ 2021 年《中国城市统计年鉴》计算。

　　从分流域来看，上游城市节约用水偏向性技术进步发展不平衡问题较为突出，而下游城市间节约用水偏向性技术进步则表现出显著的空间趋同特征。上游节约用水偏向性技术进步差异演变趋势与整体基本一致，但差异变化迅速且波动很大。这可能是因为上游在经济水平受限的基础上，技术进步的发展大多要靠政策驱动，高效用水相关政策的发布实施会引起兰州、西宁等上游大城市迅速响应，之后政策红利才会逐渐溢出到周边城市。中游节约用水偏向性技术进步差异演变趋势与整体最为接近，是全域节约用水偏向性技术进步发展的缩影。值得注意的是，上游和中游并没有在《环保法》修订的 2014 年出现差距扩大的情况，而是滞后到 2015 年才出现，这可能与政策时滞以及各地实施力度差异有关，2015 年后差异的大幅增加态势则与全域保持一致。下游节约用水偏向性技术进步差异演变趋势呈现向右上方倾斜的"N"字形，且发展差异演变较平缓，各城市水资源利用效率明显提升。这是由于下游经济基础较好，各城市的节约用水偏向性技术进步都具有较高水平，城市间的差异较小。2014 年后在政策引导下济南、青岛、郑州等中心城市迅速调整技术进步偏向及程度，与周边城市差异有增大趋势，2018 年时边际效应最优，对其他城市的溢出效应持续推动趋同演进。

　　从某些重要时间转折点来看，2010 ~ 2014 年，国家逐渐深入化解水资源节约与水环境保护的双重约束，相继出台治水相关政策，如 2012 年 1

月出台的《国务院关于实行最严格水资源管理制度的意见》及2014年新修订的《中华人民共和国环保法》，在相关政策的刚出台阶段，节约用水偏向性技术进步发展差异都会增加。这时中心城市会优先发展，并通过先发经验来带动其他城市，加速各城市水资源节约集约利用的趋同发展。2013年、2016年，全域整体差异出现缩小态势，中心城市拥有的资源及技术经验逐渐向周边偏向性技术进步发展较差的城市溢出，各城市节约用水偏向性技术进步的协调发展呈现更均衡的局面。

2010～2020年黄河流域上、中、下游节约用水偏向性技术进步的地区间差异及其演进趋势如图3-20所示。

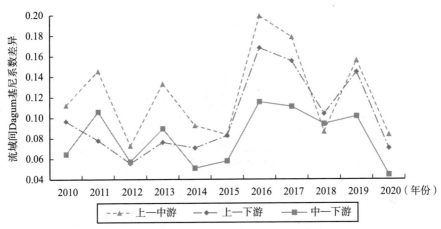

图3-20　黄河流域节约用水偏向性技术进步地区间差异的演进趋势

资料来源：根据2011～2021年《中国城市统计年鉴》计算。

如图3-20所示，样本期内，节约用水偏向性技术进步的地区间差异大致呈现"上—下游＞上—中游＞中—下游"的分布特征。黄河流域上中下游一定程度上与我国西、中、东三大地带相对应（钟顺昌和邵佳辉，2022），上游与下游地区的经济发展差距较大，推进节约偏向性技术进步所需的基础设施、相关知识积累等也存有较大差距。从地区间的时序变化特征看，2014年前上—中游呈现"U"形变化趋势，其余则为"M"形。上—中游在2012年后受政策调节及自身基础水平影响，持续优化趋同演进；上—下游和中—下游则处于波动变化，差异仍然较大。2014年后，三类地区间差异均呈现倒"U"形趋势，区域差距在 2016 年后逐步收窄，2018 年基本趋同，到 2020 年，上—中游与上—下游的差距较低且相差较小，表明上游地区的节约用水偏向性技术进步发展势头较快，逐渐追赶中下游的发展进程。

通过 kernel 密度估计可以得出图 3 - 21，观察发现黄河流域节约用水偏向性技术进步的绝对差异动态分布演进呈现如下特征。

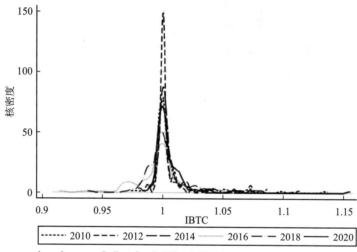

kernel = epanechnikov, bandwidth = 0.0021

（a）全流域

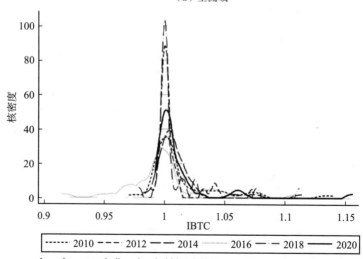

kernel = epanechnikov, bandwidth = 0.0080

（b）上游

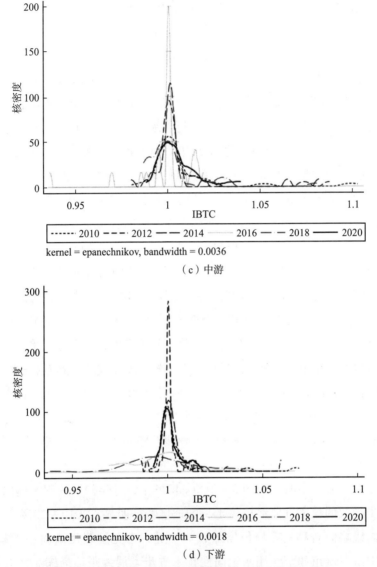

kernel = epanechnikov, bandwidth = 0.0036

（c）中游

kernel = epanechnikov, bandwidth = 0.0018

（d）下游

图 3 – 21　黄河流域节约用水偏向性技术进步核密度分布

资料来源：根据 2011 ~ 2021 年《中国城市统计年鉴》计算。

　　就黄河流域整体来看，由图 3 – 21（a）可知，各年份偏向性技术进步指数均集中于 1 附近，但核密度峰值差别较大。2012 年峰值最高达到

150，但带宽很窄，说明流域内各城市节约用水偏向性技术进步的差别并不明显，整体效果较好。2014～2016年，核密度曲线没有发生明显位移，峰值不断降低的同时，带宽逐渐增加，说明在一系列黄河流域生态保护相关政策的引导下，流域内各城市节约用水偏向性技术进步发展的不平衡程度持续提高，呈现一定的发散态势。2018～2020年，核密度峰值明显回暖，已超过50，带宽相较于前两年有所收缩，节约用水偏向性技术进步发展不平衡现象有所改善，水资源节约集约利用效率不断提高。在极化现象中，无明显"双峰"分布形态，说明流域各城市整体未发生两极分化。

在黄河流域上游，由图3－21（b）可见，2010～2014年，黄河流域节约用水偏向性技术进步核密度曲线出现不断向右移动的趋势，2014年时核密度曲线的峰值较高，带宽经历了"大→小→大"的演变，呈现先收敛再发散态势。2016年核密度曲线向左移动，节约用水偏向性技术进步发展有所停滞，峰值持续降低的同时，带宽增加。2018年后核密度曲线开始向右移动，峰值达到最大，带宽明显降低，说明在黄河流域上游节约用水偏向性技术进步发展的极化趋势逐步弱化，开始呈现收敛态势，水资源利用效率差异不断缩小。从分布延展性来看，核密度曲线分布具有显著的细长右拖尾特征，以2020年最为明显，这说明2020年上游节约用水偏向性技术进步程度较高的城市与其他城市的空间差异较大。因此，整体来看，黄河流域上游节约用水偏向性技术进步发展差距呈现"发散→收敛→发散"的过程。

在黄河流域中游，由图3－21（c）可见，各年份节约用水偏向性技术进步指数的核密度曲线整体走势的地域特征明显。2010～2014年，核密度曲线略向右移动，峰值增加趋势明显，带宽呈现逐渐缩小的趋势，说明中游各城市的节约用水偏向性技术进步发展差距逐渐缩小，有收敛趋势。2016年，核密度曲线的带宽极小，峰值达到最高。2018～2020年峰值开始回落，带宽增加明显，趋同发展有所降低。从分布延展性来看，核密度曲线的细长右拖尾逐年降低，2020年则基本不存在拖尾，这说明中游城市节约用水偏向性技术进步程度的空间差异逐年缩小。因此，整体来看，黄河流域中游节约用水偏向性技术进步发展呈现"发散→收敛"过程。

在黄河流域下游，由图 3 – 21 （d） 可见，各年份节约用水偏向性技术进步指数的核密度曲线整体走势在 2016 年前与上游较为相似，核密度曲线有向右移动的趋势，峰值由低到高再降低，带宽逐渐增加，整体还是处于收敛态势，各城市水资源利用呈趋同发展态势。2016 ～ 2018 年，带宽明显扩大，峰值显著下降，发展非均衡性突出，这一非均衡趋势与中游和上游相比出现较早，与下游经济发展水平高、节约用水偏向性技术进步较快的发展现状相关，而在 2020 年核密度曲线带宽明显收缩。从分布延展性来看，核密度曲线的细长右拖尾逐年降低，这说明下游城市节约用水偏向性技术进步程度的空间差异在逐年缩小。因此，整体来看，黄河流域下游节约用水偏向性技术进步发展呈现"收敛→发散→收敛"的过程。

σ 收敛是指偏向性技术进步指数的离散程度随着时间的推移呈现下降趋势。本章节通过测算偏向性技术进步指数的变异系数来考察 σ 收敛，如果变异系数随时间推移呈现下降趋势则存在 σ 收敛。如图 3 – 22 所示，就黄河流域整体来看，总体呈现阶段性的收敛和发散特征。2010 ～ 2013 年收敛，2013 ～ 2017 年发散，2017 ～ 2020 年收敛，无剧烈波动。其收敛与发散的转变点与"最严水法"的出台与执行时间吻合，表明黄河流域节水用水相关政策会影响节约用水偏向性技术进步的收敛特征。黄河流域上游与中游均在 2015 ～ 2016 年呈现出明显的发散特征。结合实际数据发现，上游城市的再生水利用量由 2015 年的 1.04 亿立方米涨为 2016 年的 1.71 亿立方米，中游城市则从 2.53 亿立方米涨为 3.60 亿立方米，涨幅明显，其中四川省和山西省各城市相较流域内其他城市增长尤为突出。上游除 2016 年外总体呈收敛趋势。黄河流域中游总体呈"发散—收敛"的循环波动态势，表明中游城市的节约用水偏向性技术进步发展并不稳定，收敛态势并不明显。黄河流域下游在 2010 ～ 2013 年收敛，2013 ～ 2019 年发散，2019 ～ 2020 年收敛，总体发散性更强，黄河流域整体的收敛性主要取决于下游地区。

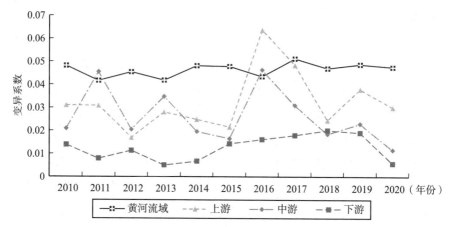

图 3 – 22　黄河流域节约用水偏向性技术进步变异系数的演变趋势

资料来源：根据 2011 ~ 2021 年《中国城市统计年鉴》计算。

绝对 β 收敛是指各地区的偏向性技术进步指数随着时间最终会向各自的稳态水平趋近。借鉴 Miketa 等（2003）的研究，本研究采用面板数据双向固定效应方法进行绝对 β 收敛性检验，该方法同时控制地区效应与时间效应，既考虑了各地区有不同的稳态水平，也考虑了地区稳态水平的时变效应。偏向性技术进步指数的绝对 β 收敛模型如式（3.13）、式（3.14）所示：

$$\ln IBTC_{i,t} - \ln IBTC_{i,t-1} = \alpha + \beta \ln IBTC_{i,t-1} + \mu_i + v_t + \varepsilon_{it} \quad (3.13)$$

$$\ln OBTC_{i,t} - \ln OBTC_{i,t-1} = \alpha + \beta \ln OBTC_{i,t-1} + \mu_i + v_t + \varepsilon_{it} \quad (3.14)$$

$IBTC_{i,t}$、$OBTC_{i,t}$ 和 $IBTC_{i,t-1}$、$OBTC_{i,t-1}$ 分别表示第 i 个城市在 t 和 $t+1$ 期的偏向性技术进步指数，β 为检验回归方程的收敛系数，μ 为地区个体固定效应，v 为时间效应，ε 为误差项，若 β 收敛系数显著为负，说明黄河流域及其上、中、下游的偏向性技术进步存在 β 收敛趋势，反之则呈现发散趋势。

从表 3 –11 可知，节约用水偏向性技术进步的绝对收敛指数均在 1% 的水平上显著为负，表明黄河流域整体及上中下游各城市的节约用水偏向性技术进步发展均存在绝对 β 收敛，发展较为落后的地区比发展程度好的地区有更快的增长率，最终各城市的节约用水偏向性技术进步会达到同一增长率，收敛至稳态水平。

表3－11   黄河流域节约用水偏向性技术进步的绝对 β 收敛检验

变量	黄河流域	上游	中游	下游
β	－0.9961*** (0.0337)	－0.9614*** (0.0582)	－1.0606*** (0.0619)	－0.9568*** (0.0563)
Cons	1.0087*** (0.0347)	0.9699*** (0.0597)	1.1050*** (0.0643)	0.9730*** (0.0575)
是否收敛	是	是	是	是
时间固定	控制	控制	控制	控制
城市固定	控制	控制	控制	控制
N	1 045	352	330	363
R2	0.5280	0.5131	0.5488	0.5992
Hausman	307.12***	231.71***	103.02***	50.59***

注：***、**、*分别表示在1%、5%和10%的水平上显著（双侧）；括号内数字为相应的标准误（双侧）。

资料来源：利用Stata 16.0软件计算。

通过观察不同区域收敛系数的绝对值发现，黄河流域不同区域的收敛速度呈现为"中游＞上游＞下游"的态势。黄河流域中游收敛速度的绝对值最大，这主要是因为中游资源型产业发展突出，产业发展对用水产生巨大需求，而突出的能源禀赋致使其忽视发展节约用水偏向性技术进步（王兆华等，2022），导致中游城市节约用水偏向性技术进步发展水平整体较低，但在产业转型及用水政策的影响下，其发展水平正在向另外区域收敛。上游节约用水偏向性技术进步的收敛速度与流域整体的较为接近。上游在各区域中的经济发展水平最差，迫使其利用节约用水偏向性技术进步带动区域发展。下游地区的经济发展基础较好，科技知识及经验水平较高，节约用水偏向性技术进步发展的高速阶段已过，进入平稳增长阶段，因此收敛速度最慢。整体来看，下游各城市水资源节约集约利用的趋同发展程度最高，但上游和中游城市的趋同发展速度更快。

3.3.2 基于废水减排偏向性技术进步的偏离识别

在黄河流域水资源短缺与水质较差的水情下，推动绿色发展需要经济活动强度与地区的水资源承载能力和水环境承载能力相匹配，从而兼顾水环境效益与经济效益。因此，在构建废水减排偏向性技术进步指标体系时，不仅要将水这一重要生产要素作为投入要素之一，而且应当考虑生产过程中关于水的非期望产出。如表3-12所示，考虑到数据的可得性和合理性，并基于工业废水是水资源污染的重要来源之一，在原有的节约用水偏向性技术进步指标体系中产出变量的指标层方面增加工业废水排放量，将其作为非期望产出指标。通过测算废水减排偏向性技术进步指数，分析黄河流域技术进步的实际产出偏向，从而识别黄河流域的废水减排偏向性技术进步能否相对减少水污染，保护环境并推动绿色发展。

表3-12 废水减排偏向性技术进步指标体系

准则层	指标层	指标说明	单位
投入要素	水资源消耗量（W）	当年地区用水量	亿立方米
	劳动力（L）	年末单位就业人员数量	万人
	资本（K）	年末永续盘存法处理后的资本存量	亿元
产出变量	地区生产总值（G）	以2009年为基期平减后的GDP	亿元
	工业废水排放量（B）	当年企业向外部排放的工业废水量	万吨

（1）测算方法和判别原则。

本章使用非参数的DEA来测度废水减排偏向性技术进步，选用非径向的SBM方向距离函数测算Malmquist - Luenberger指数，使用DEA - Malmquist指数分解法来测算黄河流域各城市的废水减排偏向性技术进步，式（3.12）中的 $OBTC$ 即为废水减排偏向性技术进步指数，进一步运用 Weber 和 Domazlicky（1999）的技术进步偏向判别原则，分析技术进步的产出偏向性。借鉴 Fukuyama 和 Weber（2009）的研究，将工业废水排放量作为 SBM 方向距离函数中的非期望产出，期望产出记作 y，非期望产出记作 b，则方向距离函数为：

$$D(x^{t,k},\ y^{t,k},\ b^{t,x},\ g^x,\ g^y,\ g^b) = \max_{s^x,sy,s^b} \frac{\frac{1}{N}\sum_{n=1}^{N}\frac{s_n^x}{g_n^x} + \frac{1}{M+1}\left(\sum_{m=1}^{M}\frac{s_m^x}{g_m^x} + \sum_{i=1}^{I}\frac{s_i^x}{g_i^x}\right)}{2}$$

（3.15）

$$\text{s. t.} \begin{cases} \sum_{t=1}^{T}\sum_{k=1}^{K}\lambda_k^t x_{kn}^t + s_n^x = x_{kn}^t,\quad \forall\, n \\[2mm] \sum_{t=1}^{T}\sum_{k=1}^{K}\lambda_k^t y_{kn}^t - s_m^y = y_{km}^t,\quad \forall\, m \\[2mm] \sum_{t=1}^{T}\sum_{k=1}^{K}\lambda_k^t b_{ki}^t + s_i^b = b_{ki}^t,\quad \forall\, i \\[2mm] \sum_{k=1}^{K}\lambda_k^t = 1,\ \lambda_k^t \geqslant 0,\quad \forall\, k \\[2mm] s_n^x \geqslant 0,\ \forall\, n;\ s_m^y \geqslant 0,\ \forall\, m;\ s_i^b \geqslant 0,\ \forall\, i \end{cases}$$

（3.16）

其中，g 为投入与产出的方向向量，s 为投入与产出的松弛向量。由于方向向量始终为正数，s^x 为投入冗余的量，s^y 为期望产出不足的量，s^b 为非期望产出过多的量。

废水减排偏向性技术进步指数可以通过产出组合与 $OBTC$ 指数大小的比较综合判断出一个地区技术进步的产出偏向。参考 Weber 和 Domazlicky（1999）的研究，具体判别方法见表 3 - 13。产出组合"y^b/y^g"中的 y^b 表示非期望产出，y^g 表示期望产出。当一个地区 $t+1$ 期产出组合小于 t 期时，如果 $OBTC > 1$，技术进步偏向于增加非期望产出；如果 $OBTC < 1$，技术进步偏向于增加期望产出。当一个地区 $t+1$ 期的产出组合大于 t 期的产出组合时，如果 $OBTC > 1$，技术进步偏向于增加期望产出；如果 $OBTC < 1$，技术进步偏向于增加非期望产出。若 $OBTC = 1$，则产出导向的

技术进步是希克斯中性进步。

表 3 – 13　　　　　　　废水减排偏向性技术进步的产出偏向判别原则

产出组合	$OBTC > 1$	$OBTC = 1$	$OBTC < 1$
$\left(\dfrac{y_b}{y_g}\right)^{t+1} < \left(\dfrac{y_b}{y_g}\right)^t$	增加非期望产出	中性	促进期望产出
$\left(\dfrac{y_b}{y_g}\right)^{t+1} > \left(\dfrac{y_b}{y_g}\right)^t$	促进期望产出	中性	增加非期望产出

资料来源：参考 Weber 和 Domazlicky 的判别原则整理。

（2）废水减排偏向性技术进步发展路径方向特征。

为了探究黄河流域各城市不同年份技术进步是否偏向减少废水排放及其背后原因，本节利用 DEA – Malmquist 法分解出 OBTC 指数。根据表 3 – 13 中技术进步偏向性判别方法，将 OBTC 指数与产出组合进行分析以得出各城市技术进步的具体产出偏向。

本章主要讨论地区生产总值和工业废水排放量两类产出的技术进步偏向，测度结果如表 3 – 14 所示。可以看出，从黄河流域总体看，研究期内黄河流域尚未发生偏向废水减排的技术进步。这很大程度上是由于黄河流域是全国重要的能源基地，沿河集中分布了煤炭、火电、钢铁、焦化、化工、有色等高耗水高污染行业，研究期内工业企业生产规模逐年扩大导致了工业废水排放量不断增加。同时，由于绿色技术发展水平较低、企业生态环境保护意识薄弱，流域内工业企业偏向于节约购入清洁技术、运行与维护污水处理设施、购入工业废水循环利用设备的成本，更加注重短期经济利益最大化，忽略了保护水环境的社会责任。从总体变化趋势来看，两个时期增加非期望产出的城市占比均超过 50%，且由 2011 ~ 2015 年的 58.76% 增加到 2016 ~ 2020 年的 65.57%。意味着 2016 ~ 2020 年，黄河流域工业企业对水环境保护的重视程度有所下降，相关水环境规制对其约束力度不足，偏向性技术进步产生的废水减排效应不明显，与绿色发展要求相偏离。

表3-14　　　　废水减排偏向性技术进步偏向两类产出的城市占比　　　单位：%

年份	增加非期望产出	促进期望产出
2011～2015	58.76	41.24
2016～2020	65.57	34.43

表3-15为黄河流域上、中、下游工业废水排放量与地区生产总值的产出组合中偏向减少废水排放的比例。从分上、中、下游区段的技术进步偏向性来看，上、中、下游各区段的技术进步偏向与黄河流域整体一致。研究期内黄河流域上游偏向增加非期望产出的城市比例维持在60%左右，而后占比呈现明显的下降趋势，说明在研究期后期黄河流域上游城市的经济活动偏向于减少废水排放。可能的原因是，在研究期后期黄河流域上游城市环保部门加大对工业企业的污水监管力度，同时推动废水减排技术的发展，期间水污染问题得到缓解。黄河流域中游在2011～2015年偏向增加非期望产出的城市比例较低，但在2016年、2017年、2020年三个年份出现比例大幅上升的情况。原因可能是，黄河流域中游地区作为我国的重化工能源区，中游城市工业企业的工业废水处理难度大，同时高污染行业的绿色技术发展不完善，因此中游的工业企业偏向于使用仅增加经济效益而非减少废水排放的技术进步从而节约工业生产成本。下游废水减排偏向性技术进步变化较大，偏向增加非期望产出的城市比例由2010年的63.6%增加到2020年的75.8%。这可能是由于河南省与山东省在研究期内逐步加大发展工业的力度，工业废水排放量随着开发强度的不断提高而增加。因此，从整体上来看，下游废水减排技术进步偏向增加非期望产出的城市比例是增加的。分上、中、下游的城市占比变化反映了随着时间变化各区段内城市废水减排技术进步的偏向变动情况，由此可见，上、中、下游各区段增加非期望产出的偏向明显，均未发生偏向于废水减排的技术进步。

表 3 – 15 黄河流域废水减排偏向性技术进步偏向两类产出的城市占比　单位：%

年份	上游		中游		下游	
	增加非期望产出	促进期望产出	增加非期望产出	促进期望产出	增加非期望产出	促进期望产出
2010	50.0	50.0	46.7	53.3	63.6	36.4
2011	64.7	35.3	46.7	53.3	54.5	45.5
2012	82.4	17.6	66.7	33.3	63.6	36.4
2013	52.9	47.1	53.3	46.7	45.5	54.5
2014	55.9	44.1	43.3	56.7	66.7	33.3
2015	67.6	32.4	56.7	43.3	57.6	42.4
2016	70.6	29.4	83.3	16.7	72.7	27.3
2017	61.8	38.2	80.0	20.0	72.7	27.3
2018	58.8	41.2	70.0	30.0	54.5	45.5
2019	44.1	55.9	53.3	46.7	51.5	48.5
2020	61.8	38.2	76.7	23.3	75.8	24.2

（3）废水减排偏向性技术进步的时空差异与演化趋势。

本章节基于测算出的废水减排偏向性技术进步指数，借助 Dagum 基尼系数、Kernel 密度估计法、σ 收敛和 β 收敛模型来分析黄河流域废水减排偏向性技术进步的时空差异演进趋势及收敛趋势特征，判断不同区域及城市的废水减排偏向性技术进步的演变趋势与空间差异。

本章考察了 2010～2020 年黄河流域废水减排偏向性技术进步发展的空间相对差异，并依据相关地理划分，将黄河流域分为上、中、下游三大子群，进而分析区域内城市间、区域间差异的演变趋势。2010～2020 年黄河流域废水减排偏向性技术进步发展的区域内各城市的差异演进趋势如图 3－23 所示。整体来看，废水减排偏向性技术进步的波动较大，呈现波动发展的态势，大致向右下方倾斜。2014～2016 年黄河流域废水减排偏向性技术进步的基尼系数上升速度较快，可能是 2014 年新修订的《中华人民共和国环境保护法》及 2015 年《水污染防治行动计划》对企业的约束影响,使得废水减排偏向性技术进步发展差异在短期内增加。2016 年之后,流域内整体差异逐渐缩小,使得黄河流域废水减排偏向性技术进步的发展更加均衡。

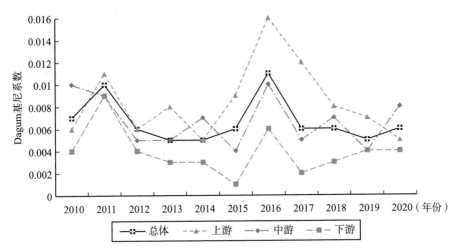

图 3－23　黄河流域废水减排偏向性技术进步总体差异及地区内差异的演进趋势

资料来源:根据 2011～2021 年《中国城市统计年鉴》计算所得。

同时,图 3－23 进一步呈现出了 2010～2020 年黄河流域上、中、下游废水减排偏向性技术进步发展的总体差异及演变趋势。总体来看,全流域废水减排偏向性技术进步差异呈现波动发展的态势,城市间废水减排偏向性技术进步的差异在上游地区表现最大,下游地区表现最小。上游废水减排偏向性技术进步差异演变趋势与整体基本一致,但差异在流域内始终保持在最高水平上,说明上游内部的不平衡程度相对较高。因此,上游城市的废水减排型技术进步发展差异大,绿色创新趋同程度较低。中游废水减排偏向性技术进步在研究期内呈现先下降后上升的趋势,中游涉及的资源型城市较多,分布着较多的高耗水与高污染企业,中游城市产业转型中如何兼顾减少废水排放是需要关注的问题。下游废水减排偏向性技术进步差异演变趋势与整体最为接近,且研究期内始终保持在较低水平上,说明下游各城市的废水减排偏向性技术进步水平较为接近,城市间的绿色创新趋同程度较高。

2010~2020 年黄河流域上、中、下游废水减排偏向性技术进步的地区间差异及其演进趋势如图 3-24 所示。可以看出，样本期内，废水减排偏向性技术进步的地区间差异大致呈现"上—中游 > 上—下游 > 中—下游"的分布。上游与中游的经济发展水平与技术创新能力差距较大，且上游绿色创新发展网络在全流域中发展滞后，造成上游与中游废水减排型技术进步差距较大。从地区间时序变化特征看，2014 年前三类地区差距基本趋同，并呈现明显的下降趋势。2014 年后三类地区差距在水环境污染防治政策的影响下持续扩大，并呈现倒"V"形趋势。区域差距在 2017 年后逐步收窄。2019~2020 年，上—中游和中—下游的差距有增加趋势，上—下游的差距有下降趋势，表明上游地区的废水减排偏向性技术进步发展势头较快，且与中游和下游地区发展差距在逐渐缩小。

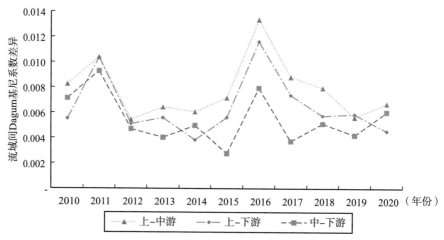

图 3-24 黄河流域上中下游废水减排偏向性技术进步地区间差异的演进趋势

资料来源：根据 2011~2021 年《中国城市统计年鉴》计算所得。

通过核密度估计方法可以得出图 3-25，观察发现黄河流域废水减排偏向性技术进步的绝对差异动态分布演进呈现如下特征。

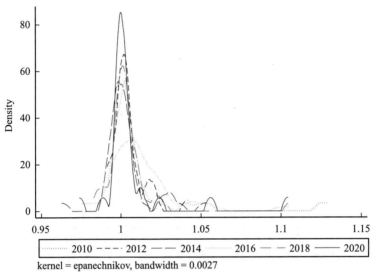

（a）全流域

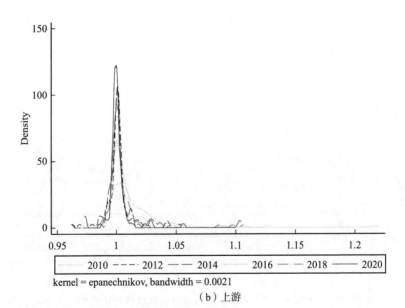

（b）上游

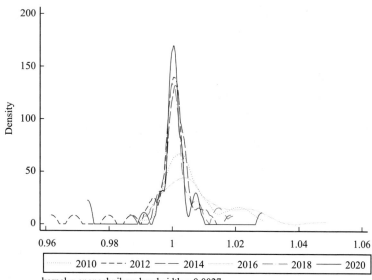

kernel = epanechnikov, bandwidth = 0.0027

（c）中游

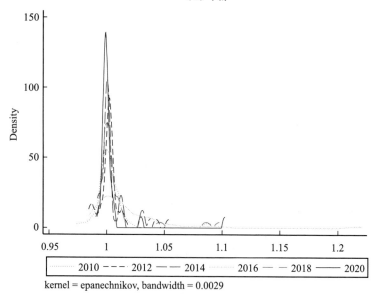

kernel = epanechnikov, bandwidth = 0.0029

（d）下游

图 3 - 25　黄河流域及上中下游废水减排偏向性技术进步核密度分布

资料来源：根据 2011 ～ 2021 年《中国城市统计年鉴》计算所得。

就图 3 - 25（a）黄河流域整体来看，各年份废水减排偏向性技术进步指数均集中于 1 附近，核密度曲线呈现"曲线先右移后左移，主峰值先降后升，带宽先增后减"的特征，说明研究期内流域内城市废水减排偏向性技术进步取得了一定成效，但后期由于经济发展的压力较大，保护水环境的相关政策实施难度较大，废水减排偏向性技术进步发展进程缓慢。具体来看，2010 ~ 2014 年，曲线右移，峰值呈现上升态势，带宽变化不明显，说明集中分布程度提高，废水减排偏向性技术进步取得成效。2014 ~ 2016 年，峰值回落至 50 以下，带宽明显增加，且细长右拖尾特征明显，说明流域内城市间的废水减排偏向性技术进步差距拉大，且存在部分城市的废水减排偏向性技术进步显著高于其他城市的情形。2016 ~ 2020 年，曲线左移，峰值回升至 100 以上，带宽不断减小，说明流域内废水减排偏向性技术进步的绝对差异不断减小，发展的不平衡程度有所降低，但曲线左移体现出废水减排偏向性技术进步对全要素生产率的贡献程度有所降低。

在黄河流域上游，由图 3 - 25（b）可知，各年份废水减排偏向性技术进步指数的核密度整体走势与黄河流域整体较为相似，但也存在许多不同。指数位于 1 左侧的城市极少，大多分布在 1 及 1 的右侧。具体来看，2010 ~ 2014 年，曲线先右移再左移，峰值呈现上升态势，带宽减小，说明集中分布程度提高。2014 ~ 2016 年，峰值降低至 25 以下，带宽明显增加，细长右拖尾特征明显，与黄河流域整体保持一致，说明在此期间上游城市废水减排偏向性技术进步发展的不平衡程度持续提高，呈现一定的发散态势。2016 ~ 2020 年，曲线左移，峰值回升至 150 左右，带宽不断减小。整体来看，黄河流域废水减排偏向性技术进步发展呈现"收敛→发散→收敛"的过程。

在黄河流域中游，由图 3 - 25（c）可知，中游的核密度主峰值的水平在 100 以下，在上、中、下游中处于最低位。2010 ~ 2014 年，曲线先右移后左移，峰值先增后减，带宽增加。2014 ~ 2016 年的变化态势与上游相同，呈现"峰值降低，带宽增加，右拖尾明显"的特征。2016 ~ 2020 年变化趋势与上游较为一致，曲线不断左移，峰值回升至 80 以上，带宽减小，说明城市间废水减排技术进步差距缩小，有一定的收敛趋势。整体来看，黄河流域中游废水减排偏向性技术进步的发展呈现"发散→收敛"过程。

在黄河流域下游，由图 3 - 25（d）可知，各年份废水减排偏向性技术进步指数的核密度曲线整体走势的地域特征明显。下游极值较少，分布相较于上游和中游更为均匀。具体来看，2010～2014 年，曲线先左移后右移，峰值先升后降，带宽无明显变化。2014～2016 年主峰与带宽的变化态势与上中游相同，但右拖尾的特征不明显，说明这期间下游的极化程度较低。2016～2020 年的变化趋势与上中游保持一致，曲线逐渐左移，主峰值回升至 150 以上，带宽减少。整体来看，黄河流域下游废水减排偏向性技术进步发展呈现"发散→收敛"的过程。

图 3 - 26 揭示了黄河流域整体及上、中、下游废水减排偏向性技术进步指数的 σ 收敛结果。就黄河流域整体来看，废水减排偏向性技术进步总体呈现阶段性的收敛和发散特征，废水减排偏向性技术进步的变异系数的最低值出现在 2014 年，2014～2016 年变异系数不断增加，黄河流域城市间的废水减排偏向性技术进步发展出现较大差距，2016 年之后各城市技术进步发展差异趋缓，即使黄河流域废水减排偏向性技术进步的期末值大于期初值，但研究期内废水减排偏向性技术进步变异系数波动幅度较大，因此不存在 α 收敛特征。黄河流域上、中、下游均在 2015～2016 年呈现出明显的发散趋势，可能的原因是 2015 年《水污染防治行动计划》的出台促使流域内部分工业企业率先重视环保设施的更新和废水的减排，因此 2016 年流域内大多数城市实现了工业废水的减排，而由于各地在产业结构、废水减排技术与水污染防治力度等方面存在差异，2015～2016 年黄河流域废水减排偏向性技术进步的变异系数上升明显。上游与黄河流域整体变异系数走势相似，呈现先收敛、后发散、再收敛的趋势。黄河流域中游总体呈现"收敛—发散"的波动态势，表明中游城市的废水减排技术进步发展并不稳定，收敛态势不明显，可能的原因是中游涉及的省份较多且经济和技术水平差异较大。黄河流域下游在 2010～2015 年呈现收敛趋势，2015～2020 年呈现发散趋势，且下游的变异系数水平在流域内最低，可能

的原因是下游的河南省与山东省更加注重基于废水减排的偏向性技术进步，因此黄河流域整体的收敛性主要取决于下游地区。

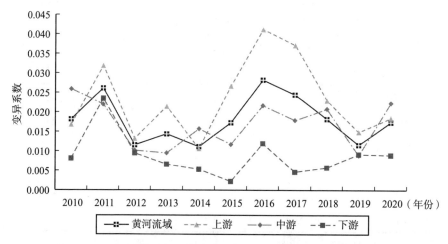

图 3-26 黄河流域废水减排偏向性技术进步变异系数的演变趋势

资料来源：根据 2011~2021 年《中国城市统计年鉴》计算所得。

表 3-16 给出了黄河流域及其上中下游废水减排偏向性技术进步的绝对 β 收敛检验结果。黄河流域整体及其上中下游均存在绝对 β 收敛，且在 1% 的置信水平上显著为负，表明在不考虑其他因素的情况下，长期来看黄河流域及其上、中、下游的废水减排偏向性技术进步水平会收敛至各自的稳态水平。黄河流域及其上、中、下游的废水减排偏向性技术进步水平的收敛速度不同，通过观察不同区域收敛系数的绝对值发现，黄河流域不同区域的收敛速度呈现下游>上游>中游的态势。黄河流域整体收敛速度为 0.9141，下游收敛速度高于流域平均水平，上游与中游的收敛速度低于流域平均水平。即使上游废水减排偏向性技术进步的变异系数水平较高，但上游城市间废水减排技术的空间扩散效应使得其保持高于流域平均水平的收敛速度。下游的河南省与山东省的收敛速度较快，中游的收敛速度最慢，这与中游生态环境脆弱且涉及较多的资源型城市（岳立和薛丹，2020）、污染防治与技术改进难度相对较高有关。

表 3 – 16　　黄河流域废水减排偏向性技术进步的绝对 β 收敛检验

变量	黄河流域	上游	中游	下游
β	-0.9141 *** (0.0347)	-0.9338 *** (0.0603)	-0.7469 *** (0.0607)	-1.1497 *** (0.0589)
Cons	0.9184 *** (0.0353)	0.9377 *** (0.0607)	0.7659 *** (0.0632)	1.1644 *** (0.0597)
是否收敛	是	是	是	是
时间固定	控制	控制	控制	控制
城市固定	控制	控制	控制	控制
N	1 067	374	330	363
R2	0.4845	0.4787	0.4494	0.6200
Hausman	195.23 ***	81.12 ***	28.86 ***	22.98 ***

注：***、**、* 分别表示在 1%、5% 和 10% 的水平上显著（双侧）；括号内数字为相应的标准误（双侧）。

资料来源：利用 Stata 16.0 软件计算。

　　本章节通过非参数法对节约用水、废水减排偏向性技术进步指数进行求解，结合判别原则发现研究期内黄河流域上游地区发生了偏向于使用资本、节约水资源与使用水资源、节约劳动的技术进步，中下游地区发生了偏向节约用水的技术进步，但全流域尚未发生偏向废水减排的技术进步。进一步从时空演进趋势和收敛性看，随着时间的推移，全域节约用水偏向性技术进步内部不平衡程度改善显著。在空间差异方面，上游城市节约用水偏向性技术进步发展不平衡的问题较为突出，而下游城市间节约用水偏向性技术进步则表现出显著的空间趋同特征。研究期内全域废水减排偏向性技术进步发展呈现"发散—收敛"的态势。废水减排偏向性技术进步的空间差异在 2016 年后逐渐缩小。黄河流域及其上、中、下游的节约用水、废水减排偏向性技术进步均存在绝对 β 收敛，且各区域收敛速度不一致。因此，需充分关注偏向性技术进步对流域经济发展及水生态的影响，同时提高流域内城市间创新网络的联系密度和节约用水、废水减排技术创新的协同水平。

3.3.3 基于偏向性技术进步的城市偏离类型识别

（1）基于节约用水偏向性技术进步的城市偏离类型识别。

由于黄河流域内各城市不同年份的技术进步均可能偏向不同生产要素，因此本研究综合分析每个城市 2010～2020 年技术进步偏向的分布情况，将偏向节约用水年份占比超过一半的城市划分为节约用水偏向性城市，技术进步多偏向资本或劳动的城市划分为非节约用水型城市，具体见表 3-17。可以看出，黄河流域近七成城市属于节约用水偏向型城市，多数城市采用发展节约用水偏向性技术进步来缓解水资源短缺，其中山东省内几乎均为节约用水偏向型城市。作为黄河流域最下游区域，山东省各城市的技术进步充分考虑到了水资源问题，技术进步的节约用水偏向有效满足绿色发展需求，与水资源节约集约利用要求偏离程度最低。石嘴山、呼和浩特、太原、威海和枣庄等城市在考察期内技术进步始终偏向节约水资源，表明这些城市的水资源要素明显短缺，在价格效应影响下，对节约用水偏向性技术进步的需求更大，相较于资本要素和劳动力要素，水资源对生产的制约更加突出。天水、商洛、晋中和焦作等 30 个城市属于非节约用水偏向型城市，这些城市在各种政策导向及现实发展需求下，水资源利用率不断提高，水资源要素相对于资本劳动要素来说已成为丰裕要素，资本及劳动要素对生产的制约更加突出。

（2）基于废水减排偏向性技术进步的城市偏离类型识别。

黄河流域内各城市不同年份的技术进步均可能偏向不同产出，因此本章综合分析每个城市 2010～2020 年技术进步偏向的分布，将偏向增加期望产出年份占比超过一半的城市划分为减排偏向型城市，技术进步多偏向于增加非期望产出的城市划分为非减排型城市，具体见表 3-18。

表 3 – 17　　基于节约用水偏向性技术进步的城市偏离类型识别

城市类型	城市
节水型 （67 个）	西宁、兰州、嘉峪关、定西、酒泉、石嘴山、银川、乐山、内江、南充、宜宾、巴中、德阳、成都、攀枝花、泸州、自贡、遂宁、雅安、乌海、包头、呼和浩特、巴彦淖尔、赤峰、通辽、鄂尔多斯、咸阳、安康、延安、榆林、汉中、渭南、临汾、大同、太原、晋城、朔州、运城、长治、阳泉、三门峡、信阳、南阳、安阳、平顶山、新乡、洛阳、漯河、濮阳、许昌、郑州、鹤壁、东营、临沂、威海、德州、日照、枣庄、泰安、济南、济宁、淄博、滨州、潍坊、聊城、菏泽、青岛
非节水型 （30 个）	天水、平凉、庆阳、张掖、武威、白银、金昌、陇南、中卫、广元、广安、眉山、绵阳、资阳、达州、乌兰察布、呼伦贝尔、商洛、宝鸡、西安、铜川、吕梁、忻州、晋中、周口、商丘、开封、焦作、驻马店、烟台

表 3 – 18　　基于废水减排偏向性技术进步的城市偏离类型识别

城市类型	城市
减排型 （25 个）	嘉峪关、平凉、白银、金昌、陇南、乐山、宜宾、广安、眉山、达州、乌兰察布、乌海、鄂尔多斯、宝鸡、延安、临汾、长治、开封、焦作、许昌、日照、枣庄、济南、潍坊、菏泽
非减排型 （72 个）	西宁、兰州、天水、定西、庆阳、张掖、武威、酒泉、中卫、石嘴山、银川、内江、南充、巴中、广元、德阳、成都、攀枝花、泸州、绵阳、自贡、资阳、遂宁、雅安、包头、呼伦贝尔、呼和浩特、巴彦淖尔、赤峰、通辽、咸阳、商洛、安康、榆林、汉中、渭南、西安、铜川、吕梁、大同、太原、忻州、晋中、晋城、朔州、运城、阳泉、三门峡、信阳、南阳、周口、商丘、安阳、平顶山、新乡、洛阳、漯河、濮阳、郑州、驻马店、鹤壁、东营、临沂、威海、德州、泰安、济宁、淄博、滨州、烟台、聊城、青岛

可以看出，黄河流域近八成城市属于非减排偏向型城市，表明研究期内多数城市的废水减排技术进步偏向于增加非期望产出。西宁、兰州、中卫、内江、包头、咸阳、吕梁、三门峡和东营等 72 个城市属于非减排偏向型城市。其中，宁夏回族自治区、陕西省与河南省内城市几乎均为非减排偏向型城市，可能原因是宁夏回族自治区、陕西省与河南省以能源化工为主导产业，三个省份的技术进步未充分考虑到水污染减少问题。嘉峪关、平凉、乐山、乌兰察布、宝鸡、临汾、开封、日照等 25 个城市属于减排偏向型城市。其中，仅有日照市在考察期内技术进步始终偏向增加期

望产出，可能原因是日照市工业企业在生产过程中采用了绿色制造技术与工业废水循环利用设备，通过利用废水减排偏向性技术进步对绿色发展的推动作用，增加减排效应。

（3）基于节约用水与废水减排偏向性技术进步的城市偏离识别。

为了更加全面细致地考察技术进步变化规律，根据投入产出结果进一步将流域内城市划分为节水减排型、非节水非减排型、节水非减排型、减排非节水型这四类，具体结果如表3-19所示。

表3-19　　基于节约用水与废水减排偏向性技术进步的城市偏离类型识别

城市类型	城市
节水减排型 （14个）	嘉峪关、乐山、宜宾、乌海、鄂尔多斯、延安、临汾、长治、许昌、日照、枣庄、济南、潍坊、菏泽
非节水非减排型 （19个）	天水、庆阳、张掖、武威、中卫、广元、绵阳、资阳、呼伦贝尔、商洛、西安、铜川、吕梁、忻州、晋中、周口、商丘、驻马店、烟台
节水非减排型 （53个）	西宁、兰州、定西、酒泉、石嘴山、银川、内江、南充、巴中、德阳、成都、攀枝花、泸州、绵阳、自贡、遂宁、雅安、包头、呼和浩特、巴彦淖尔、赤峰、通辽、咸阳、安康、榆林、汉中、渭南、大同、太原、晋城、朔州、运城、阳泉、三门峡、信阳、南阳、平顶山、新乡、洛阳、漯河、濮阳、郑州、鹤壁、东营、临沂、威海、德州、泰安、济宁、淄博、滨州、聊城、青岛
减排非节水型 （11个）	平凉、白银、金昌、陇南、广安、眉山、达州、乌兰察布、宝鸡、开封、焦作

从投入和产出两个方面考察黄河流域节约用水、废水减排偏向性技术进步是否与水资源节约集约利用和废水减排的新使命存在偏离，节水减排型城市的技术进步主要特征为同时减少水资源使用量与废水排放量，符合水资源节约集约利用的新使命要求。流域内节水减排型城市包括嘉峪关、乐山、乌海、延安、临汾、许昌、日照等14个城市，这类城市同时相对减少了用水量与废水排放量，占流域城市的比重为14.4%。非节水非减排型城市完全偏离了节水减排的新使命要求，其技术进步的主要特征为增加

水资源使用量与废水排放量。流域内非节水非减排型城市包括天水、中卫、广元、呼伦贝尔、西安、吕梁、周口等19个城市，这类城市偏向于增加用水量与废水排放量，占流域城市比为19.6%。节水非减排型城市的技术进步偏向节约水资源，但与减少废水排放的新使命要求相偏离。流域内节水非减排型城市包括西宁、兰州、石嘴山、成都、包头、咸阳、太原、郑州、东营等53个城市，这类城市相对减少了日常生产中的用水量，但在此过程中也相对增加了废水排放量，占流域城市比为54.6%。减排非节水型城市的技术进步偏向减少废水排放，但与减少水资源使用量的新使命要求存在偏差。流域内减排非节水型城市包括平凉、广安、乌兰察布、宝鸡、开封等11个城市，这类城市的废水排放量相对减少，但在节约用水量方面存在不足，占流域城市比为11.3%。

表3-20报告了2020年相较于2018年流域内各城市技术进步类型的转向变动情况。由表3-20可知，黄河流域内39个城市由非节水型城市转向为节水型城市，14个城市由非减排型城市转向为减排型城市，同时12个节水型城市与14个减排型城市保持技术进步类型不变。将黄河流域生态保护和高质量发展上升为重大国家战略后，黄河流域全流域技术进步的节水减排效应提升明显，与减少水资源使用量与减少废水排放的新使命要求偏离程度降低。2020年，节水型城市占全流域城市比为52.6%，减排型城市占全流域城市比为28.9%。目前黄河流域在推进废水减排技术进步方面的空间还比较大。

表3-20　　2018～2020年流域内各城市技术进步偏向转向变动情况

转向类型	城市
节水型 （39个）	天水、定西、庆阳、张掖、白银、金昌、中卫、南充、广元、德阳、成都、攀枝花、泸州、遂宁、雅安、乌海、包头、鄂尔多斯、商洛、延安、汉中、西安、铜川、晋城、运城、长治、周口、安阳、漯河、濮阳、驻马店、鹤壁、临沂、威海、枣庄、泰安、济南、潍坊、烟台
减排型 （14个）	张掖、酒泉、石嘴山、宜宾、成都、绵阳、自贡、呼伦贝尔、巴彦淖尔、宝鸡、榆林、滨州、聊城、菏泽

3.4 本章小结

黄河流域新使命要求本质上是广义的绿色发展问题。绿色创新是绿色发展的根本动力，是促进黄河流域创新生态系统绿色化的重要途径，基于水的偏向性技术进步是提高黄河流域创新生态系统水资源利用效率的有效手段。本章分别从绿色创新绩效和基于水的偏向性技术进步两个方面，识别当前黄河流域创新生态系统发展与新使命要求的偏离程度，为未来黄河流域的绿色发展提供事实依据和发展路径。从绿色创新绩效方面来看，黄河流域创新生态系统出现了较为明显的绿色转向特征，与新使命要求趋于一致，但流域内各城市的绿色转向存在显著差异性。从基于水的偏向性技术进步方面来看，根据节约用水偏向性技术进步的偏离识别结果可知，黄河流域水资源利用率不断提高，与水资源节约集约利用的偏离程度降低，各城市的技术进步发展差距整体趋于缩小，与新使命的偏离程度逐渐缩小。根据废水减排偏向性技术进步的偏离识别结果可知，各流域内非期望产出的增加偏向明显，废水减排偏向性技术进步的基尼系数和变异系数在研究期中期呈现出倒"V"形特征，均未发生偏向于废水减排的技术进步，与新使命要求呈现出波动式偏离轨迹。总之，本研究从绿色创新绩效和水的偏向性技术进步两个方面来识别当前黄河流域创新生态系统与新使命要求的偏离程度，在绿色创新绩效和节约用水偏向性技术进步方面，当前黄河流域创新生态系统逐渐趋向于新使命要求；在废水减排偏向性技术进步方面，当前黄河流域创新生态系统与新使命要求呈现出波动式偏离轨迹，并未发生明显的趋近态势。这为明确绿色创新生态系统是应对黄河流域新使命要求的合理性逻辑及其多维协同演化机制提供现实基础。

第4章

黄河流域创新生态系统绿色转向与协同演化的理论框架构建

第3章研究表明，当前阶段黄河流域创新生态系统与"生态保护和高质量发展"的新使命要求之间存在一定程度的偏离。由于黄河流域新使命要求本质上是广义的绿色发展问题，需要以实施绿色导向的创新驱动发展战略为关键支撑，更好地发挥绿色科技创新的支撑引领作用。也就是说其创新生态系统应整体发生绿色转向与协同演化，形成绿色创新生态系统。绿色创新生态系统中各要素主体通过打破要素之间和区域之间的壁垒实现能量交互，形成竞合共生的复杂关系，使整体更好实现自我创造与绿色创新涌现，成为继市场、政府和社会之后形成绿色创新的第四种力量，是黄河流域走出当前困境的重要发展模式。因此，本章节在明确基于绿色转向和协同演化的黄河流域创新生态系统——黄河流域绿色创新生态系统是应对新使命要求的合理性逻辑的基础上，进一步从概念模型、主要特征和演化机制三个方面详细阐释其理论内涵。首先，融合一般的区域绿色创新生态系统理论沉淀与黄河流域的实践特征属性，形成本研究构建的黄河流域绿色创新生态系统概念模型；其次，以系统论、创新生态系统等相关理论为基础，从多个角度分析其主要特征；最后，明晰其多维协同演化机制，有助于更好把握黄河流域绿色创新生态系统的演进规律。

4.1 新使命导向下转向黄河流域绿色创新生态系统的合理性逻辑

4.1.1 新使命驱动黄河流域创新发生绿色转向

在黄河流域生态保护和高质量发展这一重大国家发展战略影响下，流域发展兼具"绿色"与"发展"的政策导向与创新新使命，这促使黄河流域的创新具有独特的地域特色，需要应对流域在发展过程中的水资源短缺、生态环境承载能力弱等问题，从而使流域创新由一般的经济增长转向绿色发展作为第一价值主张。

具体来看，"黄河流域生态保护和高质量发展"重大国家战略的提出标志着"黄河流域"作为一个明确的地理区域单元正式纳入国家区域发展战略，成为我国区域发展格局中的重要组成部分。黄河流域新使命要求本质上是广义的绿色发展问题，面向新使命要求，需以实施创新驱动发展战略为关键支撑，更好地发挥科技创新的支撑引领作用，绿色创新是实现以科技创新推动绿色发展、形成绿色发展模式目标的重要载体（刘贝贝等，2021），成为实现新使命要求的重要推力。因此，促进绿色创新形成是黄河流域当前阶段的重要目标。此时，黄河流域的创新活动也转变为聚焦社会需求、以公共利益和未来价值为核心追求的使命驱动型创新范式（mission-oriented innovation，MOI）（张学文和陈劲，2019）。MOI旨在围绕国家制定的特定目标整合各种资源与人员来开展创新活动，以获取预期的技术成就（Mazzucato et al.，2019b；Mazzucato，2018b），在关注多主体参与和多工具协调的系统性作用的同时也强调应对具体问题的目标导向（Mazzucato，2018a；郭淑芬和任学娜，2023），通过使用明确定义的使命引发定向创新（Kattel et al.，2018）。就黄河流域而言，基于重大国家战略和公共利益（张学文等，2019），"黄河流域生态保护和高质量发展"

的新使命要求最终引致了黄河流域的创新活动发生绿色转向。

4.1.2 绿色转向的创新生态系统是形成绿色创新的第四种力量

绿色创新作为创新活动的一项分支，其首要驱动力量是市场机制。亚当·斯密强调，市场机制导致了基于交易形成的分工以及竞争，促进了知识的产生和经济的增长（Solow，1956）；熊彼特增长理论也将市场竞争作为重要的创新来源，指出企业家通过创造性破坏获得超额利润。因此，基于市场机制的私人投资模式是绿色创新发生的重要驱动力量。然而，绿色创新兼具经济、社会和生态三重价值，在公共领域的创新发展中，创新主体作为有限理性经济人，在经济利益的驱使下，"搭便车"等行为层出不穷，市场机制将出现一定程度的失灵。面对这一困境，政府通过对科学及产业共性技术给予大量支持进行干预，可以有效弥补市场机制的不足。因此，基于集体行动逻辑的政府推动模式逐步成为绿色创新驱动力的第二种主要来源。此外，基于社会力量的驱动模式也是绿色创新产生的重要动力机制。在知识经济时代，不同行为体之间的沟通成本大大降低，以开源社区、众创和非营利机构为核心的社会力量对绿色创新的驱动作用逐渐加深，形成庞大的开放创新平台，在满足私人部门和全社会重大需求方面贡献突出。由此，基于市场机制的私人投资模式、基于集体行动逻辑的政府推动模式和基于社会力量的开放创新模式是绿色创新产生的三种重要力量（柳卸林，2022）。

随着科技革命的快速发展以及经济全球化及市场环境不断发生变化，单个独立的创新主体难以掌握绿色创新活动所需的全部资源；加之绿色创新活动过程隐藏着绿色创新失败（王伟和张卓，2019）、资金链断裂（张金昌等，2015）、绿色消费市场萎靡风险等诸多不确定性因素，政府也存在政策与市场不匹配，政策效率不高等问题，创新主体的绿色创新积极性将受到打击。为了实现核心价值主张，核心企业、上下游参与者、用户等多边互补合作伙伴彼此协调、有机联动，为日益复杂的创新活动提供了所需的资源及支撑，并在这一过程中形成一种新的驱动力量——基于绿色转向的创新生态系统，也就是绿色创新生态系统（green innovation ecosystem，GIES）。绿色创新生态系统在强调共同的价值观或价值主张的理念上，通过开放（open）、动态交互（dynamic interaction）、共生（symbiosis）和共同演化（co-evolution）等促使主体不断进行以绿色为导向的创新活动，实现系统整体功能；基于"绿色创新"这一共同的价值主张协调或编排生态成员的创新行为，并通过开放与产生机会利基（opportunity niches）不断吸纳新成员的加入，从而不断增强生态力量（Adner，2017），使得成员逐渐从生态优势中获利，并增强生态系统的一致性，推动生态系统的高阶演化，成为除市场、政府和社会以外促进绿色创新涌现的第四种重要的驱动力量。由此，基于绿色转向的创新生态系统是应对黄河流域新使命要求的底层逻辑之一。

4.1.3　要素间与区域间协同是绿色创新生态系统的内在驱动力

多样性的创新种群在一片连续的空间内生存、繁衍是形成"雨林模型"的前提条件（黄振羽，2019），在此基础上生态参与者（要素）围绕共同价值主张形成相互依赖关系则是创新生态系统形成竞争力的潜在来源。可见，与熊彼特的创新增长理论主张明显不同，在生态驱动的绿色创新模式下，绿色创新不再仅是对已有创新要素的简单重新组合，更体现在创新要素之间复杂的竞合关系上，要素之间的协同演化是绿色创新生态系统的重要驱动力。首先，多样化的创新要素之间在价值共创过程中基于丰富的知识结构和强互补的异质创新资源建立经济合作，帮助彼此将各领域知识、技术进行有效融合，激发潜在商业价值，促进实现创新能量的同化、吸收和利用，提高创新生态效应（解学梅等，2022）。在由绿色知识形成绿色技术、绿色创新产品最终实现经济价值的这一动态过程中，需要不同的要素主体之间建立紧密联系协同行动：高等院校和科研院所等知识型创新主体虽然具备强大的研发能力，能够为系统提供广泛的绿色创新基础知识，但由于缺乏丰富的公共部门和私人部门资源，往往需要借助其他要素主体的力量才能使绿色创新基础知识通过形成关键性技术而发挥出其潜在的经济价值。此时，企业一类技术型创新主体由于掌握着大量私人部门资源，可以在很大程度上满足前述需求，既能为各类主体要素搭建资源平台及关系平台（单子丹等，2022），又能推动科研产物转化为绿色创新成果，利用技术优势实现经济价值，在整个系统实现以绿色为导向的价值共创的过程中起到了关键性的主导作用。同时，为了避免以上两类要素主体随时可能面临的公共部门资源匮乏、瓶颈技术难以突破、利润空间惨遭占据等多种现实问题，政府及相关行为主体还需要协同完善相关投融资体系与创新治理制度，保障绿色创新知识生产与扩散、绿色创新成果孵化等活动顺利进行。可见，异质性要素主体各司其职、彼此之间协同共生是绿色创新生态系统完成系统功能的驱动力之一。

不断打破任意两个网络节点间的连接壁垒，提升创新要素流动速度，实现交易成本最小化是系统生成的底层逻辑（黄振羽，2019），这种壁垒既存在于要素之间，也存在于区域之间。绿色创新生态系统的开放性特征为整个系统的演替与持续发展提供了可能，区域间协同是绿色创新生态系统实现螺旋式上升演进的重要保障。在《复杂性的进化和自然界的定律》一文中，普利高津指出，"社会和生物的结构的一个共同特性是它们产生于开放系统，而且这种组织只有与周围环境的介质进行物质和能量的交换才能维持生命力"；Hwang 和 Horowitt（2015）也强调了开放性是保证雨林型生态系统成功构建的法则之一。区域绿色创新生态系统从整体来看是一个完整的系统，但又可视作更小空间尺度范围绿色创新生态系统（子系统）的集合，各区域子系统之间的有机联动是整个系统产生涌现力量的第二种关键驱动力量。在实践中，创新资源的空间分布极不均衡，每个区域内都不可避免地会遇到资源环境瓶颈等结构性问题，区域内极有可能面临着自有知识无法满足绿色创新需求的困境。当绿色创新行为无法在系统内部独立完成时，系统内部的创新主体会转而搜寻、获取并最大化利用周围生态系统的资源，通过建立跨区域之间的创新合作促使创新要素和知识技术在不同地区之间流动与共享，以促进本地创新生态系统的演化发展（葛安茹等，2019），从而释放出更大的创新潜能。因此，区域间协同合作与要素间协同共生是绿色创新生态系统实现系统功能的关键驱动力，基于协同演化的绿色创新生态系统是应对黄河流域新使命要求的底层逻辑之二。

4.1.4 五螺旋理论是分析黄河流域绿色创新生态系统要素的合理遵循

以上逻辑梳理表明，基于绿色转向与协同演化的创新生态系统（绿色创新生态系统）是应对黄河流域"生态保护和高质量发展"新使命要求的合理性逻辑。但是，当前关于绿色创新生态系统的研究相对较为缺乏，作为可持续发展观念与创新生态系统范式融合而成的复合概念，对绿色创新生态系统的深刻理解需要分别从上述两大分支的详细溯源中得到启示。

可持续发展理论起源于美国作家卡森（Carson）在 1962 年发表的著作 *Silent Spring*，其描述的生态破坏场景引发了人们对发展理念的思考，提倡应遵循自然发展规律。目前，学术界普遍认可的定义是 1987 年由联合国世界环境和发展委员会（WECD）所提出的"在特定区域内，当代人利用有限资源满足自身需求发展的同时，对后代及其他区域不产生负面影响，重视后代的发展权利。其关注的是经济发展如何与人类社会相协调，与生态的承载能力相协调，进一步促进人类、资源和生态在经济发展中实现协调发展"。

可持续发展理论包括生态和可持续发展、经济和可持续发展、社会和可持续发展三个方面（郝辑，2021），并强调遵循公平性、共同性和持续性三大原则（刘传祥等，1996）。具体地，公平性强调人和地区的发展不能以牺牲其他人和地区的发展为代价，以及当代人的发展不能以牺牲后代人的发展作为代价；共同性强调世界是一个命运共同体，可持续发展是所有人类的责任，各主体要加强合作，共同应对环境问题；持续性强调自然资源和生态系统承载能力都是有限的，在经济发展的过程中要注意环境的保护与资源的合理利用。

在可持续发展理论的基础上，威尔班克斯（Wilbanks）将可持续发展理论与特定的地理区域实际相结合，提出了区域可持续发展的理论，着重关注区域经济发展的质量问题，在研究进程中引入环境因素，协调发展"社会—经济—环境"系统。本书立足黄河流域，一方面，其创新及创新生态系统的转向与发展以流域可持续发展作为目标与方向；另一方面，流域可持续发展也是系统转向与发展的关键约束。以上沉淀为本书理解黄河流域绿色创新生态系统的内在要求与价值主张提供了基本参考。

创新生态系统理论的相关研究内容则与"螺旋"创新驱动范式高度重叠（Lei，2019），创新螺旋是创新动力的来源所在。"螺旋"概念的目标是通过为社会创造具有附加价值的知识资源，以便在可持续发展领域发挥领导作用（Elias，2012），主要经历了"三螺旋""四螺旋"到"五螺旋"的演化过程（如图4-1所示）。

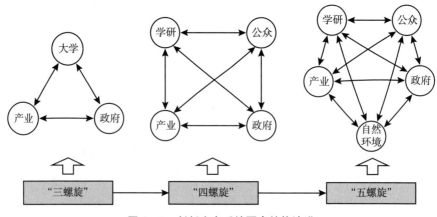

图4-1 创新生态系统要素结构演进

相较于"三螺旋"创新驱动范式侧重强调和关注大学、产业界以及政府之间在知识创造与共享方面的关联关系（Etzkowitz，1993；Etzkowitz and Leydesdorff，1995，2000），以及"四螺旋"创新驱动范式重点强调公众及社会对未来创新生态的发展与平衡的作用（Carayannies et al.，2018），"五螺旋"创新驱动范式在政、产、学研、公众的基础上加入自然环境维度，将创新与自然环境紧密结合，用于反映和体现创新要满足"可持续发展"和"社会生态转型"的需要，通过突出强调知识及创新要与自然环境相结合这一理念，共同去刻画和解释了知识、创新与可持续发展之间的联系（Elias et al.，2012），是对当前经济社会发展具有生态敏感性的深刻回应，更加符合可持续发展的时代诉求。

可见，"五螺旋"创新驱动范式以产业、学研、政府、公众和自然环境及其相互关系为核心，更加契合全球社会和经济等在发展过程中日益显现出的鲜明的生态敏感性特征，是当前用于分析和研究绿色创新生态系统更为理想的工具。因此，以"五螺旋"创新驱动理论为基本遵循，绿色创新生态系统应该呈现为由众多推动并支持绿色创新活动的异质性创新种群以及创新环境所构成的"多螺旋"复杂系统，其中，由高等院校和科研院所等知识型创新主体集合而成的创新知识研发种群、由企业一类技术型创新主体集合而成的创新知识应用种群、以政府代表的创新政策制定种群，以及社会公众和自然环境共同构成了区域绿色创新生态系统的五大核心要素。

以上梳理为基于绿色转向与协同演化的黄河流域创新生态系统理论框架的生成逻辑与根本遵循提供了学理支撑，本章后续小节将沿着上述分析结论，系统阐释面向新使命要求的黄河流域绿色创新生态系统的内涵特征及其演化机制。

4.2　黄河流域绿色创新生态系统概念模型与主要特征

4.1节表明，基于绿色转向的创新生态系统是应对黄河流域新使命要求的合理性逻辑，且暗含着要素与区域等多维协同的内在要求，本质即为黄河流域绿色创新生态系统。本节将通过对黄河流域绿色创新生态系统概念进行详细解读，进而分析其主要特征与核心演化机制等内容，系统构建黄河流域绿色创新生态系统理论框架。

4.2.1 黄河流域绿色创新生态系统概念模型

当前关于绿色创新生态系统概念内涵的理解尚未达成一致，但多认同其是以提升绿色创新能力、促进绿色创新涌现为目标，创新主体之间及其与创新环境之间通过创新要素流动联结而形成的共生竞合、动态演化的复杂系统（曾经纬等，2021）。黄河作为特殊的流域型区域，既具有传统区域经济的一般属性，如真实存在的客观性、因地制宜的地域特殊性、发展水平的可度量性以及区域经济的系统性等，但同时以流域作为形成的载体，以沿流域的省区单元作为重要构成的经济发展模式，导致其与一般的区域存在区别。因此，深入理解黄河流域绿色创新生态系统的深刻内涵还需要进一步融合黄河流域具体的发展特征。

从空间而言，黄河自西向东横跨九个省份，呈现出跨越行政区域的独特地理区位特征；从定位而言，黄河是中华民族的母亲河，是中国重要的生态屏障，是中国协同推进减污降碳、实现共同富裕的重点区域，是生态保护和高质量发展重大国家战略的具体实施场域；从社会挑战而言，生态本底差、水资源短缺、水土流失严重、资源环境承载能力弱、沿黄各省份发展不平衡不充分等问题都是其当前阶段亟须应对的重大挑战；从资源禀赋而言，黄河流域是以水资源为核心要素，由土地、生物等自然要素以及与此相关的经济、社会等人文要素所构成的系统性极强、整体性极高、协同性密切的特殊区域（黄燕芬等，2020）；从地形而言，根据水文信息划分而成的黄河流域上中下游各河段之间存在高度关联：当上游过度开垦、乱砍滥伐的时候，会造成水土涵养能力不足，威胁中游地区的生态环境，滞缓中下游广大地区的经济建设进程，而当下游和中游筑坝，洪水无法排泄时，会导致上游的居民区被淹没，经济发展受影响。因此，黄河流域高质量发展需在坚持生态优先的基础上推进黄河流域系统性治理（任保平等，2019）。而中共中央、国务院印发的《黄河流域生态保护和高质量发展规划纲要》中指出，受地理条件等制约，沿黄各省份经济联系度历来不高，区域分工协作意识不强，高效协同发展机制尚不完善。因此，面对流域治理的协同性与属地管理的"碎片化"矛盾，跨域协作治理便成为黄河流域治理的基本凭借（吕俊平等，2023）。而此时黄河流域的创新发展也已经上升为由使命驱动的全新范式，根据国家定义的目标（使命）开发特定技术（Robinson et al.，2018），即在特定目标指引下整合各种资源与人员，从而取得技术成就（Bao et al.，2021），以应对当今的社会挑战（Mowery et al.，2010；Mazzucato，2018b）。

由此，与一般意义的区域绿色创新生态系统不同，黄河流域绿色创新生态系统基于重大国家战略和公共利益开展创新活动，以使命驱动型创新范式为核心，以公共利益和未来价值为核心追求（张学文和陈劲，2019），旨在通过使用明确定义的使命引发定向创新（Kattel et al.，2018），是一种基于重大国家战略和公共利益的创新范式（张学文等，2019），也是推动关键核心技术突破的重要方式（黄鲁成等，2021）。在黄河流域生态保护和高质量发展这一重大国家发展战略影响下，流域发展兼具"绿色"与"发展"的政策导向与创新新使命。这促使黄河流域的创新具有独特的地域特色，即要应对流域在发展过程中的水资源短缺、生态环境承载能力弱等问题，从而使流域创新由一般的经济发展作为第一价值主张，转向绿色发展作为第一价值主张，由此最终导致了黄河流域创新生态系统发生绿色转向。同时，黄河流域作为基于地理的复杂单元，其创新系统或绿色创新生态系统在空间上的复杂性、演化上的动态性、治理上的多主体性等均与使命驱动型创新及其创新政策理论的特征相契合。因此，面向新使命导向，黄河流域绿色创新生态系统一方面更加强调对水资源总量和利用情况等的关注，在各省份子系统内以水资源为最大环境约束条件实现要素协同；另一方面又暗含着省份之间跨域合作的内在要求，更加强调沿黄各省份的府际协同，从而为化解黄河流域生态约束和发展困境带来新的契机和方向。

基于上述分析，结合 4.1.3 小节的判断，本书认为黄河流域绿色创新生态系统是指在黄河流域范围内，由知识研发种群、知识应用种群、政策制定种群、社会公众和自然环境五类关键要素围绕绿色创新这一核心活动在汇聚互动的动态过程中形成的具有绿色创新价值共创核心功能的开放复杂自适应系统，同时也是由多个结构分明的子系统通过府际协同跨域动态联结而成的网状拓扑结构型超大型复杂巨系统。五类要素面向生态保护和高质量发展的新使命要求，协同破除种群与行政边界障碍，从而实现域内要素之间与多个空间尺度之间的有机联动，为整体系统功能实现提供动力支持（见图4-2）。

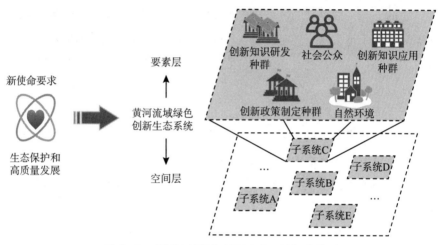

图4-2 黄河流域绿色创新生态系统概念模型

4.2.2 黄河流域绿色创新生态系统主要特征

以上对黄河流域绿色创新生态系统内部的关键要素及其所扮演的角色进行了初步分析，本节将进一步挖掘该系统的主要特征，以更为全面细致地理解黄河流域绿色创新生态系统。总的来说，黄河流域绿色创新生态系统主要呈现出整体性、层次性、协同性、适应性、开放性、复杂性、涌现性七大基本特征，具体阐释如下：

（1）整体性。黄河流域绿色创新生态系统作为一个有机整体，其系统表现是由不同的创新要素之间复杂作用的结果。各要素是整个系统构成的基础，某类要素缺失会直接影响系统功能或目标的实现；但创新要素之间并非简单叠加，而是通过相互协调、相互影响、相互作用，在整体上实现功能的融合，从而实现整个生态系统的价值共创，最终呈现出"整体大于要素之和"的非线性特征。此外，沿黄九省份共同构成一个完整的系统，各省份子系统既在各自资源禀赋下保留差异化发展路径特征，又在"生态保护和高质量发展"的共同愿景驱动下，通过创新资源共用、科技人才共通、创新生态共融的要素资源共享机制与跨域会商协调机制建立联系。由此，黄河流域绿色创新生态系统呈现出显著的整体性特征。

（2）层次性。黄河流域作为由九省份单元集合而成的综合区域，从空间来看，黄河流域绿色创新生态系统是由九个子单元集合而成的超大型复合系统，各省域单元构成了系统的第一层级——区域层，各单元区域从形式上抽象为子系统。每个子系统都是一个完整的、具有相对独立运行能力的部分，每个子系统的相对独立性保证了系统的局部功能发挥，是系统整体功能实现的基础。从组成要素来看，黄河流域绿色创新生态系统内含知识研发种群、知识应用种群、政策制定种群、社会公众和自然环境五类关键要素，各要素间通过资源交互、信息共享、能量聚合、统一愿景等过程建立联系，构成了系统的第二层级——要素层。每个层次都遵循着自身特定的运行规律，是整个系统功能实现的根本保障。

（3）协同性。协同理论中的协同，指系统中各部分的协同工作。该理论认为在一个系统里，各子系统间非线性的相互作用促使系统结构演化（哈肯，1984），主要关注一个开放系统如何从无序状态向有序状态转变，即系统如何协同演化。协同演化不仅强调了系统演化具有目的性，同时也突出了系统演化是自组织的实现。在创新系统借鉴生态系统概念所形成的创新生态系统中，自组织性被视为系统运行的基本特征，其不仅体现在各类创新主体可以自发地根据现实条件变动调整自身行为及与其他主体的关系，也体现在系统演进过程的各个阶段中（汤书昆和李昂，2018）。此外，陈春花等（2022）提出组织管理情境下的协同共生概念，也启发了本书对黄河流域绿色创新生态系统协同的理解，即共生单元之间通过协同价值预期、协同价值创造、协同价值评价、协同价值分配，不断主动寻求协同增效，实现边界内创新主体成长、跨边界创新种群成长、系统自进化，进而达到整体最优的动态过程。由于黄河流域绿色创新生态系统具有层次性，因此其协同性表现为双层协同。具体来看，进入数字化时代，组织外部因素的影响已经远远大于组织内部的因素，因此，黄河流域绿色创新生态系统内各创新主体的成长需要格外关注外部环境，在内外共生中遵循共生发展的原则，使创新知识研发种群、创新知识应用种群及创新政策制定种群三大核心创新种群在共生网络搭建过程中构建互补能力（朱丽等，2023），从而实现协同发展，即要素层协同属性。同时，鉴于黄河流域以行政单元集合为物理基础的空间特征，其绿色创新生态系统的健康与稳定离不开基于各行政单元的子系统间的协作共生，不同子系统内的创新主体打破系统边界形成横向联动，打破省际信息孤岛与自我保护等现实禁锢，以协同为内在机制呈现共生的外显状态，进而建立协同共生优势，即子系统层协同属性。

（4）适应性。黄河流域绿色创新生态系统的适应性源于系统构成要素本身以及要素间互动关系的时变特征。首先，系统要素不是一成不变的，新的创新要素在科技革命催生下不断涌现，而部分旧有的创新要素难以适应环境则会消亡，系统的每个要素都根据自己的内在逻辑生长，以自组织自适应的方式发生进化、提升性能，与所有的其他要素保持协调一致并不断地适应内部系统的变化及需求以及周围环境中的外部要素系统，从而确保可持续的生存力。同时，基于能量、物质和信息的流动，各个创新要素之间时刻发生相互联系与依赖的关系变化，使得黄河流域绿色创新生态系统的内部结构在动态过程中建立紧密联结，共同适应外部环境带来的机遇和挑战。由此可见，适应性既是黄河流域绿色创新生态系统的重要特征之一，也是其发挥系统效能的基本要求。

（5）开放性。开放性是黄河流域绿色创新生态系统持续演化的根本动力和重要的特征体现。在黄河流域绿色创新生态系统中，各创新主体与种群可以打破传统的组织边界，在内部创新的同时跨越种群边界进行互动沟通，引进吸收消化外界的信息和能量等物质，在不断地输入输出交流中实现创新要素有效互动。同时，不同空间尺度下的子系统间边界渐弱，创新主体间通过跨系统边界的合作使整个系统脱离停滞状态，实现演替与发展。系统的开放程度影响内外的作用强度，开放程度越高，系统内外作用越强，耗散结构与环境的资源交换越频繁，自组织功能促使系统演化升级得以加快，整个系统则更为稳定有序；反之，系统内外作用变弱，资源交换频率降低，自组织功能难以发挥，系统则呈现远离平衡态的无序状态。

（6）复杂性。黄河流域绿色创新生态系统的复杂性体现在多个方面：其一，从内容物来看，系统中成员类型繁多，包括企业、高校、科研机构、政府、公众等，同时科技革命催生新的创新物种与资源不断涌现，系统构成要素多样；其二，从内部关系而言，各类要素之间相互作用，彼此间联系错综复杂，合作关系、竞争关系、上下游产业链关系等多种关系交织，系统变化预测难度较大；其三，从时变性来看，绿色创新生态系统始终处于动态演化的过程之中，系统组元间相互作用随时间呈现的整体演变与进化，以技术依赖、技术合作、技术引进为内部演化动力，以政府因素、市场因素和经济发展为外部演化动力，遵循"遗传、变异、衍生和选择"等演化规律（梅亮等，2014），体现出鲜明的生命周期特征（Martha and David，2022）。就驱动区域创新生态系统演化的动力因素看，内在的技术经济范式变革以及文化、政策、市场、信息技术网络等都与整个系统的演化方向密切相关（李万，2014；Oh，2016；Xie and Wang，2020）。同时，核心价值主张也是驱动创新生态系统演化的重要条件（Antonopoulou and Begkos，2020），能在系统演化过程中平衡参与者与外部环境之间复杂的相互依赖关系，以动态调节生态的增长与稳定（柳卸林和王倩，2021）。因此，技术创新过程的复杂性、未知科技领域的不确定性以及外界环境的动态变化等都增加了黄河流域绿色创新生态系统整体的复杂性。

（7）涌现性。系统的涌现性是指微观适应性主体之间以非线性方式相互作用的过程中，系统从旧质中产生新质从而引发宏观系统性能突变的结果的一种特性。系统功能之所以往往表现为"整体大于部分之和"，就是因为系统涌现了新质的缘故，其中"大于部分"就是涌现的新质。在黄河流域绿色创新生态系统中，涌现性主要体现在既有要素行为改变、新生要素不断出现以及要素间关系持续变化三个方面。首先，在系统中，企业、学研、政府部门、社会公众、自然环境等既有要素分别扮演着不同的角色，有组织地协同完成系统任务，在这一过程中彼此个体行为得到加强，呈现出仅有当系统作为一个整体共同运行时才具备的特性；其次，黄河流域绿色创新生态系统内的既有要素和生态土壤分别为新生创新物种、创新资源提供了良好的基因库与营养源，在内外部环境变迁以及系统认知升级的催化下，新的要素持续诞生、生长、蔓延；最后，黄河流域绿色创新生态系统内不同要素之间彼此感知，在相互作用、相互制约的动态过程中形成新的结构（关系），使系统生成新的价值与功能，出现单一要素作用下不可能产生的新情况。

■ 4.3 黄河流域绿色创新生态系统多维协同演化机制

流域作为一种特殊的区域类型，已经成为引领我国未来发展的关键增长极和要素承载的重要空间。流域的地域特性决定了其特有的经济特征，既具有区域经济的普遍属性，还具有独有的水资源特性，包括以河流为纽带的整体系统，纵向跨度大形成的梯级结构，多个层次性的网络系统等（宋敏和任保平，2023）。作为由多个省份集合而成的区域，黄河流域以流域内各省区市为主要空间载体，以流域内要素开发配置为核心，以促进流域协调可持续发展为目标，整合优化自然、经济、社会、生态等要素，流域区、经济区与行政区在国土空间上相互交织，形成复杂的共生界面（黎元生和胡熠，2019）。在此基础上形成的黄河流域绿色创新生态系统则表现为由各省份子系统通过创新种群的相互交叉、嵌套最终形成立体、动态和开放的一体化共生网络系统，依赖区域内的要素本地协同机制、区域空间协同机制和要素跨区协同机制等共同作用实现持续演进（见图4-3）。

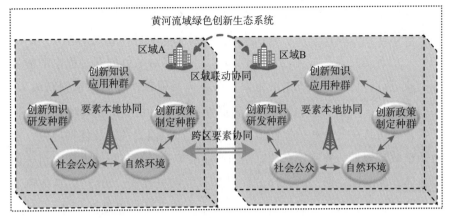

图 4 - 3　黄河流域绿色创新生态系统多维协同机制

4.3.1　要素本地协同机制

　　根据前述分析，黄河流域绿色创新生态系统是由创新知识研发种群、创新知识应用种群、创新政策制定种群、社会公众和自然环境五类关键要素（E）汇聚，通过有机互动建立特定关系（R）从而实现特定系统功能（F）的多层叠加嵌套模型。要素协同机制指的就是以上五类关键要素基于彼此角色、需求和共同利益愿景促生共生意愿，通过接触可能的合作伙伴后探索共生可能性，在互惠和信任的基础上以资源共享与互补为主要形式建立共生关系并逐渐演化成共生网络的过程中形成的规则体系。黄河流域绿色创新生态系统的要素协同机制如图 4 - 4 所示。

　　从要素结构而言，黄河流域绿色创新生态系统呈现出由创新知识研发种群、创新知识应用种群和创新政策制定种群三大核心创新种群构成的内三螺旋在与社会公众和自然环境有机互动过程中形成的叠加双三螺旋复杂形态。作为系统的"生产者"，由诸多学术型组织尤其是研究型大学集合而成的创新知识研发种群具备强大的研发能力，是我国开展前瞻性基础研究的主力军，直接参与新知识和新技术的创造研发、传播、应用，以开展高水平科学研究为实现自身价值的首要要务，以知识创造为核心追求目标（张艺等，2023），为其他种群提供绿色知识；作为系统的"消费者"，创新知识应用种群将科研产物进一步推广到技术创新应用阶段，基于必要的技术再论证和商业化测评，实现原始创新产物在实体产业链运作下"从1到∞"的普适化过程（陈邑早等，2022），负责对绿色创新过程中的能量和物质进行转化，在系统中的主要任务是向其他种群输出绿色创新成果；作为系统的"分解者"，创新政策制定种群是绿色创新宏观环境的主要提供者，凭借其在分析和捕捉创新发展趋势方面的前瞻性以及优势地位，及时调整政策规划，并制定有针对性的产业政策和规划等行动方针以引导创新主体，保障创新活动的有序开展（高月姣和吴和成，2015），具体负责为绿色创新生态系统提供创新政策和资金支持，通过建设创新基础设施、进行环保宣传等方式营造良好的绿色创新环境，具有重大政策协调、监管引导以及提供公共服务等核心作用，并通过自上而下的顶层设计和制度规范，推动各部门积极开展相关领域的政产学研协同创新（郭百涛等，2023），为其他种群提供绿色需求，制定与传达绿色导向政策，为绿色创新成果的研发与转化提供宏观环境支持。

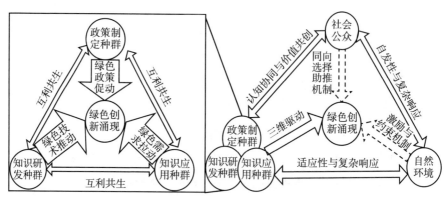

图4-4 黄河流域绿色创新生态系统要素本地协同机制

绿色创新生态系统的发展依赖其所在的自然环境，良好的自然环境有利于激发绿色创新主体的创新活力，提高绿色创新生态系统的发展水平，为创新活动创造环境基础和资源条件，同时通过资源和环境约束倒逼创新主体开展绿色创新（刘畅和李建华，2019）；自然环境进一步通过资源支持与约束，为社会公众带来环境感知，并促使其通过绿色产品共创、非正式环境规制等方式表达价值主张，在与创新知识研发种群、创新知识应用种群和创新政策制定种群的动态互动中建立生态保护和高质量发展的共同愿景，推动绿色创新环境建设和绿色创新发展；同时随着科技应用逐步场景化，公众产生的大数据也成为五螺旋发展的重要资源储备（彭红燕等，2022）。由此，黄河流域绿色创新生态系统五螺旋中的各要素主体发挥自身功能优势，共同推动整体系统共同愿景实现，支持黄河流域绿色创新生态系统从无序向有序、从低级向高级的演化。

在上述功能支持下，拥有异质资源和能动性的各个创新螺旋将资源投入共同的创新项目中，同时利用自反机制根据生态发展阶段和创新环境变化不断拓展自身边界，调整自身功能，按照实际需要进行创新的主导角色与辅助角色转换，实现主体间创新功能的协同，达成系统整体的最优创新目标。内三螺旋中各核心创新种群（创新知识研发种群、创新知识应用种群和创新政策制定种群）通过资源交互、信息共享、能量聚合建立联系，形成良性共生关系，并分别通过技术推动、需求拉动与政策促动三条机制驱动系统功能实现。外三螺旋中，核心创新种群与社会公众形成共同认知并实现价值共创，社会公众通过对自然环境的信息捕捉与反馈实现自发性复杂响应，核心创新种群则根据自然环境动态变化及时调整创新活动，其响应过程呈现出适应性特征。在这一过程中，社会公众和自然环境分别通过同向选择助推机制和激励与约束机制促进黄河流域绿色创新生态系统的整体功能实现。综上所述，在黄河流域绿色创新生态系统中，多元参与主体明确自身在多螺旋中的角色定位，通过创新任务部署的合理化和科创活动实施中的有序分工，促进协同效应最大化（周全等，2016），最终实现从"知识经济"到"知识社会"再到社会与自然的协同演进（武学超，2015）。

4.3.2 区域空间协同机制

黄河流域绿色创新生态系统是核心区域与边缘区域共同呈现的结果，

以核心区域为主导的集聚与扩散是黄河流域绿色创新生态系统地域空间结构演化的重要动力机制。黄河流域绿色创新生态系统在空间上由多个以省域或市域为主要呈现的区域绿色创新生态系统单元聚合而成，每个区域单元的发展并不是孤立的，一个区域绿色创新生态系统在发展过程中会受到周边区域的影响，彼此之间通过建立广泛的生态嵌入关系形成复杂网络，以此获得自身系统向高阶演化发展（柳卸林，2022），从而使黄河流域绿色创新生态系统整体呈现出显著的"核心—边缘"空间结构特征。这种网络结构一方面归因于聚散力量的作用；另一方面则是中国独特的政治制度与行政等级使然。

在集聚力与扩散力两种作用力的影响下，黄河流域将出现核心与边缘两类区域。其中，核心区域具有特殊地位，通过对边缘腹地的吸引作用与辐射作用成为黄河流域绿色创新生态系统的中心，是具有主导和推动作用的关键地域。但值得一提的是，在黄河流域绿色创新生态系统不同的演化阶段，核心区域的主导作用力与作用强度都可能存在差异。在黄河流域绿色创新生态系统建立初期，核心区域的虹吸作用力占据主导，对周边区域的创新要素具有强烈的虹吸效应，与其他共生单元大部分形成寄生或偏利共生关系，可能对其他地区产生较明显的抑制作用，导致周边区域因创新要素外流处于较恶劣的发展环境；而在黄河流域绿色创新生态系统强化阶段，核心城市的集聚力与扩散力并存，且扩散作用逐渐增强，与其他共生单元关系更为密切和稳定，共生能量的增加会使得其他共生单元不断扩展并形成较为稳定的共生关系，使黄河流域绿色创新生态系统在共生共创中实现能级跃迁。

此外，黄河流域绿色创新生态系统的形成和发展应服务于国家政治统治和发展监管的需要，因此，在宏观政治制度的影响下，黄河流域绿色创新生态系统内的网络分布情况具有其使然性。从发展战略看，《黄河流域生态保护和高质量发展规划纲要》中提出要以高质量高标准建设沿黄城市群，增强城市群之间发展协调性，形成特色鲜明、高效协同的城市群发展新格局，强调了区域板块之间融合互动、协调发展的重大意义。但在各区域之间建立联系以持续增强、支撑和服务整体系统的过程中，中国独特行政等级制度下所产生的权力分配结构也将发挥出其特殊效应，各区域的权力关系存在显著差异，会深刻影响自身获取资源的能力以及区域间资源配置的结果，并最终影响其在整体网络中的地位（江艇等，2018）。因此，区域的行政等级是探究黄河流域绿色创新生态系统空间格局时不可忽视的因素。

4.3.3　要素跨区协同机制

区域空间协同本质上需要依靠创新要素的跨区协同来实现。越来越多的研究表明，促进区域内和区域间知识流动的合作是创新和增长的关键来源（Crespo et al.，2014）。在中国独特的"行政区经济"发展模式下，要素跨越的区域多为行政区域。作为历史上长期形成的区域管理边界，行政边界赋予了地方政府配置资源的权力，一方面促成了边界内部行政管理的一致性、政策的一致性和自然条件的相似性等（Zhang et al.，2017）；另一方面也导致中国各行政单元间形成了天然制度与发展差异（易巍和龙小宁，2023）。既有研究考虑到各省份之间依存度低、省级政府实际拥有相对独立的经济政策和制定地方性法规的权力等现实特点，更多关注省际边界效应（才国伟等，2023）。但事实上，我国经济发展的空间结构正在发生深刻变化，中心城市和城市群正在成为承载发展要素的主要空间形式[①]。作为区域人才、技术、资金等创新要素资源的聚集地，城市之间也客观存在着"创新能级"差异，城市间合作将带来行政区经济向一体化经济的转变（闫东升等，2022）。由此可见，在创新要素流动和行政力量推动的双重作用下，势必会出现跨省、市等不同等级行政边界的各种创新要素的关联互动（陈肖飞等，2023），而在此基础上形成的要素跨区协同机制对黄河流域绿色创新生态系统将产生重要作用。

黄河流域作为典型的流域区域，是以河流为中心，系统、完整和独立

---

① 2019年第24期《求是》杂志发表的习近平总书记的重要文章《推动形成优势互补高质量发展的区域经济布局》中指出，我国经济发展的空间结构正在发生深刻变化，中心城市和城市群正在成为承载发展要素的主要空间形式。

的水文单元，域内各个自然要素关系密切，上下游之间相互影响明显，是一个整体性极强的自然区域（王金南等，2020），呈现出与一般行政区域、经济区域等不同的经济发展特征与内在发展要求，需要流域上下游地方政府密切合作，共同制定适宜的横向生态补偿政策和利益分配机制（王奕淇等，2019），协同推进完成历史使命。在黄河流域创新资源空间分布极不均衡的现实背景下，城市间创新合作能够促进创新要素和知识技术在不同主体、不同地区之间流动与共享（谢其军等，2019），对于构建黄河流域区域间优势互补的发展格局，释放更大的创新潜能具有重要意义（郭淑芬和温璐迪，2023）。黄河流域"上中下游地理条件复杂，带内省区发展极不平衡、沿黄各省份经济联系度不高，区域分工协作意识不强，高效协同发展机制尚不完善"等发展现状以及流域治理的协同性要求，与属地管理的碎片化实践之间存在天然的矛盾，黄河流域绿色创新生态系统的要素跨区协同演化是解决上述问题、进而有效推进实现生态保护和高质量发展的战略使命要求的重要途径。

4.4 本章小结

实施绿色导向的创新驱动发展战略是应对黄河流域生态保护和高质量发展新使命要求的关键支撑，构建基于绿色转向和协同演化的黄河流域创新生态系统新理论框架成为题中之义。本章围绕黄河流域创新生态系统发生绿色转向与协同演化的理论框架核心内容，从底层逻辑、概念模型、主要特征与演化机制四个方面进行深刻阐释，不仅以新使命要求为导向，从理论层面打开了从"黄河流域创新生态系统"向"黄河流域绿色创新生态系统"转变的黑箱，同时也为后续实证研究奠定了基础。从合理性逻辑来看，新使命驱动黄河流域创新方向发生绿色转变，而绿色创新生态系统以促进绿色创新产生、扩散和应用为整体目标，是继基于市场机制的私人投资模式、基于集体行动逻辑的政府推动模式和基于社会力量的开放创新模式之后驱动绿色创新涌现的第四种力量。不断打破任意两个网络节点间的连接壁垒，提升创新要素流动速度，实现交易成本最小化是系统生成的底层逻辑，这种壁垒同时存在于物质和空间，因此要素间和区域间的多维协同是黄河流域创新生态系统实现系统功能的内在驱动力。进一步的理论梳理发现，五螺旋创新驱动范式与绿色创新生态系统的价值主张较为契合，启发了有关绿色创新生态系统中核心要素的深刻理解，知识研发种群、知识应用种群、创新政策制定种群、公众和自然环境共同构成了黄河流域绿色创新生态系统的五大核心要素。以上研究结论为理解黄河流域绿色创新生态系统提供了根本遵循，其概念得以明晰，即在黄河流域范围内，由上述五类关键要素围绕绿色创新这一核心活动汇聚互动的动态过程中形成的具有绿色创新价值共创核心功能的开放复杂自适应系统，也是由多个结构分明的子系统通过府际协同跨域动态联结而成的网状拓扑结构型超大型复杂巨系统。同时，该系统呈现出整体性、层次性、协同性、适应性、开放性、复杂性、涌现性七大基本特征，依赖区域内的要素本地协同机制、区域间的空间联动协同机制以及要素的跨区协同机制共同作用，从而实现持续演进。

第5章

转向黄河流域绿色创新生态系统的内生机制探析

黄河流域创新生态系统实现绿色转向是应对"生态保护和高质量发展"新使命要求的必然要求。然而，如何能使系统更快、更好地发生绿色转向，实现由"黄河流域创新生态系统"向"黄河流域绿色创新生态系统"的转变，这一过程与系统中各要素的行为选择密不可分。创新生态系统内部要素共同价值主张发生变化是系统演化方向发生变化的关键内生力量。就黄河流域而言，创新生态系统的共同价值主张就是在新使命要求牵引下，五大要素之间在动态过程中通过竞争合作等策略行为选择变换，使系统最终朝着绿色化方向进行演进。

基于此，本章将重点关注在黄河流域创新生态系统转向绿色创新生态系统过程中，各要素对演化方向、演化速度产生的内生驱动力，即转向黄河流域绿色创新生态系统的内生机制。在黄河流域绿色创新生态系统内部五大要素中，除自然环境外，其他四大要素都是具有主观能动性的独立行为体，各要素决策行为都会随着其他要素的决策行为变化而变化，最终导致系统整体演化方向发生变化。因此，需要针对系统内各主体要素可能的行为进行建模、分析，在此基础上剖析要素之间协同作用驱动系统演化方向发生变化的内生机制。考虑到各决策主体都是典型的有限理性主体，采用演化博弈分析工具，以明晰各主体要素在黄河流域绿色创新生态系统协同发生绿色转向过程中的策略选择与系统演化路径；通过对新使命导向下理想的系统演化方向进行判定，以此为基础细致剖析系统的内生演化机制。

5.1 情境阐释与研究方法选择

黄河流域创新生态系统向绿色创新生态系统转变的过程离不开每一个主体要素的协同作用。创新知识研发种群和创新知识应用种群是创造绿色创新知识、形成绿色创新产品的主要行为体，他们的创新决策直接决定了整体系统的演化方向。但是，相较于传统创新，绿色创新具有技术难度更大、研发成本更高、回报周期更长等特点，可能导致上述核心创新主体缺乏绿色创新投资的内生动力（Cai，2019），使整个系统远离"绿色"化发展。此时，政府和公众便成为了重要的外部力量补充。

首先，黄河流域创新生态系统发生绿色转向是使命驱动下的创新范式转变，是使命驱动型创新的重要体现。从理论来看，该理论强调政府在创新过程中职能的多样性，认为政府对创新的作用除修复市场失灵和创造条件外，还应优先进行投资并主动承担创新活动的不确定性和风险性，积极创造机会和塑造市场（Mowery et al.，2010；Foray et al.，2012），以催化和点燃创新活动的火焰，帮助实现突破性创新（Mazzucato et al.，2016；Cantner et al.，2018），其本质上反映了有为政府的底层逻辑；从实践来看，政府对市场的调控是企业采用绿色创新的初始驱动力，具体机制表现为政府通过命令控制和市场激励两类环境规制工具对企业的绿色技术创新意愿和行为产生作用（王娟茹等，2018），从而间接触发其绿色技术创新行为（Xia et al.，2015；Saunila et al.，2019）。然而，在这种情况下，仍然容易造成绿色创新选择的"囚徒困境"。随着互联网的发展和大数据时代的来临，碎片化社会力量的跨时空、跨边界和跨领域的集聚得以实现，个体的公众身份得以显明，为公众深度参与到绿色创新生态系统的建设与治理中创造可能[①]，

[①] 浙江省深入贯彻落实"河长制""环保码"等智慧治水数字化模式，会同水务、环保、农业等单位和各街道针对水污染治理情况进行智慧会商，并在城市每个河道排水口安装标识牌，通过河长乃至市民扫二维码，就能全景式地了解河道排水口上、下游排污情况，实时监控水情，让全民参与治水成为现实。

以公众为核心主体形成的社会选择机制成为驱动创新生态系统实现绿色转向可能的重要补充机制。

基于此，本章节尝试探究上述各类主体要素在黄河流域绿色创新生态系统协同转向过程中所扮演的角色。考虑到在创新实践中，黄河流域绿色创新生态系统五大要素中的创新知识研发种群和创新知识应用种群作为创新生态系统的核心种群，推动知识生产到知识商业化过程耦合，具有知识协同的共同指向性（石琳娜和陈劲，2023），同时企业作为主要的创新知识应用者，越来越前移到知识生产的最前沿，从"技术创新主体"变迁为"科技创新主体"，知识生产与知识应用界限在模糊，因此将创新知识研发种群和创新知识应用种群合并为创新知识研发应用种群进行讨论。

由于创新政策制定种群、创新知识研发应用种群和公众都是典型的有限理性主体，而演化博弈论作为有限理性博弈的重要分析工具，认为群体中的个体可以通过模仿、学习、突变等过程达到一种稳定的动态平衡从而形成演化稳定策略（高明等，2016），突破了传统博弈模型将博弈各方视作完全理性经济人、脱离实际的不足，为解决上述议题提供了方法指导。因此，本章分别构建创新政策制定种群—创新知识研发应用种群的绿色创新双方动态博弈模型和创新政策制定种群—创新知识研发应用种群—公众的绿色创新三方动态博弈模型，进而探讨创新知识研发应用种群、创新政策制定种群和公众在黄河流域绿色创新生态系统协同转向过程中的策略选择与系统演化路径。

■ 5.2 黄河流域绿色创新生态系统 演化博弈模型基本假设

假设 5.1：假设博弈参与主体是非完全理性的。任何行为主体在决策时都不可能准确无误获取、分析和使用完全信息，不能准确说明其成本和收益，但决策目标是以自身利益最大化为出发点，因此各博弈参与主体随着时间推移会尝试不同策略，最终确定特定的稳定策略（evolutionarily stable strategy，ESS）。

假设 5.2：对于创新知识研发应用种群，策略集合为（绿色创新，非绿色创新），采取绿色创新策略的概率为 x，非绿色创新策略的概率为 $1-x$。为简化研究，假定非绿色创新时初始经济收益为 0，绿色创新与非绿色创新相比会增加额外研发成本 C，但由于绿色创新的双重外部性特征，可以降低单位能耗、提高经济效率，获得额外的经济收益 V。

假设 5.3：对于创新政策制定种群，策略集合为（积极作为，消极作为），采取积极作为和消极作为策略的概率分别为 y 和 $1-y$。其中，在创新政策制定种群积极作为时，主要是对创新知识研发应用种群进行监管、补贴和处罚三种行为，同时面向公众进行环保宣传与民意沟通平台的搭建。对创新知识研发应用种群进行监管会产生监管成本 M，对进行绿色创新的创新知识研发应用种群补贴绿色研发投入 $K1$，对不进行绿色创新的创新知识研发应用种群处以罚金 $K2$；向公众宣传环保观念及知识需要付出成本 αA（其中 α 为宣传力度）；构建并维护公众沟通线上平台需要付出成本 G，但公众及时表达民意、反馈政策效果、提供集成智慧等，为创新政策制定种群政策的制定与优化提供智力与数据支持，产生收益 R。此外，不论创新政策制定种群选择积极作为还是消极作为，都需要为创新知识研发应用种群选择非绿色创新策略时带来的环境负外部性付出环境治理成本 S。但公众会对创新政策制定种群的消极行为不满，认为创新政策制定种群失职，使创新政策制定种群丧失公信力 L。

假设 5.4：对于公众，策略集合为（参与，不参与），采取参与和不参与策略的概率分别为 z 和 $1-z$，其中社会公众参与形式有以下几种：面向创新知识研发应用种群，公众可能会通过投诉等方式倒逼创新知识研发应用种群进行绿色技术创新，此时公众投诉可以对创新知识研发应用种群声誉产生明显的负面影响导致创新知识研发应用种群损失收益 B；创新知识研发应用种群绿色创新会带来环境收益感知 Ue。当创新政策制定种群积极作为搭建公众线上沟通平台时，便利性的搜索引擎和聚合性网站缩短和简化了信息获取的行为过程与步骤（郝龙，2020），降低公众参与绿色创新监督的门槛和成本。假定建立平台后公众参与治理的成本为 $D1$，而传统渠道（写信、上访等）下公众的参与成本为 $D2$，$D1 < D2$。公众提供环境与创新治理智慧并被采纳或认可将获得荣誉感，增加效用感知 $(\alpha + \beta)Uc$，其中 β 为公众本身的环保关注度。模型涉及的所有参数及其具体含义如表 5 - 1 所示。

表 5 - 1　　　　　　　　　　　　模型参数与具体含义

行为主体	参数	含义
创新知识研发应用种群	C	绿色创新比非绿色创新增加的额外研发成本
	V	绿色创新比非绿色创新增加的额外经济收益
创新政策制定种群	M	创新政策制定种群监督创新知识研发应用种群绿色创新行为的监管成本
	$K1$	创新政策制定种群对绿色创新知识研发应用种群补贴的绿色研发投入
	$K2$	创新政策制定种群对不进行绿色创新的创新知识研发应用种群处以罚金
	α	创新政策制定种群宣传环保观念及知识的力度
	A	创新政策制定种群宣传环保观念及知识所需付出的成本
	G	创新政策制定种群构建并维护公众沟通线上平台需要付出的成本
	R	构建线上平台为创新政策制定种群带来的收益
	S	创新知识研发应用种群非绿色创新时创新政策制定种群付出的环境治理成本
	L	创新知识研发应用种群非绿色创新且创新政策制定种群消极作为时创新政策制定种群丧失的公信力
公众	B	创新知识研发应用种群非绿色创新时社会公众举报给创新知识研发应用种群带来的声誉损失
	Ue	创新知识研发应用种群绿色创新给社会公众带来的环境收益感知
	$D1$	建立新媒体平台后公众参与治理的成本
	$D2$	传统渠道下公众参与治理的成本
	β	公众本身的环保关注度
	Uc	公众的绿色效用感知

5.3 黄河流域绿色创新生态系统内生演化机制

5.3.1 支付矩阵构建与模型策略求解

根据上述假设分别构建创新政策制定种群和创新知识研发应用种群两方演化博弈以及创新政策制定种群、公众和创新知识研发应用种群三方演化博弈支付矩阵，分别如表5-2、表5-3所示。

表5-2 创新政策制定种群—创新知识研发应用种群两方演化博弈支付矩阵

		创新政策制定种群	
		积极作为	消极作为
创新知识研发应用种群	绿色创新	$V - C + K_1$, $Ue - K_1 - M$	$V - C$, Ue
	非绿色创新	$-K_2$, $K_2 - M - S$	0, $-S$

表5-3 创新政策制定种群—社会公众—创新知识研发应用种群三方演化博弈支付矩阵

		创新政策制定种群积极作为		创新政策制定种群消极作为	
		公众参与	公众不参与	公众参与	公众不参与
创新知识研发应用种群	绿色创新	$V - C + K_1$	$V - C + K_1$	$V - C$	$V - C$
		$Ue - M - K_1 - \alpha A + R - G$	$Ue - M - K_1 - \alpha A + R - G$	Ue	Ue
		$Ue - D_1 + (\alpha + \beta)Uc$	Ue	$Ue - D_2$	Ue
	非绿色创新	$-K_2 - B$	$-K_2$	$-B$	0
		$K_2 - M - \alpha A + R - G - S$	$K_2 - M - \alpha A + R - G - S$	$-L - S$	$-S$
		$-D_1 + (\alpha + \beta)Uc$	0	$-D_2$	0

创新知识研发应用种群进行绿色创新和不创新两种行为的期望收益分别为：

$$E_x = y(V - C + K_1) + (1 - y)(V - C) \tag{5.1}$$

$$E_{1-x} = y(-K_2) \tag{5.2}$$

平均收益为：

$$E_2 = xE_x + (1 - x)E_{1-x} \tag{5.3}$$

因此，创新知识研发应用种群的复制动态方程可以表示为：

$$\frac{dx}{dt} = x(1 - x)\left[V - C + (K_1 + K_2)y\right] \tag{5.4}$$

依据演化博弈理论，满足雅克比矩阵的所有特征值都为非正时的均衡点为系统的演化稳定点（ESS）。根据上述方程，当 $y = \frac{C - V}{K_2 + K_1}$ 时，$\frac{dx}{dt}$ 始终为 0，这意味着所有 x 水平都是 ESS；当 $y \neq \frac{C - V}{K_2 + K_1}$ 时，则 $x = 0$ 或 $x = 1$ 为两个 ESS；其中，$y > \frac{C - V}{K_2 + K_1}$ 时，$x = 1$ 是 ESS，$y < \frac{C - V}{K_2 + K_1}$ 时，$x = 0$ 是 ESS。

创新政策制定种群监管和不监管两种行为的期望收益分别为：

$$E_y = x(Ue - K_1 - M) + (1 - x)(K_2 - M - s) \tag{5.5}$$

$$E_{1-y} = xUe + (1 - x)(-s) \tag{5.6}$$

平均收益为：

$$E_1 = yE_y + (1 - y)E_{1-y} \tag{5.7}$$

因此，创新政策制定种群的复制动态方程可以表示为：

$$\frac{dx}{dt} = y(1 - y)\left[K_2 - M - (K_2 + K_1)x\right] \tag{5.8}$$

根据该方程，当 $x = \frac{K_2 - M}{K_1 + K_2}$ 时，$\frac{dy}{dt}$ 始终为 0，这意味着所有 y 水平都是 ESS；当 $x \neq \frac{K_2 - M}{K_1 + K_2}$ 时，则 $y = 0$ 或 $y = 1$ 为两个 ESS；其中，$x > \frac{K_2 - M}{K_1 + K_2}$ 时，$y = 0$ 是 ESS，$x < \frac{K_2 - M}{K_1 + K_2}$ 时，$y = 1$ 是 ESS。

创新知识研发应用种群进行绿色创新和非绿色创新两种行为的期望收益分别为：

$$E_x = y(V - C + K_1) + (1 - y)(V - C) \qquad (5.9)$$

$$E_{1-x} = yz(-K_2 - B) + y(1 - z)(-K_2) + (1 - y)z(-B) \qquad (5.10)$$

平均收益为：

$$E_1 = xE_x + (1 - x)E_{1-x} \qquad (5.11)$$

创新知识研发应用种群的复制动态方程为：

$$\frac{\mathrm{d}x}{\mathrm{d}t} = x(1 - x)[V - C + (K_1 + K_2)y + zB] \qquad (5.12)$$

创新政策制定种群积极作为和消极作为两种行为的期望收益分别为：

$$E_y = x(Ue - M - K_1 - \alpha A + R - G) + (1 - x)(K_2 - M - \alpha A + R - G - S) \qquad (5.13)$$

$$E_{1-y} = xUe + (1 - x)z(-L - S) + (1 - x)(1 - z)(-S) \qquad (5.14)$$

平均收益为：

$$E_2 = yE_y + (1 - y)E_{1-y} \qquad (5.15)$$

因此，创新政策制定种群的复制动态方程可以表示为：

$$\frac{\mathrm{d}y}{\mathrm{d}t} = y(1 - y)[K_2 + zL + R - G - M - \alpha A - (K_2 + K_1 + zL)x] \qquad (5.16)$$

社会公众参与和不参与两种行为的期望收益分别为：

$$E_z = xy[Ue - D_1 + (\alpha + \beta)Uc] + x(1 - y)(Ue - D_2) + (1 - x)y[-D_1 + (\alpha + \beta)Uc] + (1 - x)(1 - y)(-D_2) \qquad (5.17)$$

$$E_{1-z} = xUe \qquad (5.18)$$

平均收益为：

$$E_3 = zE_z + (1 - z)E_{1-z} \qquad (5.19)$$

因此，社会公众的复制动态方程为：

$$\frac{\mathrm{d}z}{\mathrm{d}t} = z(1 - z)\{[(\alpha + \beta)Uc + D_2 - D_1]y - D_2\} \qquad (5.20)$$

其中，创新知识研发应用种群稳定性的演化相位图与二次曲线 $V - C +$

$(K_1 + K_2)y + zB = 0$ 相关；创新政策制定种群稳定性的演化相位图与二次曲线 $K_2 + zL + R - G - M - \alpha A - (K_2 + K_1 + zL)x = 0$ 相关；社会公众稳定性的演化相位图取决于直线 $[(\alpha + \beta)Uc + D_2 - D_1]y - D_2 = 0$。

将式 (5.12)、式 (5.16) 和式 (5.20) 联立，得到创新知识研发应用种群、创新政策制定种群和社会公众的复制动力系统为：

$$\begin{cases} F(x) = x(1-x)[V - C + (K_1 + K_2)y + zB] \\ F(y) = y(1-y)[K_2 + zL + R - G - M - \alpha A - (K_2 + K_1 + zL)x] \\ F(z) = z(1-z)\{[(\alpha + \beta)Uc + D_2 - D_1]y - D_2\} \end{cases}$$

$$(5.21)$$

为求得三方演化博弈的均衡点，令 $F(x) = F(y) = F(z) = 0$，可以得到以下均衡点：$E1(0, 0, 0)$，$E2(0, 1, 0)$，$E3(0, 0, 1)$，$E4(1, 0, 0)$，$E5(1, 1, 0)$，$E6(1, 0, 1)$，$E7(0, 1, 1)$，$E8(1, 1, 1)$。

雅克比矩阵为：

$$J = \begin{bmatrix} (1-2x)[V-C+ & & \\ y(K_1+K_2)+zB] & x(1-x)(K_1+K_2) & x(1-x)B \\ -y(1-y)(K_1+ & (1-2y)[K_2+zL+R-G- & \\ K_2+zL) & M-\alpha A-(K_1+K_2+zL)x] & y(1-y)(1-x)L \\ 0 & z(1-z)[(\alpha+\beta)Uc+D_2-D_1] & (1-2z)\{[(\alpha+\beta)Uc \\ & & +D_2-D_1]y-D_2\} \end{bmatrix}$$

$$(5.22)$$

下面首先分析均衡点为 $E1(0, 0, 0)$ 的情况，此时雅克比矩阵为：

$$J_1 = \begin{bmatrix} V-C & 0 & 0 \\ 0 & K_2+R-G-M-\alpha A & 0 \\ 0 & 0 & -D_2 \end{bmatrix} \qquad (5.23)$$

可以看出，此时雅可比矩阵的特征值为 $\lambda_1 = V - C$，$\lambda_2 = K_2 + R - G - M - \alpha A$，$\lambda_3 = -D_2$。以此类推，将均衡点分别代入雅可比矩阵式 (5.23) 中，可以得到均衡点所对应的雅可比矩阵的特征值如表 5 - 4 所示。

表 5 – 4 三方演化博弈雅克比矩阵特征值

均衡点	特征值1	特征值2	特征值3
$E1(0, 0, 0)$	$V - C$	$K_2 + R - G - M - \alpha A$	$- D_2$
$E2(0, 1, 0)$	$V - C + K_1 + K_2$	$M + G + \alpha A - K_2 - R$	$(\alpha + \beta) Uc - D_1$
$E3(0, 0, 1)$	$V - C + B$	$K_2 + L + R - G - M - \alpha A$	D_2
$E4(1, 0, 0)$	$C - V$	$R - G - M - \alpha A - K_1$	$- D_2$
$E5(1, 1, 0)$	$- (V - C + K_1 + K_2)$	$- (R - G - M - \alpha A - K_1)$	$(\alpha + \beta) Uc - D_1$
$E6(1, 0, 1)$	$- (V - C + B)$	$R - G - M - \alpha A - K_1$	D_2
$E7(0, 1, 1)$	$V - C + K_1 + K_2 + B$	$- (K_2 + L + R - G - M - \alpha A)$	$D_1 - (\alpha + \beta) Uc$
$E8(1, 1, 1)$	$- (V - C + K_1 + K_2 + B)$	$- (R - G - M - \alpha A - K_1)$	$D_1 - (\alpha + \beta) Uc$

可以看出，$D_2 > 0$ 一定恒成立，因此 $E3$、$E6$ 一定为不稳定点。在满足表 5 – 5 中稳定性条件的情况下，$E1$、$E2$、$E4$、$E5$、$E7$ 和 $E8$ 可能是稳定点。

表 5 – 5 均衡点局部稳定性

均衡点	稳定性条件	情形
$E1(0, 0, 0)$	$V < C$, $K_2 + R < G + M + \alpha A$	情形1
$E2(0, 1, 0)$	$V + K_1 + K_2 < C$, $M + G + \alpha A < K_2 + R$, $(\alpha + \beta) Uc < D_1$	情形2
$E4(1, 0, 0)$	$C < V$, $R < G + M + \alpha A + K_1$	情形3
$E5(1, 1, 0)$	$V + K_1 + K_2 > C$, $R < G + M + \alpha A + K_1$, $(\alpha + \beta) Uc < D_1$	情形4
$E7(0, 1, 1)$	$V + K_1 + K_2 + B < C$, $M + G + \alpha A < K_2 + R + L$, $D_1 < (\alpha + \beta) Uc$	情形5
$E8(1, 1, 1)$	$V + K_1 + K_2 + B > C$, $R > G + M + \alpha A + K_1$, $D_1 < (\alpha + \beta) Uc$	情形6

根据上述分析可以看出，当公众未参与到绿色创新生态系统中，仅有创新政策制定种群与创新知识研发应用种群进行绿色创新过程的双方博弈时，利益各方会根据各自收益和成本进行策略选择，很容易陷入 ｛消极作为，非绿色创新｝的困境。而公众作为博弈方加入绿色创新生态系统中后，创新知识研发应用种群选择绿色创新策略的概率受到社会公众和政策

制定种群的共同影响，系统可能的稳定点发生变化。

5.3.2　新使命导向下的系统稳定策略分析

为直观反映不同情形下系统的稳定运行轨迹，本章利用 Matlab 软件对上述演化博弈模型进行仿真分析。初始时，设定创新知识研发应用种群、创新政策制定种群与公众均有 0.5 的概率选择不同的策略。图 5 – 1 中 x、y、z 轴分别表示创新知识研发应用种群绿色创新、创新政策制定种群积极作为、公众参与绿色创新生态系统治理等的比重。分以下几种情形进行初始值设定。

情形 1：当创新知识研发应用种群进行绿色创新的收益较小、创新政策制定种群监管收益较低时，即满足 $V < C$，$K_2 + R < G + M + \alpha A$，设定（$V = 2$，$C = 10$，$K1 = 2$，$K2 = 1$，$B = 3$，$L = 5$，$R = 2$，$G = 3$，$M = 5$，$\alpha = 0.2$，$A = 3$，$\beta = 0.5$，$Uc = 5$，$D1 = 3$，$D2 = 5$）。稳态为创新知识研发应用种群非绿色创新、创新政策制定种群消极作为、公众不参与，系统演化路径如图 5 – 1（a）所示。

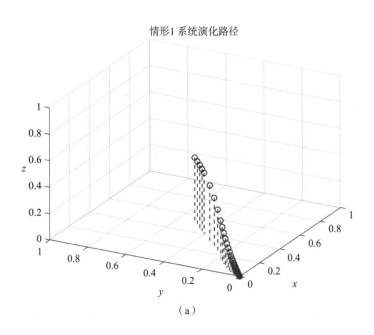

情形1 系统演化路径

（a）

情形2 系统演化路径

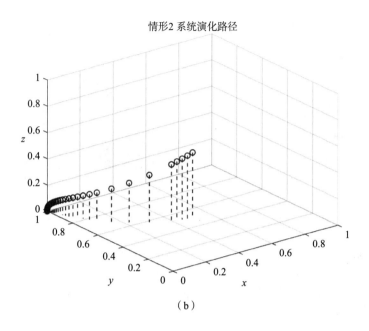

（b）

情形3 系统演化路径

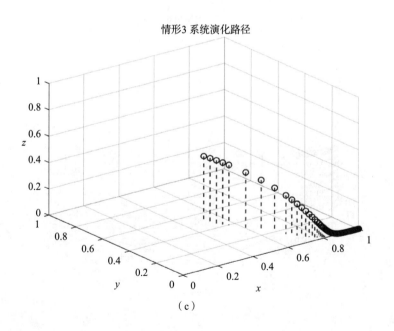

（c）

情形4 系统演化路径

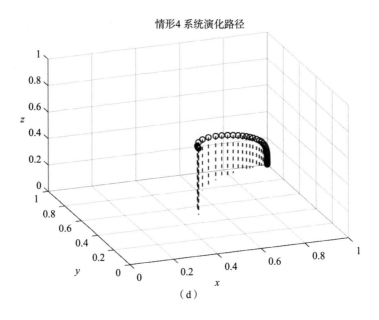

（d）

情形5 系统演化路径

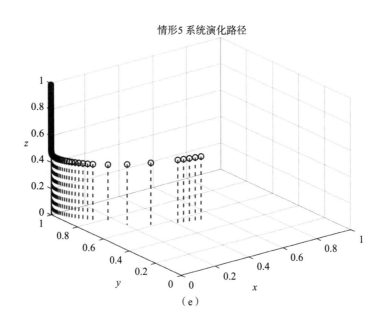

（e）

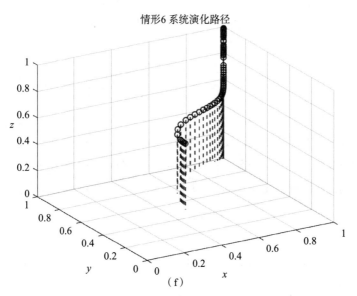

图 5 - 1　创新知识研发应用种群—创新政策制定种群—公众绿色创新演化路径

情形 2：当创新知识研发应用种群进行绿色创新的成本极高、创新政策制定种群监管成本较低、公众参与创新知识研发应用种群绿色创新的治理成本较高时，即满足 $V + K_1 + K_2 < C$，$M + G + \alpha A < K_2 + R$，$(\alpha + \beta) Uc < D_1$，设定（$V = 2$，$C = 10$，$K1 = 2$，$K2 = 3$，$B = 3$，$L = 5$，$R = 8$，$G = 3$，$M = 5$，$\alpha = 0.2$，$A = 3$，$\beta = 0.2$，$Uc = 5$，$D1 = 3$，$D2 = 5$）。稳态为创新知识研发应用种群非绿色创新、创新政策制定种群积极作为、公众不参与，系统演化路径如图 5 - 1（b）所示。

情形 3：当创新知识研发应用种群进行绿色创新的成本较低、创新政策制定种群监管收益较低时，即满足 $C < V$，$R < G + M + \alpha A + K_1$，设定（$V = 2$，$C = 1$，$K1 = 2$，$K2 = 1$，$B = 3$，$L = 5$，$R = 2$，$G = 3$，$M = 5$，$\alpha = 0.2$，$A = 3$，$\beta = 0.5$，$Uc = 5$，$D1 = 3$，$D2 = 5$）。稳态为创新知识研发应用种群绿色创新、创新政策制定种群消极作为、公众不参与，系统演化路径如图 5 - 1（c）所示。

情形 4：当创新知识研发应用种群进行绿色创新的成本较低、创新政策制定种群监管收益高、公众参与绿色创新治理的成本较高而感知到的额外效用较低时，即满足 $V + K_1 + K_2 > C$，$R < G + M + \alpha A + K_1$，$(\alpha + \beta)Uc < D_1$，设定（$V = 2$，$C = 4$，$K1 = 2$，$K2 = 3$，$B = 3$，$L = 5$，$R = 8$，$G = 1$，$M = 1$，$\alpha = 0.2$，$A = 3$，$\beta = 0.2$，$Uc = 5$，$D1 = 3$，$D2 = 5$）。稳态为创新知识研发应用种群绿色创新、创新政策制定种群积极作为、公众不参与，系统演化路径如图 5 – 1（d）所示。

情形 5：当创新知识研发应用种群进行绿色创新的成本极高、创新政策制定种群监管成本较低、公众关注绿色创新的成本较低时，即满足 $V + K_1 + K_2 + B < C$，$M + G + \alpha A < K_2 + R + L$，$D_1 < (\alpha + \beta)Uc$，设定（$V = 2$，$C = 20$，$K1 = 2$，$K2 = 3$，$B = 1$，$L = 5$，$R = 8$，$G = 1$，$M = 1$，$\alpha = 0.2$，$A = 3$，$\beta = 0.5$，$Uc = 5$，$D1 = 3$，$D2 = 5$）。稳态为创新知识研发应用种群进行非绿色创新、创新政策制定种群积极作为、公众参与，系统演化路径如图 5 – 1（e）所示。

情形 6：当创新知识研发应用种群进行绿色创新的成本较低、创新政策制定种群监管的收益较高、公众参与绿色创新治理的成本较低而感知到的额外效用较高时，即满足 $V + K_1 + K_2 + B > C$，$R > G + M + \alpha A + K_1$，$D_1 < (\alpha + \beta)Uc$，设（$V = 2$，$C = 4$，$K1 = 2$，$K2 = 3$，$B = 3$，$L = 5$，$R = 8$，$G = 1$，$M = 1$，$\alpha = 0.2$，$A = 3$，$\beta = 0.5$，$Uc = 5$，$D1 = 3$，$D2 = 5$）。稳态为创新知识研发应用种群绿色创新、创新政策制定种群积极作为、公众参与，系统演化路径如图 5 – 1（f）所示。

不难看出，创新知识研发应用种群、创新政策制定种群和公众的稳态均衡行为主要取决于其各自的成本收益，但是，在不同参数的影响强度下，系统向稳态收敛的速度可能存在差异。

面向"生态保护和高质量发展"的新使命要求，黄河流域绿色创新生态系统中各主体要素应该充分发挥自身能动性，实现系统多方协同演化，共同向绿色化方向转变。即在新使命导向下，{创新政策制定种群积极作为、公众参与、创新知识研发应用种群选择绿色创新} 是理想的黄河流域绿色创新生态系统稳定策略集。因此，本研究以情形 6 的设定作为初始状态，以观察利益相关者的初始状态及不同类型的创新政策制定种群行为和公众参与行为强度在黄河流域绿色创新生态系统协同转向过程中产生的影响。

5.3.3 基于新使命导向的系统内生演化机制

（1）不同初始状态对系统演化的影响。

各主体不同初始状态下的策略演化如图 5-2 所示。随时间的推移，创新知识研发应用种群、创新政策制定种群、公众的策略选择概率总体呈现上升之势，最终向（1，1，1）点稳定。但通过图 5-1 中不同子图可以看出，创新知识研发应用种群、创新政策制定种群和公众的不同初始状态对系统内各主体的影响不同。

观察图 5-2（a），当创新知识研发应用种群的初始绿色创新意愿较高时，公众参与创新治理的意愿在初期时呈现明显的下降趋势，但在创新政策制定种群有效作为的作用下，推动了公众参与意愿与创新知识研发应用种群绿色创新意愿的上涨；而当创新知识研发应用种群的初始绿色创新意愿较低时，公众参与创新治理的意愿显著提升，且演化速度加快，表明创新知识研发应用种群的初始绿色技术创新意愿对公众参与治理的意愿影响较大，且呈现出公众更倾向于在创新知识研发应用种群初始意愿较低时参与治理的特点。同时，创新政策制定种群也表现出类似的演化特点：创新政策制定种群积极作为的意愿在创新知识研发应用种群初始绿色创新意愿较低时增长较快，在创新知识研发应用种群初始绿色创新意愿较高时增长较慢。综合来看，较低的创新知识研发应用种群初始绿色创新意愿会引起创新政策制定种群积极作为和公众参与治理的意愿提升，在创新政策制定种群和公众的共同驱动下创新知识研发应用种群的绿色创新意愿逐渐演化至 1，整体表现为创新生态系统内创新政策制定种群—创新知识研发应用种群—公众三者的协同演化。

观察图 5-2（b），当创新政策制定种群监管的初始意愿较低时，早期公众参与的意愿大幅下降，但随后逐渐回升，相较公众参与治理的意愿随创新知识研发应用种群绿色创新初始意愿演化的差异可以看出，创新政策制定种群积极作为的初始意愿对公众参与治理的意愿影响更大，且随着创新政策制定种群监管初始意愿的上涨，公众参与的意愿随之上涨。因此，创新政策制定种群行为是促进公众参与创新治理的重要驱动力。观察图5-2（c），当公众参与的初始意愿较高时，创新知识研发应用种群绿色创新和创新政策制定种群积极作为的意愿更高，即公众的积极参与是带动创新生态系统内创新知识研发应用种群和创新政策制定种群协同发生绿色转向的重要动力来源。

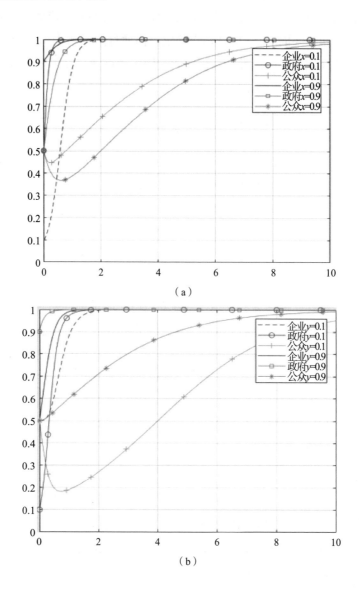

（a）

（b）

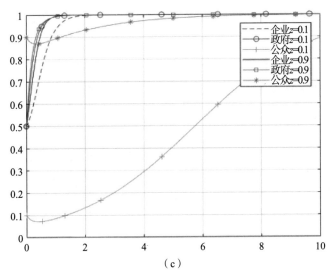

（c）

图5-2 各种群不同初始状态下的策略演化

综合来看，当创新知识研发应用种群绿色创新、创新政策制定种群积极作为和公众参与治理的初始意愿更高时，创新知识研发应用种群绿色创新意愿更高，且演化速度更快，即各种群更高的初始意愿有利于创新生态系统的绿色转向更快实现，黄河流域绿色创新生态系统的绿色转向离不开各主体要素的协同发力。

（2）不同主体行为强度对系统演化的影响。

为了细致观察各主体要素在不同参数设定情境下对系统演化所产生的具体影响，分别在控制其他参数不变的条件下调节各参数，并利用 Matlab 软件进行可视化操作，通过不同情境对比明晰其在系统演化过程中发挥的作用。

①创新知识研发应用种群行为。

在创新知识研发应用种群绿色创新的额外研发成本分别为 1 和 4 时（$V=2$，$C=1$ 和 4，$K1=2$，$K2=3$，$B=3$，$L=5$，$R=8$，$G=1$，$M=1$，$\alpha=0.2$ 或 0.5，$A=3$，$\beta=0.5$，$Uc=5$，$D1=3$，$D2=5$）进行仿真分析，发现随着创新知识研发应用种群绿色创新的额外研发成本的增加，该种群选择绿色创新的意愿明显降低，但由于满足 $V+K_1+K_2+B>C$，即创新知识研发应用种群选择绿色创新行为本身带来了额外经济收益、避免了非绿色创新时产生的罚金和声誉损失以及获得政府补贴的研发投入等共同弥补了由于绿色创新产生的额外研发成本，创新知识研发应用种群最终将选择绿色创新作为稳定策略，系统演化路径如图5－3所示。

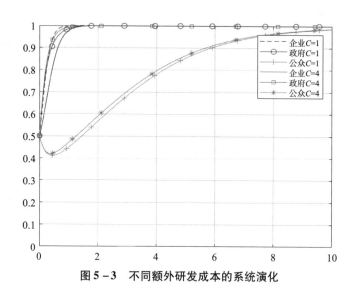

图5－3　不同额外研发成本的系统演化

在创新知识研发应用种群选择绿色创新的额外经济收益分别为2和5时（$V=2$和5，$C=4$，$K1=2$，$K2=3$，$B=3$，$L=5$，$R=8$，$G=1$，$M=1$，$\alpha=0.2$或0.5，$A=3$，$\beta=0.5$，$Uc=5$，$D1=3$，$D2=5$）进行仿真分析，发现随着绿色创新的额外经济收益的增加，该种群选择绿色技术创新的意愿明显提高，且由于绿色创新行为本身带来的额外经济收益、避免了非绿色创新时产生的罚金和声誉损失以及政府补贴的研发投入等共同弥补了由于绿色创新产生的额外研发成本，创新知识研发应用种群最终将选择绿色创新作为稳定策略，系统演化路径如图5－4所示。

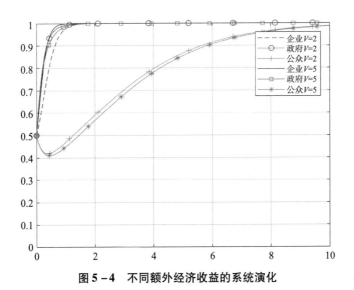

图 5 - 4　不同额外经济收益的系统演化

②创新政策制定种群行为。

在创新政策制定种群环保宣传强度分别为 0.2 和 0.5 时（$V = 2$，$C = 4$，$K1 = 2$，$K2 = 3$，$B = 3$，$L = 5$，$R = 8$，$G = 1$，$M = 1$，$\alpha = 0.2$ 或 0.5，$A = 3$，$\beta = 0.5$，$Uc = 5$，$D1 = 3$，$D2 = 5$）进行仿真分析，随时间的推移，创新知识研发应用种群、创新政策制定种群与公众均选择绿色创新、积极作为和参与治理为最终稳定策略，且随着创新政策制定种群环保宣传力度的增加，公众参与绿色创新治理的意愿明显上涨。因此，创新政策制定种群环保宣传手段促进了社会对绿色创新行为的关注度，系统演化路径如图 5 - 5 所示。

在创新政策制定种群绿色技术创新奖励分别为 2 和 5 时（$V = 2$，$C = 4$，$K1 = 2$ 和 5，$K2 = 3$，$B = 3$，$L = 5$，$R = 8$，$G = 1$，$M = 1$，$\alpha = 0.2$，$A = 3$，$\beta = 0.5$，$Uc = 5$，$D1 = 3$，$D2 = 5$）进行仿真分析，随时间的推移，创新知识研发应用种群、创新政策制定种群与公众均选择绿色创新、积极作为和参与治理为最终稳定策略，且随着创新政策制定种群绿色技术创新奖励力度的增加，创新知识研发应用种群绿色创新意愿明显上涨，但公众参与治理的意愿在一定时期内大幅下降。因此，创新政策制定种群绿色创新激励手段促进了创新知识研发应用种群的绿色技术创新行为，但对公众参与绿色创新治理的意愿有负向作用，系统演化路径如图 5 - 6 所示。

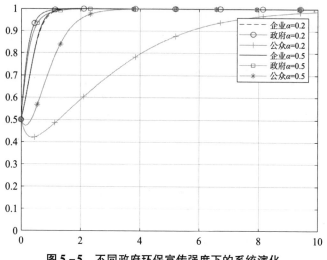

图 5 - 5　不同政府环保宣传强度下的系统演化

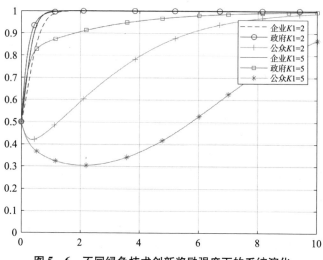

图 5 - 6　不同绿色技术创新奖励强度下的系统演化

在创新政策制定种群绿色创新罚金分别为 3 和 8 时（$V = 2$，$C = 4$，

$K1 = 2$，$K2 = 3$ 和 8，$B = 3$，$L = 5$，$R = 8$，$G = 1$，$M = 1$，$\alpha = 0.2$，$A = 3$，$\beta = 0.5$，$Uc = 5$，$D1 = 3$，$D2 = 5$）进行仿真分析，随着环境管制强度的加深，创新知识研发应用种群选择绿色技术创新行为的意愿明显增强，且公众参与绿色创新治理的意愿也同时增强，反映出有力的环境监管制度可以同时约束创新生态系统内各主体的绿色转向。总而言之，环境管制对创新生态系统的绿色转向有促进作用，系统演化路径如图 5 - 7 所示。

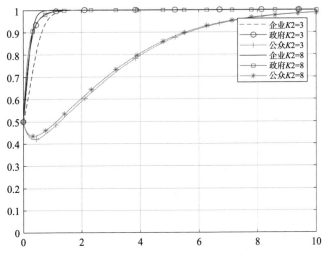

图 5 - 7　不同环境管制强度下的系统演化

③公众行为。

从两方博弈模型和三方博弈模型的对比中不难看出，当公众未参与到绿色创新生态系统中，仅有创新政策制定种群与创新知识研发应用种群进行绿色创新过程的双方博弈时，利益各方会根据各自收益和成本进行策略选择，很容易陷入｛消极作为，非绿色创新｝的困境。而公众作为博弈方加入绿色创新生态系统中后，创新知识研发应用种群选择绿色创新策略的概率随着公众参与初始意愿的提升而提升，并且声誉机制也对创新知识研发应用种群的绿色创新行为产生了倒逼作用。可见，公众参与是黄河流域绿色创新生态系统协同转向的重要补充动力。

具体观察公众参与对系统绿色转向过程的影响，在非绿色创新声誉损失分别为 3 和 8 时（$V=2$，$C=4$，$K1=2$，$K2=3$，$B=3$ 和 8，$L=5$，$R=8$，$G=1$，$M=1$，$\alpha=0.2$，$A=3$，$\beta=0.5$，$Uc=5$，$D1=3$，$D2=5$）进行仿真分析，随着非绿色创新声誉损失的增加，创新知识研发应用种群选择绿色技术创新行为的意愿明显增强，即在声誉机制的作用下，公众对绿色创新行为的偏好对绿色技术创新选择有倒逼作用，更有利于系统向绿色化方向转变，系统演化路径如图 5 - 8 所示。

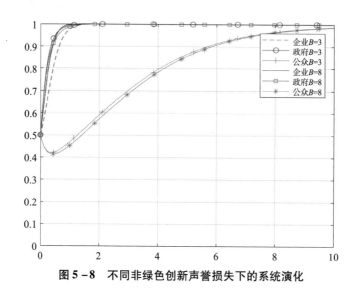

图 5 - 8　不同非绿色创新声誉损失下的系统演化

5.4　本章小结

如何能使黄河流域创新生态系统更快、更好地发生绿色转向，实现黄河流域绿色创新生态系统的协同转向，这一过程与系统中各主体要素在共同价值主张下的协同共演密切相关。因此，本章从黄河流域绿色创新生态系统要素层入手，利用建模、仿真方法剖析使系统发生绿色转向的关键机制。研究发现，面向"生态保护和高质量发展"的新使命要求，黄河流域绿色创新生态系统中各要素主体的不同初始状态和行为强度都是导致系统的演进方向与演化速度发生变化的关键因素。首先，各主体要素更高的初始意愿均有利于系统的绿色转向更快实现，主体要素应该充分发挥自身能动性，实现系统多方协同演化，共同向绿色化方向转变。其次，黄河流域绿色创新生态系统中不同主体要素差异化的行为强度都会导致系统演进路径发生改变，当创新知识研发应用种群选择绿色创新的额外研发成本越低、额外收益越高，创新政策制定种群在绿色创新激励、环保宣传和非绿色创新惩罚方面的强度越大，公众参与到系统中且声誉机制强度越大（即在创新知识研发应用种群选择非绿色创新时声誉受损严重）时，更有利于实现黄河流域绿色创新生态系统的协同转向。以上研究结论对实现由黄河流域创新生态系统向黄河流域绿色创新生态系统的转变具有一定实践价值，同时也表明系统整体演进方向发生转变离不开各主体要素之间的协同作用。沿着这一逻辑，后续章节将进一步揭示黄河流域绿色创新生态系统的协同演进规律、作用路径或驱动因素。

第6章

黄河流域绿色创新生态系统
要素间协同演化机制分析

面向黄河流域生态保护和高质量发展的新使命要求，绿色创新生态系统是关键支撑，同时绿色创新生态系统要素间协同是系统重要的内在驱动力。新使命导向下，黄河流域九省份作为绿色创新生态共同体，基于共同的价值主张推进绿色创新生态系统建设，构建能持续驱动黄河流域高质量发展的协同高效的绿色创新生态系统，成为黄河流域应对复杂创新问题的范式。黄河流域绿色创新生态系统参与主体的协同水平是系统创新活力和创新绩效的重要影响因素。本章基于4.3节的黄河流域绿色创新生态系统多维协同机制，构建黄河流域绿色创新生态系统发展的评价指标体系，重点从要素之间的协同演化机制来考察黄河流域绿色创新生态系统协同演化特征，并运用模糊集定性比较分析方法（fsQCA），探析黄河流域绿色创新生态系统协同演化的路径，为促进绿色创新生态系统协同发展寻找发力点和优化路径。

6.1 黄河流域绿色创新生态系统
发展评价指标体系构建

黄河流域绿色创新生态系统的构成要素及其本质特征是评判系统整体

发展状况的重要依据。根据 5.1 节分析，将创新知识研发种群和创新知识应用种群合并为创新知识研发应用种群，与创新政策制定种群、社会公众、自然环境等共同作为准则层，构建的黄河流域绿色创新生态系统发展评价指标体系如表 6-1 所示。

表 6-1 绿色创新生态系统发展水平评价指标体系

准则层	指标层	指标解释	单位	方向
创新知识研发应用种群[a]	研发人员	每万人 R&D 人员数量	人	+
	高校教师	每万人普通高校专任教师数	人	+
	工业企业	每万人规模以上工业企业数	个	+
	绿色发明授权专利占比	绿色发明专利授权量占发明专利总授权量的比值	%	+
	绿色实用新型授权专利占比	绿色实用新型专利授权量占实用新型专利总授权量的比值	%	+
	环保支撑	环境业从业人员数占从业人员总数的比值	%	+
创新政策制定种群	科教支持	政府科学教育支出占财政支出的比值	%	+
	绿色支持	政府工作报告环保词频	次	+
	知识服务	人均公共图书馆藏书	册	+
社会公众	绿色关注	百度指数环保关键词	次	+
	网络普及	国际互联网用户数占总人口数的比值	%	+
	电信普及	移动电话用户数占总人口数的比值	人	+
	人口流动	客运总量占总人口数的比值	人	+
自然环境	水环境	污水处理厂集中处理率	%	+
	大气环境	可吸入细颗粒物年平均浓度	微克/立方米	−
	土壤环境	工业固体废物综合利用率	%	+

注：考虑到创新实践中，黄河流域绿色创新生态系统五大要素中的创新知识研发种群和创新知识应用种群作为创新生态系统的核心种群，推动知识生产到知识商业化过程耦合，具有知识协同的共同指向性（石琳娜和陈劲，2023），共同位于整个系统核心层，因此将创新知识研发种群和创新知识应用种群合并为创新知识研发应用种群进行讨论。

（1）创新知识研发应用种群。创新知识研发应用种群是由知识研发种群和知识应用种群两大种群综合构成。其中，知识研发种群以大学、研究机构为代表，知识应用种群以产业界为核心。大学在绿色创新生态系统不同发展阶段发挥着不同的作用，研究型大学可以通过"价值主张—匹配行动—吸引成员—协调结构"的模式促进生态系统成员链接和关系适配，进而推动创新生态系统演化（袁婷等，2022）。研究机构、科研院所等科研组织是创新生态系统中科研创新成果和科技创新人才的主要提供者（刘畅和李建华，2019），采用每万人 R&D 人员、每万人普通高校专任教师数作为学研发展的评价指标；企业是科技创新的主体，产业是企业的总和。创新是生产要素的重新组合，这一过程通常只能通过市场激励的企业来完成（胡曙虹等，2016）。本章采用工业规模以上企业数作为产业的衡量指标；绿色创新活动要以绿色创新产出为目标，采用绿色发明授权专利占比和绿色实用新型授权专利占比作为绿色创新发展的衡量指标；工业是国民经济中主要的资源消耗者和污染排放者，同时也应该是绿色发展和绿色创新的主体（闫莹等，2020），本章参考王贤彬和钟夏洋的研究，将水利、环境和公共基础设施行业的从业人员数表征环境业从业人员数，以环境从业人员数与就业人员总数的比值作为产业参与环保支撑的测度指标（王贤彬和钟夏洋，2022）。

（2）创新政策制定种群。政府是创新主体种群的关键行为者，通过政策的制定和落实、基础设施的完善等手段对绿色创新生态系统提供创新支持。第一，政府可以提供政策支撑，政府在创新生态系统中的工作主题主要是塑造各创新主体间的相互关系（方卫华，2003），政府支持区域创新的具体方式主要是通过"直接"或者"间接"的创新政策来确保产业、大学之间稳定的交流和相互作用，其最终目的是营造一个更为合适的创新环境（胡曙虹等，2016），资金支持是政策支持的集中体现，可以直观反映政策支持的力度。第二，政府可以完善相应基础设施和建设创新平台进一步促进绿色创新生态系统的发展。因此，选择政府科教支持、绿色支持、人均公共图书馆藏书等指标来体现政府在绿色创新中的作用。第三，注意力代表着政府决策者对特定事务的关注，同样也是一种稀缺资源（王印红和李萌竹，2017），绿色关注度可以反映政府对绿色和环保的关注情况，政府工作报告是政府舆论导向的体现，因此，借鉴邓慧慧和杨露鑫（2019）的研究方法，本章选择政府工作报告中的环保词频数据来衡量政府对绿色的关注度，作为政府绿色支持的衡量指标。

（3）社会公众。社会公众要素的纳入是黄河流域绿色创新生态系统构建的逻辑基点。在生态保护和高质量发展新使命驱动下，应对社会重大挑战、追求社会公众利益是构建黄河流域绿色创新生态系统的核心目标。公众既是绿色创新意识的主要来源者，也是绿色创新产品的重要消费者，在很大程度上决定着系统演化的方向。公众生活品质的提高可以增加公众对绿色环境和绿色创新的需求，绿色创新环境的完善也会促进公众在环境治理博弈中扮演着重要的角色，公众环保诉求理论上影响中央政府、地方政府和企业的环保策略（吴力波等，2022）。因此，本章借鉴吴力波（2022）的做法，选择相关词汇的百度搜索指数作为公众环境关注度的指标。除此以外，使用网络和电信普及程度以及人口流动来表征系统中公众的开放特征。

（4）自然环境。创新生态系统的发展依赖其所处的自然环境，创新生态系统的建设要体现社会资源和自然资源综合高效利用、适应社会环境发展的原则（周全等，2022）。结合黄河流域发展特点，选择污水处理厂集中处理率、可吸入细颗粒物年平均浓度、工业固体废物综合利用率分别作为水环境、大气环境和土壤环境的测度指标。

6.2 黄河流域绿色创新生态系统要素间协同演化趋势分析

黄河流域绿色创新生态系统由多要素组成并受要素单独和合力影响，从要素角度衡量协同演化是基于系统中多主体参与协同和价值共创，其有序分工和同向发力能推动绿色创新生态系统的协同演化。我国区域创新体系主要基于行政区划（贾蓉和柳卸林，2006），在省份治理模式下推动的绿色创新生态系统发展与各省份政策导向相关且具有显著的省份差异，因此，本章以黄河流域九省份为样本数据采集单元，具体分析和考察 2011~2020 年黄河流域创新知识研发应用种群、创新政策制定种群、社会公众、自然环境四个组成要素在本地是否发生协同演化，衡量不同空间尺度下的要素协同水平和空间分布特征，为进一步推动黄河流域绿色创新生态系统要素的协同发展提供发力点。

6.2.1 测度方法和数据处理

耦合度用来描述两个或两个以上系统或要素之间相互作用，进而达至协同的现象，耦合协调模型则是建立在耦合度概念的基础上，用来描述各系统或要素间相互影响、协调一致的程度，能够反映其发展演进，既体现出系统或要素间相互关联程度的强弱，又反映了协调情况的好坏（程慧等，2019）。基于耦合协调模型的优势，本章选用耦合协调模型，以黄河流域全流域、上中下游流域段、九省（区）三个不同空间尺度为研究对象，探究黄河流域绿色创新生态系统各要素的协同演化规律及状态。

（1）耦合协调度模型构建。

根据刘耀彬等（2005）对耦合度模型表达形式的阐释，结合黄河流域绿色创新生态系统包含的要素数量，构建耦合度的计算公式为：

$$C = 4 \frac{\sqrt[4]{U_1 \cdot U_2 \cdot U_3 \cdot U_4}}{U_1 + U_2 + U_3 + U_4} \tag{6.1}$$

其中，C 为要素耦合度，当 $C=1$ 时，耦合度最大，系统间或系统内部要素间达到良性共振耦合，系统趋向新的有序结构；当 $C=0$ 时，耦合度极小，系统间或系统内部要素间处于无关状态，系统向无序发展。U_1、U_2、U_3、U_4 分别代表创新知识研发应用种群、创新政策制定种群、社会公众、自然环境四个要素综合值，体现要素发展水平，U_1、U_2、U_3、U_4 由熵权法计算得到，计算步骤如下：

由于所选各项评价指标原始数据的单位与量纲不同，无法直接对比，需要对原始数据进行标准化处理。采用极差标准化法，公式如下：

$$\text{正向指标：} X'_{ij} = \frac{X_{ij} - \min_j}{\max_j - \min_j}$$

$$\text{负向指标：} X'_{ij} = \frac{\max_j - X_{ij}}{\max_j - \min_j} \tag{6.2}$$

其中，$\max_j$ 和 $\min_j$ 分别为第 j 项指标的最大值的 1.01 倍和最小值的 0.99 倍，以避免出现 0 和 1 的极限状况。X_{ij} 和 X'_{ij} 分别是评价指标的原始值和标准值。

$$P_{ij} = \frac{X'_{ij}}{\sum_{i=1}^{n} X'_{ij}} \tag{6.3}$$

其中，P_{ij} 表示 X'_{ij} 在第 j 项指标当中的权重，n 为样本个数。

$$e_j = -k \sum_{i=1}^{n} P_{ij} \ln P_{ij} \tag{6.4}$$

其中，$k = \frac{1}{\ln n}$ 为调节系数，当系统完全无序时，信息分布均匀，此时有序度为 0，熵值 e_j 最大。接着利用熵值 e_j 来计算要素协调性评价指标的效用价值，效用价值越高，其对评价结果的贡献越大。

$$W_j = \frac{1 - e_j}{\sum_{j=1}^{m} 1 - e_j} \tag{6.5}$$

其中，W_j 为指标 j 在该要素指标体系中的权重，m 为指标个数。

耦合协调度衡量的是多个要素之间发展是否协调以及协调的程度，其模型形式为：

$$D = \sqrt{C \cdot T} \tag{6.6}$$

其中，D 为耦合协调度，D 越高，要素间的耦合协调程度越高。T 为要素综合发展度，反映了不同要素发展对协调度的贡献，依据熵权法对权重进行赋值，设定 $T = 0.179U_1 + 0.293U_2 + 0.343U_3 + 0.185U_4$，同时参考吴玉鸣和张燕（2008）、盛彦文和马延吉（2017）等学者的研究对耦合协调类型进行划分，如表 6-2 所示。

表 6 - 2 耦合协调度类型划分

耦合协调度	耦合协调类型
[0, 0.3]	低度耦合协调
(0.3, 0.5]	中度耦合协调
(0.5, 0.8]	高度耦合协调
(0.8, 1.0]	极度耦合协调

资料来源：吴玉鸣，张燕．中国区域经济增长与环境的耦合协调发展研究［J］．资源科学，2008，30（1）：25-30．

盛彦文，马延吉．区域产学研创新系统耦合协调度评价及影响因素［J］．经济地理，2017，37（11）：10-18，36．

（2）变量与数据处理。

本章依据表 6-1 绿色创新生态系统发展评价指标体系，选取 2011～2020 年作为研究窗口期，以黄河流域九省份作为分析绿色创新生态系统要素协同的对象。相关指标数据主要来源于 2012～2021 年《中国科技统计年鉴》《中国城市统计年鉴》及相应省份统计年鉴等，特别地，衡量绿色发明授权专利占比及绿色实用新型授权专利占比涉及的相关指标来源于 CNRDS 绿色专利研究数据库，衡量绿色支持和绿色关注的相关指标分别来自地方政府工作报告及百度指数网站。此外，绿色专利、污水处理厂集中处理率、可吸入细颗粒物年平均浓度、工业固体废物综合利用率只有城市数据，通过加总得到省份数据，部分缺失数据通过线性插值法得到。表 6-3 为变量的描述性统计结果，绿色关注的标准差最高，达到 189.527，最大值和最小值的差距极大，说明各地区公众环境关注度逐渐提高，同时反映出该指标省际发展极不平衡，且各省在 2013 年的增长率较高，可能是由于"加快资源节约型、环境友好型社会建设"的提出提高了公众环境关注度。从要素角度来看，水环境、大气环境、土壤环境三个指标的标准差偏大，这说明省际自然环境要素的发展水平存在一定差距，更凸显了在推进黄河流域绿色创新生态系统建设中加强绿色创新的迫切性。

表6-3 变量的描述性统计

变量	样本量	标准差	平均值	最大值	最小值
研发人员	90	12.034	27.344	52.200	11.570
高校教师	90	2.591	11.095	18.560	6.480
工业企业	90	0.867	1.665	4.200	0.540
绿色发明授权专利占比	90	0.007	0.018	0.030	0.008
绿色实用新型授权专利占比	90	0.022	0.109	0.170	0.050
环保支撑	90	0.006	0.020	0.030	0.010
科教支持	90	0.034	0.173	0.240	0.110
绿色支持	90	19.333	56.033	124.000	24.000
知识服务	90	0.216	0.564	1.110	0.230
绿色关注	90	189.527	276.647	698.280	19.190
网络普及	90	0.084	0.192	0.380	0.050
电信普及	90	0.162	0.956	1.260	0.540
人口流动	90	6.888	13.180	34.337	2.714
水环境	90	11.176	87.058	99.601	58.230
大气环境	90	18.536	56.884	110.255	26.080
土壤环境	90	16.469	74.432	99.556	38.256

资料来源：根据2012~2021年《中国科技统计年鉴》《中国城市统计年鉴》及相应省份统计年鉴整理计算。

6.2.2 不同空间尺度要素协同水平比较

（1）全流域要素协同水平逐年增长但增幅放缓。

依据耦合协调度模型（6.1），计算得到2011~2020年黄河流域绿色创新生态系统要素耦合协调度，如图6-1所示。由图可知，从协同水平来看，研究期内黄河流域绿色创新生态系统耦合协调度从2011年的0.2411增加至2020年的0.3791，整体呈上升态势；要素协同水平的发展以 2014 年为节点分为两个阶段，2011~2013 年处于低度耦合协调状态，2014~2020 年处于中度耦合协调状态，耦合协调度逐渐提升；研究期内各年耦合协调度均低于 0.4，总体上仍处于较低水平。从增速来看，2011~2016 年要素协同水平增长较快，平均增速为 8.71%，2017~2020 年增速放缓，平均增速为 1.01%，可见耦合协同水平的增速具有明显的阶段性特征。

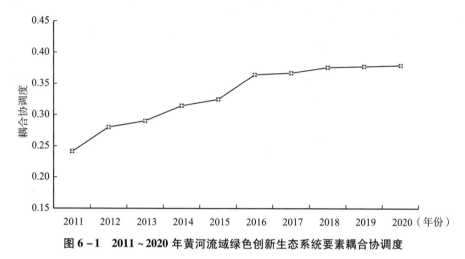

图 6-1　2011~2020 年黄河流域绿色创新生态系统要素耦合协调度

资料来源：根据 2012~2021 年《中国科技统计年鉴》《中国城市统计年鉴》及相应省份统计年鉴整理计算。

　　如图 6-2 所示，从各要素的发展水平来看，创新知识研发应用种群的发展水平从 2017 年开始增速显著下降并在 2018 年出现负增长，创新政策制定种群要素的发展水平在 2017 年出现负增长，社会公众发展水平从 2016 年开始增速逐渐下降，这些要素发展水平的下降和增速放缓使得全流域要素耦合协同水平在 2017 年开始显著放缓。结合各项指标来看，每万人规上企业数由 2011 年的 1.9698 逐年增长到 2015 年的 2.3102，在 2015 年达到最大值并开始逐渐下降，在 2020 年降低为 1.997；政府工作报告环保词频在 2017 年出现小幅下降，且到 2020 年波动变化明显，期间增幅较低；绿色发明授权专利占比在 2011~2016 年呈波动上升态势，后从 2016

年的 0.0209 波动下降至 2019 年的 0.0167；人口流动持续减少，由 2011 年的 23.6400 逐年降至 2020 年的 5.608，这些可能会抑制相应要素水平的提高。

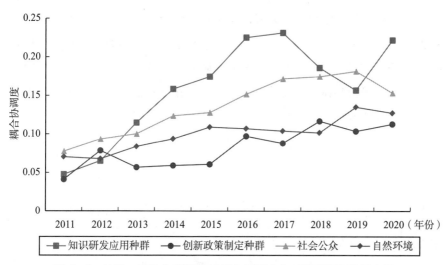

图 6 - 2　2011 ~ 2020 年黄河流域绿色创新生态系统四要素发展水平

资料来源：根据 2012 ~ 2021 年《中国科技统计年鉴》《中国城市统计年鉴》及相应省份统计年鉴整理计算。

（2）上中下游要素协同水平流域差异明显。

依据耦合协调度模型（6.1）计算得到 2011 ~ 2020 年黄河流域绿色创新生态系统上中下游要素耦合协调度，结果如图 6 - 3 所示。从整体来看，2011 ~ 2020 年各流域要素耦合协调水平整体呈上升态势，上游、中游、下游的要素耦合协调度均值分别为 0.3223、0.3180、0.3054，呈现出"上游 > 中游 > 下游"的流域差异特征，可能是由于上游地区生态环境的脆弱性驱使上游地区对自然环境绿色关注度高于其他流域。从增速来看，上游地区要素耦合协调度从 2011 年的 0.2398 持续增长至 2019 年的 0.3819，在 2020 年有所下降，主要是由于创新政策制定种群和社会公众两类要素水平的下降，具体表现为科教支持、绿色关注和人口流动指标的下降；中游地区要素耦合协调度除 2012 年、2015 年和 2018 年有小幅下降外，其余年份均处于增长态势，主要是由于知识研发应用种群和创新政策制定种群要素水平下降，结合原始数据看，政府科学教育支出与财政支出的比值在2021年下降了15.79，每万人 R&D 人员数量在2015年和2018年分别下降了7.43、5.40；下游地区要素耦合协调度在2012、2015年有小幅下降，主要是创新政策制定种群要素发展水平的下降所致，表现为政府工作报告环保词频在2012年下降了28.16，政府科学教育支出与财政支出的比值在2015年下降了21.62%。可见，黄河流域上中下游地区要素协同水平除个别年份外均保持整体上升态势，并呈现"上游＞中游＞下游"的流域差异特征，且导致差异的原因与地区要素发展水平相关。

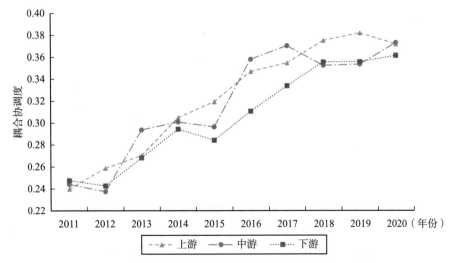

图 6－3　2011～2020 年黄河流域上中下游绿色创新生态系统要素耦合协调度

资料来源：根据 2012～2021 年《中国科技统计年鉴》《中国城市统计年鉴》及相应省份统计年鉴整理计算。

（3）省域要素协同水平发展不均衡。

依据耦合协调度模型（6.1）计算得到 2011～2020 年黄河流域绿色创新生态系统九省份要素耦合协调度，为了突出研究期间省域要素耦合协调水平的时空演变特征，重点选择 2011 年、2015 年和 2020 年数据并利用 ArcGIS 相同间隔法进行可视化表达。

研究期内，黄河流域九省份绿色创新生态系统要素耦合协调水平整体呈增长态势。从要素协同水平来看，2011年黄河流域九省份绿色创新生态系统要素禀赋水平总体偏低，均低于0.30，处于低度耦合协调状态，其中，超过0.25的仅有山东、宁夏、陕西、四川；2015年要素耦合协调水平有所提升，除甘肃、陕西、河南、山东外，要素耦合协调度均超过了0.30，由低度耦合转变为中度耦合；2020年要素耦合协调水平有了明显提升，所有省份的耦合协调度均超过0.30，均处于中度耦合协调状态，除内蒙古和青海外，黄河流域所有省份的要素耦合协调水平超过了0.36，特别是甘肃超过了0.40，创新政策制定种群、社会公众和自然环境的要素发展水平在九省份中居于最高，是造成甘肃绿色创新生态系统耦合协调度2020年较高的原因，具体表现为其政府工作报告环保词频为89，远高于全流域平均水平56.78；国际互联网用户数与人口数的比值为0.36%，居于九省份最高；可吸入细颗粒物年平均浓度为26.08微克/立方米，比全流域水平低46.24微克/立方米。结合现实原因来看，可能是甘肃省全力推动生态文明建设工作取得了显著成效，据有关资料，甘肃省水利厅已完成黄河流域4个水系36条重要干支流8大类22小类入河排污口排查工作；生态环境部门深入治理工业、燃煤、机动车、扬尘"四类污染源"，全面开展"散乱污"企业综合整治、工业窑炉综合治理、柴油货车污染治理攻坚、大气污染"冬防"攻坚"四大行动"；土地管理部门重点推进土壤污染治理与修复技术应用试点项目，实施全省地下水基础环境状况调查评估和地下水环境监管能力建设项目[1]，为甘肃绿色创新生态系统的发展提供良好的生态环境。从增长率来看，山东、陕西、宁夏由于基础水平较高，增长率略低外，其他省份的增长率均在55%以上，特别是河南省超过了80%，主要原因在于，2020年河南绿色关注度是2011年的2倍之多，公众对绿色创新的需求持续增高，且2020年河南科学技术财政支出比例接近十年前的2倍，充分调动了参与主体绿色创新的积极性。

---

[1] 甘肃日报. 擦亮绿色发展底色——甘肃全力推动生态文明建设工作纪实 [EB/OL]. 每日甘肃，https：//baijiahao. baidu. com/s? id = 1689427917527368065&wfr = spider&for = pc.

6.2.3　要素间协同水平时空演进特征分析

通过对黄河流域不同空间尺度要素协同水平的测算和比较可知要素协同水平存在一定的空间非均衡性，为了揭示区域差距大小及其来源，按照上中下游的空间尺度划分标准，采用 Dagum 基尼系数及其分解方法进行探究。同时，为了更好地体现黄河流域及上中下游要素协同水平绝对差异的分布动态及演进规律，利用 Kernel 核密度估计的方法分析要素协同水平在黄河流域以及上、中、下游区域内分布的位置、态势、延展性以及极化趋势。随机变量 X 的核密度函数为：

$$f(x) = \frac{1}{Nh} \sum_{i=1}^{N} K\left(\frac{X_i - x}{h}\right) \qquad (6.7)$$

其中，N 为观测值的个数，X_i 代表各省份要素耦合协调水平值，x 为均值，$K(\cdot)$ 为核密度函数，h 为带宽，带宽越小，估计的精确度较高。运用高斯核密度函数对黄河流域及上、中、下游要素协同水平的分布动态演进进行估计，高斯核密度函数为：

$$K(x) = \frac{1}{\sqrt{2\pi}} \exp\left(-\frac{x^2}{2}\right) \qquad (6.8)$$

（1）黄河流域要素协同水平的区域差异不断缩小。

通过 Dagum 基尼系数计算得到黄河流域要素协同水平的总体及上、中、下游差异（见图 6-4）。由图可知，研究期内黄河流域要素协同水平的总体和区域内基尼系数数值均低于 0.1，且都呈波动下降趋势，说明黄河流域要素协同水平各区域发展趋于均衡且区域内差异不断缩小。分区域来看，基尼系数均值呈现出"总体 > 上游 > 中游 > 下游"的分布特征，上游地区区域内基尼系数呈现先上升后下降的变化态势，由 2011 年的 0.0627 上升到 2014 年的 0.0828 并达到最高值，随后逐渐下降至 2020 年的 0.0389；中游地区波动幅度较大，2012 年和 2018 年出现峰值，2016 年和 2020 年出现低谷值；下游地区波动幅度较小，从 2011 年的 0.0899 下降到 2020 年 0.0086。

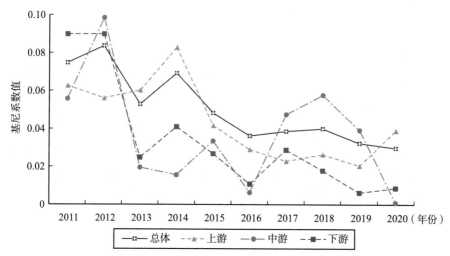

图 6 – 4　2011 ~ 2020 年黄河流域要素协同水平的总体差异及区域内差异

资料来源：根据 2012 ~ 2021 年《中国科技统计年鉴》《中国城市统计年鉴》及相应省份统计年鉴整理计算。

　　黄河流域要素协同水平的地区差距不仅表现在地区内部，还存在于地区与地区之间，图 6 – 5 分析了上、中、下游区域两两之间的地区差距及动态变化。研究期内各区域之间的差异均呈波动下降趋势且数值均低于 0.1，可能随着对黄河流域生态保护和高质量发展的重视，上、中、下游分别依据地理位置、资源禀赋、优势产业等制定相应的发展规划，使得区域之间差异小幅下降。以 2011 年为基期，上—中、上—下和中—下区域间差异的下降幅度分别为 – 54.91、– 63.65 和 – 82.18，上游与其他区域的差距下降幅度小，可能由于上游地区地处西部偏远地区，资金、技术等资源有限，经济实力较弱且发展缓慢，使得提质增效进程不太理想，与其他省域存在一定差距。上—中、上—下和中—下的基尼系数均值分别为 0.0560、0.0571、0.0565，数值比较相近，可见黄河流域要素协同水平的上、中、下游间差异比较稳定，一定程度上表明了区域间要素协同水平整体呈现相对协调、均衡的发展态势。

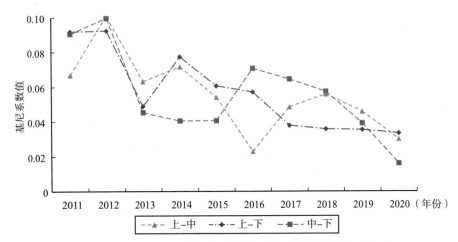

图 6 – 5　2011～2020 年黄河流域要素协同水平的流域段间差异

资料来源：根据 2012～2021 年《中国科技统计年鉴》《中国城市统计年鉴》及相应省份统计年鉴整理计算。

图 6 – 6 描述了黄河流域要素协同水平差异的来源及贡献率，由图可知，地区间的贡献率从 2011 年的 9.07 开始先波动上升，到 2016 年达到最大值 66.14 后逐渐波动下降至 2020 年的 18.58；地区内的贡献率处于 26.75～42.09，比较稳定；超变密度的贡献率变动趋势与地区间的变动趋势相反，先下降后上升。总体上地区间差异贡献率最大，地区内次之，超变密度的贡献率最小，但三者贡献率的均值差距在 3 以内，说明地区间差异虽然是黄河流域要素协同水平总体差异的主要来源，地区内和超变密度的差异贡献率也不容忽视。

（2）黄河流域要素协同水平地区极化特征减弱。

依据 Kernel 密度估计函数式（6.7）得到黄河流域要素协同水平的动态分布，见图 6 – 7。首先，从分布的位置来看，全流域及上、中、下游分布的中心整体向右偏移，这意味着黄河流域各地区的绿色创新生态系统要素协同水平逐渐提高，但演变速度较为缓慢。其次，从峰值的特征来看，全流域及上、中、下游要素协同水平分布的峰值在样本期内呈现上升的趋势，波峰的形状逐渐收窄，从宽峰变为尖峰，说明各地区要素协同水平差距在缩小，特别是中游地区，山西和陕西 2020 年的要素协同水平均分别为 0.3739 和 0.3725，差距仅有 0.0014。再次，从波峰数量来看，全流域和上游地区的核密度曲线走势较为一致，呈"单峰—多峰—单峰"的变化趋势，说明全流域和上游地区出现了两极分化现象并逐渐减弱。中游地区和下游地区的核密度曲线呈现单峰分布，说明这两个地区的要素协同水平不存在明显的极化特征。具体来看，上游地区 2011～2016 年从刚开始只存在一个主峰变成存在主侧峰且主峰和侧峰落差变大，特别是 2016 多峰形态明显，具有明显的多极分化现象，2016～2020 年多峰向单峰过渡，说明两极分化现象在减弱。中游和下游极化特征不明显的原因，一方面可能是区域内部省份的要素协同水平不断趋近，另一方面可能由于中游和下游地区都仅有两个省份的数据，较难衡量极化现象。经过中游和下游地区的中和，黄河流域整体的要素协同水平极化现象得到一定程度缓解，表现为全流域的侧峰比上游地区侧峰更为平缓。最后，从分布形态来看，核密度曲线拖尾特征不明显，说明省份间要素协同水平较为均衡。综上所述，黄河流域绿色创新生态系统要素协同水平增速较缓且省份间的差距不断缩小。

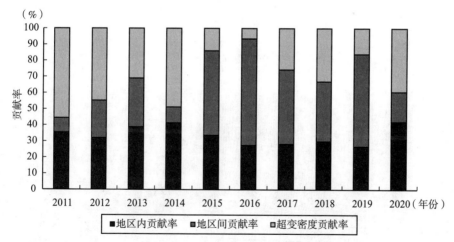

图 6 - 6　2011～2020 年黄河流域要素协同水平差异来源

资料来源：根据 2012～2021 年《中国科技统计年鉴》《中国城市统计年鉴》及相应省份统计年鉴整理计算。

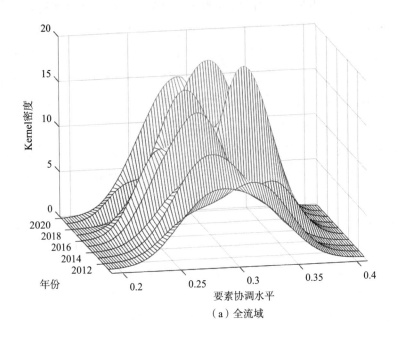

（a）全流域

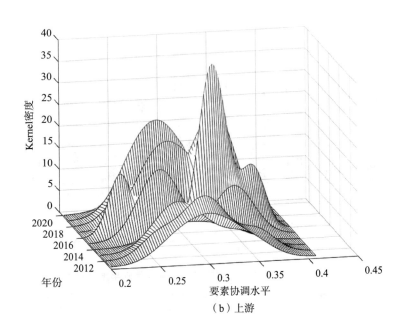

（b）上游

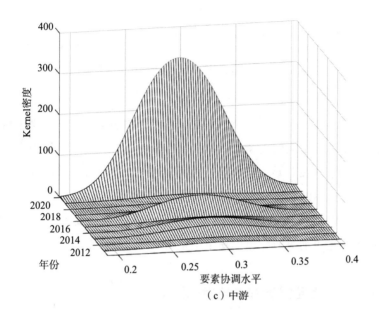

（c）中游

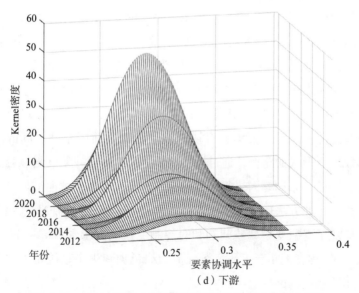

（d）下游

图 6-7 2011~2020 年黄河流域要素协同水平核密度估计

6.3 黄河流域绿色创新生态系统要素间协同演化的组态路径分析

在协同演化过程中，系统内部要素主体需要根据资源与环境进行自我优化与调整，但不同的创新要素所占有的创新资源以及创新资源在各主体间的配置效率存在差异，因此基于黄河流域九省份的要素耦合协调水平，从要素层面揭示绿色创新生态系统要素协同机制，识别其中的关键因素，探究什么样的路径有利于黄河流域绿色创新生态系统要素协同关系的优化，对于推进黄河流域绿色创新生态系统发展具有重要意义。

6.3.1 路径探析方法与指标选取

（1）模糊集定性比较分析方法。

定性比较分析方法（QCA）展示了关于论证的因果条件的所有逻辑上可能的组合（Ragin，2008）。基于布尔代数，QCA 可以检查复杂且存在非线性关系的元素之间的整体相互作用，其发展的组态概念可以用来解释多种原因与结果之间的关系。本章采用 QCA 方法中的模糊集定性比较分析方法（fsQCA）开展研究，原因如下：第一，对黄河流域九省份进行比较，系统地分析出导致要素耦合协调结果出现的前因条件之间的互动关系，形成组态形式的路径，通过反映变量之间的多重并发机制（杜运周和贾良定，2017）来回答因果复杂性问题；第二，本章以黄河流域九省份作为研究样本，此方法适合中小样本数据的研究；第三，fsQCA 采用了布尔代数，避免了遗漏变量偏差问题和对控制变量的要求（Fainshmidt et al.，2020），一定程度上拓展了研究黄河流域绿色创新生态系统要素耦合协同水平作用路径结构的普适性。

（2）前因条件选取及数据来源。

前文的论述表明在黄河流域绿色创新生态系统中，不仅需要开展基础研究和从事产品研发的知识研发应用种群，还需要提供政策支持的创新政策制定种群。同时，随着用户导向思想的不断深入，企业和用户通过关联互动开展价值共创成为创新知识产生的另一渠道，社会公众成为绿色创新生态系统的关键要素。此外，自然环境作为创新资源的重要提供方和约束者，也是绿色创新生态系统的重要元素。绿色创新生态系统是各要素应对环境变化、对抗外部扰动的过程，系统内部各要素的行为会对要素耦合状态产生影响，是推动要素协同水平演变的重要驱动力。本小节基于黄河流域绿色创新生态系统，更加强调创新过程的全面和要素的多元协同，聚焦要素本身，提出学研支持、企业支持、公众支持、政府支持和生态支持五个前因变量，探索要素内部多元组合对黄河流域绿色创新生态系统要素耦合协调水平的影响，寻找有效的提升要素协同水平的路径。

对于学研支持和企业支持，大多学者对其创新支持活动的理解主要从人力、物力、财力三方面进行（李晓娣和张小燕，2019；武翠和谭清美，2021），创新投入是持续创新的前提，其中人力资源是重要的智力资本，物力资源为创新活动提供场所与基础设施，财力资源则为人力、物力提供保障。考虑指标的代表性和数据的可获得性，本章分别从人力、财力、物力三个角度选取高等院校 R&D 人员全时当量、高等院校 R&D 经费支出、每万人高等院校数量、科研机构 R&D 人员全时当量、科研机构 R&D 经费支出、每万人科研机构数等表征学研支持投入，选取规上工业企业 R&D 人员全时当量、规上工业企业 R&D 经费支出、规上工业企业每万人科技机构数等共同表征企业支持投入（见表6-4）。

表6-4　黄河流域绿色创新生态系统要素协同水平优化路径探析指标体系

准则层	指标层	指标解释	单位
学研支持	高等院校人力投入	高等院校 R&D 人员全时当量	人年
	高等院校财力投入	高等院校 R&D 经费内外部支出和	万元
	每万人高等院校数量	区域高等院校数量与人口数比值	所/万人
	科研机构人力投入	科研机构 R&D 人员全时当量	人年

续表

准则层	指标层	指标解释	单位
学研支持	科研机构财力投入	科研机构 R&D 经费内外部支出和	万元
	每万人科研机构数	区域科研机构数量与人口数比值	个/万人
企业支持	规上工业企业人力投入	规上工业企业 R&D 人员全时当量	人年
	规上工业企业财力投入	规上工业企业 R&D 经费内外部支出和	万元
	规上工业企业每万人科技机构数	规上工业企业科技机构数与人口数比值	个/万人
公众支持	每万人科普专职人员数	地区科普专职人员数与人口数比值	人/万人
	公众素质	平均受教育年限	年
	公众环境诉求	地区人均环境信访人数	人
政府支持	对外开放程度	地区 FDI 占 GDP 比重	%
	创新基础设施	科学研究和技术服务业、卫生和社会工作固定资产投资之和	万元
	政府研发经费资金	R&D 经费内部支出中来源于政府的资金	万元
生态支持	区域水资源禀赋	地区人均水资源量	立方米/人
	环保投资	工业污染治理投资占 GDP 的比重	%
	环境承载力	建成区绿化覆盖率	%

在黄河流域绿色创新生态系统中，公众支持对于环境的敏感度将推动绿色创新生态系统迈向高阶。公众作为绿色创新生态系统中环境质量和绿色产品的直接受体，其对环境的诉求和监督中涵盖的绿色价值观和消费观为系统内其他种群提供需求反馈，有利于促使各主体提供满足需求的绿色技术、产品和服务等。公众环境诉求可以体现公众对于环境的重视程度，可度量一般性质的公众环境参与，本章采用各地区人均环境信访人数（马本等，2017；李世辉和程宸，2022）对公众环境诉求进行刻画，突出用户的绿色需求。公众环保意识在创新生态系统中发挥着巨大的舆论监督作用，督促政府、企业等在绿色创新方面有所作为（黄志斌和张涛，2018），采用平均受教育年限来衡量公众素质。此外，提高科普覆盖面能拓宽科学传播渠道，让社会公众或用户高频次参与科技活动成为

可能，借鉴已有观点（姜庆国，2018），本章采用每万人科普专职人员数作为衡量公众支持。

政府支持的辅助作用将推动系统内部的创新研发种群、创新应用种群等开展创新活动，促进创新资源在其他种群间的流通与扩散。本章采用政府研发经费衡量政府对区域创新活动的财力支持。创新基础设施包含于新基建，是新一代信息技术赋能科教、产业等领域的基础设施（伍先福，2020），是绿色创新生态系统中保障各主体技术研发、成果转化及创新合作等创新活动正常进行与持续开展的公共服务系统。本章借鉴孔芳霞等（2022）学者的做法，采用科学研究和技术服务业固定资产投资、卫生和社会工作固定资产投资额衡量创新基础设施。此外，政府采取相应的政策对系统输入开放的市场环境，会使得创新生态系统种群形成深度融合、互惠互利的关系，进而促进创新生态系统的高阶演化（柳卸林等，2022），本章选取 FDI 占 GDP 比重作为衡量开放性的指标。

生态支持在黄河流域绿色创新生态系统中也尤为重要。邓晓辉等（2022）提出"自然"将必要的自然资本投入整个系统以驱动系统运转，加大生态环境支持力度不仅要统筹自然资源还要推进污染治理。《黄河流域生态保护和高质量发展规划纲要》和《黄河流域生态环境保护规划》都提出要基于黄河流域水源短缺矛盾，提升水资源节约集约利用水平。考虑到黄河流域"水资源"的重要性，本章借鉴杨芳瑜等（2013）对水资源禀赋的度量，采用人均水资源量指标作为黄河流域绿色创新生态系统自然要素的表征指标之一。面对日益增强的资源和环境约束，环保投资是减少污染排放的重要力量，借鉴孙才志等（2017）、林黎和李敬（2019）等学者的做法采用工业污染治理投资占 GDP 的比重来衡量地区环保投资。此外，建成区绿化率相对较高的地方，其单位土地面积上的环境压力较小，有利于地区的绿色创新发展。本章借鉴熊曦等（2019）、傅春等（2021）学者的研究采用建成区绿化率衡量地区环境承载力。

原始数据主要来源于 2021 年的《中国统计年鉴》《中国科技统计年鉴》《中国城市统计年鉴》《中国环境统计年鉴》以及各省统计年鉴等，个别缺失数据采用插值法进行处理。

（3）变量测度与校准。

本章采用要素耦合协调水平作为组态分析的结果变量，前因变量为学研支持、企业支持、公众支持、政府支持和生态支持。运用 fsQCA 方法分析时，每个前因变量均被视为一个集合，每个案例在集合中均有相应隶属分数，本章主要运用直接校准法将数据转换为模糊集隶属分数。首先，对前因条件的测度指标进行标准化处理，并基于两次熵权法确定每个维度一级指标及二级指标的权重计算其综合分值；其次，依据案例样本中各变量概率密度函数的上四分位数、中位数和下四分位数作为完全隶属点、交叉点和完全不隶属点的设定阈值进行校准（Fiss，2011）。具体各变量的锚点如表 6－5 所示，表 6－6 总结了各个条件和结果的校准信息。

表 6－5　　　　　　　　前因条件和结果变量的校准锚点

变量		校准		
		完全隶属	交叉点	完全不隶属
前因条件	学研支持	0.458	0.231	0.161
	企业支持	0.315	0.196	0.070
	公众支持	0.257	0.213	0.122
	政府支持	0.415	0.134	0.053
	生态支持	0.143	0.088	0.066
结果变量	要素耦合协调水平	0.374	0.372	0.355

资料来源：根据 fsQCA 软件运行结果整理所得。

表 6－6　　　　　　　　　　变量校准结果

省份	学研支持	企业支持	公众支持	政府支持	生态支持	要素耦合协调水平
山西	0.11	0.51	0.501	0.51	0.44	0.95
内蒙古	0.05	0.05	0.99	0.05	0.95	0
山东	0.95	1	0.04	1	0.05	0
河南	0.61	1	0.13	0.501	0.02	0.16

续表

省份	学研支持	企业支持	公众支持	政府支持	生态支持	要素耦合协调水平
四川	1	0.95	0.05	0.95	1	1
陕西	1	0.501	0.91	0.97	0.501	0.57
甘肃	0.501	0.02	1	0.03	0.73	1
青海	0	0.02	0.04	0.01	1	0
宁夏	0	0.2	0.95	0.05	0.04	0.501

资料来源：根据 fsQCA 软件运行结果整理所得。

6.3.2 作用组态路径探析

（1）单个条件必要性分析。

在进行条件组态分析前，本章首先使用 fsQCA3.0 软件对影响黄河流域绿色创新生态系统要素耦合协调水平的各前因变量进行必要性分析。本章分别检验了学研支持、企业支持、公众支持、政府支持和生态支持五个维度的单一条件（包括其非集）是否构成黄河流域绿色创新生态系统高耦合协调与低耦合协调的必要条件。在 fsQCA 中，如果在实现某一结果的过程中，总有一个条件始终存在，那么这个条件就是该结果的必要条件。一致性水平的大小可以用来衡量某一条件是否为必要条件，当一致性水平的数值高于 0.9 时，则认为该条件是结果的必要条件（Ragin，2008）。结合表 6 - 7 可知，5 个前因变量的一致性水平均小于 0.9，不存在高耦合协调的必要条件。

表 6 - 7   单个条件必要性分析

前因条件	高耦合协调水平		低耦合协调水平	
	一致性	覆盖度	一致性	覆盖度
学研支持	0.5599	0.5546	0.4337	0.4951
~学研支持	0.4903	0.4290	0.6099	0.6150

续表

前因条件	高耦合协调水平		低耦合协调水平	
	一致性	覆盖度	一致性	覆盖度
企业支持	0.5599	0.5507	0.5375	0.6093
~企业支持	0.6027	0.5306	0.6037	0.6126
公众支持	0.6582	0.5968	0.4522	0.4726
~公众支持	0.4183	0.3985	0.6142	0.6744
政府支持	0.5429	0.5576	0.4339	0.5136
~政府支持	0.5264	0.4465	0.6263	0.6123
生态支持	0.6532	0.5773	0.5271	0.5369
~生态支持	0.4760	0.4662	0.5850	0.6603

资料来源：课题组根据 fsQCA 软件运行结果整理所得。

（2）组态路径分析。

前述分析表明，所有前因条件均不能作为取得黄河流域绿色创新生态系统要素高耦合协调水平的必要条件，因此，有必要采用组态分析就各前因条件对黄河流域绿色创新生态系统要素耦合协调水平的影响进行进一步分析。参考相关文献，本研究将一致性阈值设为 0.8，案例数阈值设定为 1，同时，为降低潜在的矛盾组态将 PRI 阈值设定为 0.75（Fiss，2011；Ragin，2008）。最终，采用 fsQCA3.0 软件分析导致黄河流域绿色创新生态系统高耦合协调水平和低协调水平的组态，具体依据简约解与中间解的嵌套关系对比，识别每个解的核心条件与边缘条件得出相应的条件组态。其中，既在中间解也在简约解中出现的条件为该解的核心条件，只在中间解中出现的条件为边缘条件。结合表 6 - 8 可知，导致黄河流域绿色创新生态系统高耦合协调水平的路径组态有 3 类，分别为组态 HJ1、HJ2、HJ3，导致低耦合协调水平的路径组态有 2 类，为组态 NJ1、NJ2，高耦合协调水平和低耦合协调水平的解的总体一致性分别为 0.957 和 0.870，大于 0.75，表明总体一致性具有较好解释力度，这五个组态分别可以视为高耦合协调水平和低耦合协调水平产生的充分条件。依据核心存在条件分别将 HJ1、HJ2、HJ3、NJ1、NJ2 命名为企业、政府与公众三联动绿色创新模式、学研引导的绿色创新模式、政产学研生态四联动绿色创新模式、政产学研用缺失型、公众和生态缺失型。

表6-8 组态分析结果

前因条件	高耦合协调水平			低耦合协调水平	
路径	HJ1	HJ2	HJ3	NJ1	NJ2
学研支持	⊗	●	●	⊗	⊗
企业支持	●	⊗	●	⊗	•
公众支持	●	●	⊗	⊗	⊗
政府支持	●	⊗	●	⊗	•
生态支持	⊗	•	●	•	⊗
一致性	0.886	0.933	0.951	0.731	0.963
原始覆盖度	0.168	0.165	0.280	0.220	0.332
唯一覆盖度	0.132	0.115	0.230	0.208	0.320
总体一致性	0.957			0.870	
总体覆盖性	0.531			0.540	

注：●和 • 分别表示核心条件存在、边缘条件存在，⊗和⊗分别代表核心条件缺乏、边缘条件缺失。

资料来源：根据 fsQCA 软件运行结果整理所得。

①企业、政府与公众三联动绿色创新模式。在组态 HJ1 中，企业支持、政府支持和公众支持为核心存在条件，学研支持和生态支持分别为边缘与核心缺失条件。在该组态下，政府主要通过营造市场环境、完善硬件设施、加大资金投入来支持企业的绿色创新行为。第一，加强对外开放能激发市场竞争活力，倒逼优质企业创新，同时开放包容的市场环境能推动企业在更高水平上利用外资，通过引进先进技术、人才等在一定程度上减少企业创新失败的风险，增强企业创新的意愿。第二，创新基础设施能为企业的科学研究和技术开发提供硬件支撑。第三，由于绿色技术创新存在周期长、风险大等特点，企业的"短视"可能导致其不会主动进行绿色技

术创新，政府 R&D 经费投入能降低企业创新的投入经费，一定程度上增强企业的创新意愿，对企业创新具有扶持和激励作用。社会公众的消费需求信息会反馈至企业等主体并影响其创新目标与行为，进而从需求侧促使各创新主体开发绿色产品或服务，而当各主体创新行为可能造成的环境污染影响到公众环境福利时，公众可能会借助数字媒体舆论、投诉等途径表达其环境诉求，进而倒逼各主体进行绿色创新。

②学研引导的绿色创新模式。组态 HJ2 中，学研支持为核心存在条件，公众支持和生态支持为边缘存在条件，企业支持和政府支持为核心缺失条件。该组态下，一方面，高校和科研机构主要通过加大人力、财力、物力投入来推动绿色创新，通过高水平的研发创新促进绿色知识生产，为绿色创新活动提供知识资源，促进绿色知识创造和共享；另一方面，公众和生态支持两者相结合能强化绿色创新理念深入人心。首先，良好的生态环境和较强的环境承载力能为持续推进绿色创新提供保障和服务，通过打造生态宜居的城市吸引人才落户，协调经济社会发展与环境发展，为推进绿色创新生态建设奠定基础。其次，公众环保意识和素质提高会加强公众的监督行为，从而为绿色创新提供动力。最后，公众作为环境质量的直接受体，能实时感知环境状况，能通过投诉、信访等方式强调解决环保问题，从而推进相关主体为解决公众环境诉求加大环保投资并推动绿色创新。

③政产学研生态四联动绿色创新模式。组态 HJ3 中，学研支持、企业支持、政府支持和生态支持为核心存在条件，公众支持为核心缺失条件。该组态下，学研、企业、政府和生态支持等构成了政产学研协同的绿色创新模式，形成了多元主体协同互动的绿色创新模式。一方面，各主体直接对黄河流域绿色创新产生影响，如前文所述，学研机构为绿色创新提供知识资源，政府通过支持和激励增强企业绿色创新意愿，生态要求通过监督约束企业自身排污行为，从而倒逼企业进行绿色创新。另一方面，多元主体协同互动可能发挥间接作用，政产学研通道的打通，使各主体能通过知识创造、技术创新与需求创新的深度合作实现资源整合，协同推动黄河流域绿色创新。企业与其他主体互动关联，不仅利用自身资源进行绿色产品与服务的生产，还通过引进、消化、吸收学研机构等其他主体的绿色成果

推动绿色创新的持续产生，为绿色创新生态系统要素协同提供动力，在政府多元化的政策驱动与生态环境严格要求下，黄河流域绿色创新生态系统可能形成良好的创新环境，推动黄河流域绿色创新生态系统要素协同向高水平态势演变。

结合表6-9得出产生低耦合协调水平的组态有2个，其中，组态NJ1中，学研支持、企业支持、公众支持和政府支持为核心缺失条件，生态支持为边缘存在条件，将其归为政产学研用缺失型。这一定程度上表明缺乏学研机构、企业等技术与知识创新主体的创新生态系统，是导致黄河流域绿色创新生态要素低耦合协调水平的主要原因。组态NJ2中，公众支持和生态支持为核心缺失条件，企业支持和政府支持为边缘存在条件，学研支持为核心存在条件，归为公众和生态双缺失型。公众支持和生态支持的缺失会减少对地区绿色创新的监督与保障，忽略生态对创新质量的要求，进而导致绿色创新生态要素低耦合协调。同时，本章发现低要素耦合协调的组态中基本呈现出公众支持为普遍的缺失条件，公众作为最活跃和覆盖最广的群体，较低的公众支持意味着黄河流域公众环保意识和环境诉求较差，绿色理念的缺失会表现在创新的各个环节，进而抑制了黄河流域的绿色创新，不利于黄河流域绿色创新生态的耦合协调。

为了检验组态路径结论的稳健性，本研究将PRI一致性由0.75提高至0.8，结果如表6-9所示，发现提高PRI一致性后，新模型中分析得到的高耦合协调与低耦合协调组态与原模型一致，表明结论较为稳健。

表6-9　　　　　　　　提高 PRI 一致性阈值的稳健性检验

前因条件	高耦合协调水平			低耦合协调水平	
路径	HJ1	HJ2	HJ3	NJ1	NJ2
学研支持	⊗	●	●	⊗	●
企业支持	●	⊗	●	⊗	•
公众支持	●	•	⊗	⊗	⊗
政府支持	●	⊗	●	⊗	•
生态支持	⊗	●	●		⊗

续表

前因条件	高耦合协调水平			低耦合协调水平	
路径	HJ1	HJ2	HJ3	NJ1	NJ2
一致性	0.886	0.933	0.951	0.731	0.963
原始覆盖度	0.168	0.165	0.280	0.220	0.332
唯一覆盖度	0.132	0.115	0.230	0.208	0.320
总体一致性	0.957			0.870	
总体覆盖性	0.531			0.540	

注：●和•分别表示核心条件存在、边缘条件存在，⊗和⊗分别代表核心条件缺乏、边缘条件缺失。

资料来源：根据 fsQCA 软件运行结果整理所得。

6.4 本章小结

本章根据黄河流域绿色创新生态系统的创新知识研发应用种群、创新政策制定种群、社会公众和自然环境四大要素构建了黄河流域绿色创新生态系统发展水平评价指标体系，以黄河流域九省份为样本数据采集单元，具体分析和考察 2011～2020 年黄河流域绿色创新生态系统是否发生协同演化，发现全流域要素协同水平逐年增长但增速放缓，上中下游要素协同水平存在显著差异，各省域要素协同水平也呈现非均衡性和地区极化的特征。最后，运用 fsQCA 方法探讨了黄河流域绿色创新生态系统协同演化的路径和驱动因素。从黄河流域绿色创新生态系统协同演化路径来看，要素高耦合协同有三条作用路径：一是企业、政府与公众三联动绿色创新模式。政府主要通过营造市场环境、完善硬件设施、加大资金投入来支持企业的绿色创新行为；社会公众的消费需求信息会影响企业等创新主体的创新目标与行为，促使各主体开发绿色产品与服务。二是学研引导的绿色创新模式。高校和科研机构主要通过加大人力、财力、物力投入来推动绿色创新，公众和生态支持两者相结合推动绿色创新理念深入人心。三是政产学研生态四联动绿色创新模式。各主体不仅直接对绿色创新产生影响，而且通过协同互动发挥间接作用。

第 7 章

黄河流域绿色创新生态系统
区域间协同演化机制分析

　　黄河流域绿色创新生态系统是一个动态且不断发展的复杂系统。其协同水平不仅体现在要素之间的协同，也是各子系统在空间上相互关联、相互作用的结果。绿色创新生态系统子系统间的协同演化具体体现在各省域间、各城市间，本质上依靠于相应区域创新要素跨地域的交流与合作。基于城市是创新要素集聚的主要空间的考虑，本章重点从城市层面分析子系统间的协同合作。一方面，考察城市层级的子系统发展水平所反映的系统协同演化趋势，另一方面，基于城市间的合作专利数据，揭示创新知识研发应用种群所包含的核心主体产学研之间的协同演化趋势与特征，并运用QAP 回归方法，探寻相应的影响因素与作用路径。

7.1　黄河流域创新生态系统整体
协同演化趋势分析

　　如前所述，黄河流域不同地区的发展条件不同，其绿色创新生态系统的各种要素也是状态各异，导致各子系统层绿色创新生态系统发展水平以及区域协同水平存在差距。城市是绿色创新生态系统进行协同活动的载体，且某一城市绿色创新生态系统会与其他城市的绿色创新生态系统进行联系，受到其他城市系统的影响。因此，本章基于第 6 章构建的绿色创新生态系统发展评价指标体系，以城市为空间研究单元，利用社会网络分析方法对绿色创新生态系统区域协同演化特征进行分析，以了解各城市的绿色创新生态系统发展水平，揭示区域协同水平的发展情况。

7.1.1 测度方法和数据处理

（1）测度方法。

绿色创新生态系统的发展并不是孤立的，一个区域绿色创新生态系统在发展过程中会受到其他区域的影响，其发展存在空间关联特征，黄河流域各城市绿色创新生态系统相互影响，其关联现状可以初步反映绿色创新生态系统的区域协同水平。社会网络分析法（social network analysis，SNA）是研究空间关联特征的方法，其充分考虑了社会网络的"联络性"，以行动者以及相互间的关系作为研究对象，分析关系网络的结构及行动者和整个群体的影响（陈云伟，2019），能够用来分析城市间的联系以及合作关系等问题。由于社会网络分析法重点分析行动者的社会关系和结构，体现行动者的属性特征，本章采用社会网络分析法研究黄河流域绿色创新生态系统区域协同演化趋势。该方法主要通过密度、中心度等定量指标描述个体之间的互动结构关系，进而反映整个网络结构的特征以及个体在网络结构中的位置，这里的结构可以是行为结构、政治结构，也可以是社会结构、经济结构。本研究主要关注的指标有网络密度、节点指标中心度（点度中心度、中间中心度）等，网络密度表示整个网络连接的紧密程度，密度越大，表明网络中各节点的联系越紧密，区域的协同强度越高；中心度反映节点在网络中所具有的权力大小，表明节点在协同活动中发挥的作用，具体的计算过程和指标说明如表 7-1 所示。

本章把黄河流域城市抽象为"点"，把城市间的空间关联抽象为"线"，以引力模型为基础计算了 99 个城市的关系数据，构建了城市绿色创新生态系统发展水平指数空间关联矩阵。参考相关研究（赵康杰和吴亚君，2020），建立节点赋值矩阵时，将2011年建立的引力矩阵每一列的均值作为阈值，引力值大于均值取"1"，小于均值取"0"。构建的度量城市间关联关系的引力模型为：

$$R_i = \sum_{j=1}^{n} R_{ij} \tag{7.1}$$

$$R_{ij} = \frac{M_i \times M_j}{D_{ij}^2} \tag{7.2}$$

式（7.1）和式（7.2）中，R_i 表示城市 i 的绿色创新生态系统发展空间联系总强度，R_{ij} 表示城市 i 和城市 j 之间的绿色创新生态系统发展空间联系强度，M_i 和 M_j 表示城市 i 与城市 j 的绿色创新生态系统发展水平指数，由线性综合法得出，D_{ij} 表示城市和城市的实际距离，用两城市的地理距离表示。据此可以得到黄河流域99个城市的引力模型矩阵。

利用社会网络分析法对城市间绿色创新生态系统发展的协同关联网络进行分析，选取社会网络分析中的网络密度分析、中心度分析等方法，利用 Ucinet 6.0 软件从整体和节点两个方面分析城市间绿色创新生态系统发展的空间关联特征及变化，使用网络密度分析关联网络的整体特征，使用中心度分析反映各个联系节点在社会网络中的地位，并对部分结果进行可视化表示。过程中用到的公式如表7-1所示。

表7-1　　　绿色创新生态系统空间协同网络分析公式及其含义

分析指标	分析公式	注释	含义
网络密度	$D = \dfrac{n}{m(m-1)}$ (7.3)	n：实际上存在的关系数；$m(m-1)$：理论上可能存在的最多的关系数	反映网络密度整体的关联情况，网络密度越大，说明网络关系越紧密
点出中心度	$C_A(i) = \sum_j X_{ij}$ (7.4)	i：某一城市；X_{ij}：城市 i 主动与城市 j 建立的联系	反映网络中某一城市对其他城市的辐射和影响能力，值越大，说明辐射和影响力越强

分析指标	分析公式	注释	含义
点入中心度	$C_C(i) = \sum_{j<k} g_{jk}(i) / g_{jk}$ (7.5)	i：某一城市； Y_{ij}：城市 i 被动与城市 j 建立的联系	反映网络中某一城市接受辐射和影响的能力。值越大，越容易接受辐射
中间中心度	$C_C(i) = \sum_{j<k} g_{jk}(i) / g_{jk}$ (7.6)	g_{jk}：城市 j 和城市 k 之间联系的捷径数； $g_{jk}(i)$：城市 j 和城市 k 之间经过城市 i 的捷径数	分析某一城市对其他城市之间关联的控制作用，即"中介"与"桥梁"作用，个体值越大，对网络的控制力越强

（2）数据处理。

本章将 2021 年国务院发布的《黄河流域生态保护和高质量发展规划纲要》作为标准，从样本的考察期限以及数据的可获得性出发，选取其中 99 个城市作为研究对象，其中，由于海东市以及流域内关于盟和自治州的数据缺失严重，不在本研究范围内。

根据表 6-1 流域绿色创新生态系统发展水平评价指标体系，运用熵权法赋予各个组成种群相应权重，计算获得黄河流域 99 个城市绿色创新生态系统发展水平，通过表 7-1 中公式计算得出黄河流域 2011～2020 年网络密度和各城市中心度。本章使用的专利数据主要来源于中国研究数据服务平台（CNRDS）绿色专利研究数据库，政府绿色支持中的政府工作报告环保词频主要包括环境保护、环保、污染、能耗、减排、排污、生态、绿色、低碳、空气、化学需氧量、二氧化硫、二氧化碳、PM10 以及 PM2.5 等（邓慧慧和杨露鑫，2019），公众绿色关注中的百度指数环保关键词主要包括雾霾和环境污染，这是因为与其他环境词汇相比，雾霾的出现更容易被公众观察和感知，其直接影响每一个人的生活质量，更容易受到公众的关注（Guo et al.，2020）；其他数据主要来源于《中国城市统计年鉴》，个别缺失数据通过线性插值法或 ARIMA（自回归积分滑动平均模型）方法进行填补。变量描述性统计如表 7-2 所示。

表 7 – 2 变量的描述性统计

变量	样本量	标准差	平均值	最大值	最小值
研发人员	990	3.181	2.769	21.755	0.031
高校教师	990	1.339	0.997	7.041	0.004
工业企业	990	1.267	1.926	7.498	0.129
绿色发明授权专利占比	990	0.089	0.136	0.771	0
绿色实用新型授权专利占比	990	0.038	0.110	0.375	0
环保支撑	990	1.528	2.100	10.190	0.208
科教支持	990	0.038	0.192	0.300	0.053
绿色支持	990	0.001	0.003	0.010	0
知识服务	990	0.915	0.578	17.365	0.046
绿色关注	990	70.578	60.306	575.128	0
网络普及	990	0.154	0.208	1.327	0.003
电信普及	990	0.407	0.988	2.678	0.111
人口流动	990	55.572	21.694	1 508.405	0.481
水环境	990	13.482	88.592	100	18.3
大气环境	990	23.023	51.316	246	18
土壤环境	990	33.381	81.838	452	5

7.1.2 系统整体协同演化趋势分析

（1）流域整体协同水平逐渐增长，协同网络逐渐优化。

将黄河流域 99 个城市划分为上游、中游和下游，利用 Ucinet 6.0 中的分析方法对黄河流域 2011～2020 年绿色创新生态系统发展空间关联的网络密度进行计算，通过网络密度分析系统区域协同水平的演化发展（见图 7 – 1）。全流域以及上游、中游、下游区域的网络密度 2020 年较 2011 年均有所增长，绿色创新生态系统的空间关联数量增多，空间关联网络逐年紧密，流域城市之间的联系增强，协同水平逐渐提升；黄河流域绿色创新生态系统发展水平的网络密度呈现"下游 > 中游 > 上游"的演变规律，说明下游区域内城市的关联网络紧密，下游城市绿色创新生态系统的协同水平与其他两个流域相比较高。

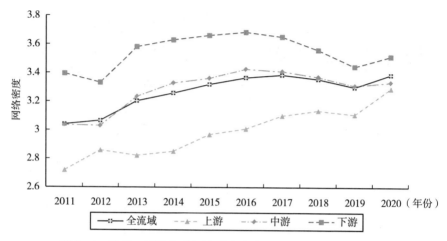

图 7 - 1　2011~2020 年黄河流域全流域及上、中、下游网络密度

进一步地，运用标准差计算公式，测算了以 99 个城市为样本的全流域及上、中、下游的关联网络密度标准差（见图 7 - 2）。除上游网络密度标准差 2020 年较 2011 年有所上升以外，全流域及中、下游区域均有所下降，说明全流域及中游和下游区域内网络密度相差减小，区域内城市联系逐渐均衡，城市关联逐步优化；上游网络密度标准差有所上升，说明上游空间关联网络虽然逐渐紧密，但关联在趋于不平衡，部分城市间的关联得到加强，但一些城市却仍未与其他城市建立起有机联系。

（2）城市间协同水平逐年提升，协同网络趋于优化。

基于绿色创新生态系统发展水平，通过 Ucinet 6.0 软件，计算得出 2011~2020 年黄河流域 99 个城市的点出中心度、点入中心度和中间中心度。因城市数量较多，选取 2020 年按中心性指标排序前 15 名的节点城市为分析对象，列举该 15 个城市 2011 年、2015 年和 2020 年的中心度数值进行比较。表 7 - 3 列出了 2011 年、2015 年和 2020 年该 15 个节点城市的点出中心度、点入中心度，表 7 – 4 列出了 2011 年、2015 年和 2020 年该 15 个节点城市的中间中心度，通过对其进行分析可以得出以下特征。

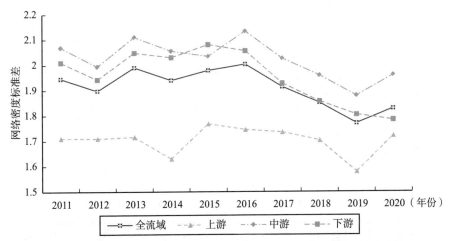

图 7 – 2 2011 ~ 2020 年黄河流域全流域及上、中、下游网络密度标准差

表 7 – 3 点出中心度和点入中心度排名前 15 城市中心度指数及名次变化

点出中心度				点入中心度			
城市	2011 年	2015 年	2020 年	名次变化	城市	2011 年	2015 年	2020 年	名次变化
西安	51	65	69	↑	信阳	23	46	67	↑
太原	57	68	67	↓	呼伦贝尔	30	44	51	=
郑州	46	65	62	↑	安康	—	32	50	↑
济南	48	53	45	↓	平凉	—	—	42	↑
兰州	27	32	39	↓	广元	—	33	39	↑
晋中	—	36	39	↑	延安	32	36	37	↓
银川	36	38	37	↓	通辽	26	35	37	↓
新乡	26	33	36	=	榆林	24	31	36	↑
焦作	27	38	34	↓	达州	23	31	36	↑
成都	25	33	34	↓	庆阳	—	36	36	↑

	点出中心度				点入中心度			
城市	2011 年	2015 年	2020 年	名次变化	城市	2011 年	2015 年	2020 年	名次变化
长治	24	35	34	↑	赤峰	28	35	35	↓
鹤壁	23	35	34	↑	天水	23	29	35	↑
洛阳	—	29	33	↑	临汾	27	33	34	↓
绵阳	—	26	31	↑	商丘	28	34	34	↓
呼和浩特	—	29	31	↑	汉中	25	30	33	↓

注："—"表示不在 Top15；名次变化表示 2011 年和 2020 年相比名次的变化情况，"＝"表示名次未变化。

表 7－4   中间中心度 2020 年排名前 15 城市中心度指数及名次变化

城市	2011 年中间中心度	2015 年中间中心度	2020 年中间中心度	名次变化
信阳	—	560	1 767	↑
郑州	1 202	1 405	790	↓
安康	746	478	644	＝
兰州	643	333	506	↑
广元	—	322	439	↑
呼和浩特	561	512	280	↑
榆林	—	—	273	↑
济南	720	509	263	↓
西安	872	666	256	↓
平凉			248	↑
汉中	674	562	241	↓
宝鸡	537	283	232	↓
日照	—	—	220	↑
吕梁			205	↑
洛阳	—		204	↑

注："—"表示不在前 Top15；名次变化表示 2011 年和 2020 年相比名次的变化情况，"＝"表示名次未发生变化。

如表 7 - 3 所示,考察协同网络中节点城市的辐射能力,首先,从横向的角度来看,除济南的点出中心度有所下降外,其他城市的点出中心度和点入中心度均有所提高。以排名第一的节点城市为例进行分析,西安的点出中心度由 2011 年的 51 增长至 2020 年的 69,信阳的点入中心度由 2011 年的 23 增长至 2020 年的 67。由此得出,节点城市的辐射能力逐年加强,各节点城市通过自身系统的发展对其他城市系统发展水平的影响逐渐加深,城市间的关联强度逐渐提升,说明城市间协同水平在不断提升。其次,从纵向的角度来看,黄河流域各城市点出中心度的排序呈现“省会城市 > 其他城市”的规律。2020 年点出中心度最高的前 5 名城市有 4 个是省会城市,说明省会城市绿色创新生态系统的发展对周边地区具有较强的协同引导能力,其对其他城市的辐射能力更强,省会城市与其他城市的关联更为紧密,其系统协同水平更高;而成都的点出中心度不高的原因可能是由于成都市距离黄河流域大多数城市距离过远,导致对黄河流域城市的关联较少,与黄河流域城市协同活动较少,协同能力不足;点入中心度较高的城市多为黄河流域中、下游城市,如呼伦贝尔、延安、通辽、商丘等,说明中、下游城市接受辐射的能力较强,这一方面取决于中、下游城市良好的地理位置,另一方面也和周边强省会城市的协同引导作用有关。中、下游城市通过与其他城市关联,更好地吸收其他城市系统的影响,来提高自身绿色创新生态系统的发展。

为了考察协同网络中节点城市的间接控制能力,表 7 - 4 汇报了 2020 年排名前 15 城市中心度指数及名次变化。首先,从横向来看,大部分城市的中间中心度在 2011 ~ 2020 年总体出现下降的趋势,郑州的中间中心度由 2011 年的 1 202 下降至 2020 年的 790,兰州的中间中心度由 2011 年的 643 下降至 2020 年的 506,西安的中间中心度由 2011 年的 872 下降至 2020 年的 256。城市中间中心度水平的下降说明城市间交流“中间人”的控制能力变弱,城市间的交流更直接,逐渐不再需要通过其他城市进行间接交流,城市间开展协同活动更加方便,关联水平有所提高。其次,从纵向来看,一方面,黄河流域城市中间中心度有四个

省会城市排名前 15，各城市中间中心度的排序仍然呈现出"省会城市 >
其他城市"的规律，但是省会城市对城市间交流的控制能力逐渐减弱，
如郑州、济南、西安等省会城市从 2011～2020 年在中间中心度排序中
虽然排在前列，但排名却逐年降低；另一方面，地理区位较好的城市中
间中心度位序不断上升，如信阳、安康等城市，这说明地理区位较好的
城市更容易充当"中间人"的角色，通过自身建立其他城市沟通交流的
"桥梁"。

7.2　黄河流域绿色创新生态系统区域间协同演化趋势分析

区域创新生态系统是一个开放的复杂系统。产学研作为黄河流域绿色
创新生态系统子系统的核心种群，与其他城市系统的核心种群发生创新交
流，影响着系统的协同方向与系统整体上的演进发展。基于数据的可获得
性，本章以黄河流域 99 个城市为研究空间单元，采用产学研基于跨城市
创新合作而产生的专利申请数量，利用社会网络分析方法，对黄河流域绿
色创新生态系统区域创新协同演化特征进行刻画。

7.2.1　测度方法和数据处理

（1）测度方法。

本章选用社会网络分析方法分析黄河流域绿色创新生态系统区域
间协同演化趋势，具体使用的指标是某城市产学研机构所产生的跨城
市创新合作专利数。这是因为各城市通过创新合作成果共享，可以提
升城市间协同发展水平与能力。合作专利通常是用来衡量城市间创新
合作的重要指标。应用合作专利数量作为反映系统知识研发应用种群
的主体产学研创新合作底层数据，通过 NETDRAW 软件绘制城市合作

专利网络图，从而根据网络图的节点大小、连带粗细、连带密集程度以及通过 Ucinet 软件计算网络密度等展示分析城市间协同发展特点，然后通过计算中心度等中心性指标，分析城市在专利合作网络中权力与地位的变化趋势来进一步探讨黄河流域绿色创新生态系统子系统间的协同演化趋势。

（2）数据处理。

这里用到的合作专利数据来源于国家知识产权局的专利信息服务平台。具体的处理步骤如下：首先，从专利信息服务平台获取国内申请专利，依据数据库检索字段（国省代码），检索并导出国省代码为中国、申请日在 2012～2019 年的申请专利，获取 2012～2019 年全国城市的专利信息。因每年的专利数量巨大，2020 年的数据缺失较多再加上疫情对跨城市合作的影响，截取的时间窗口期为 2012～2019 年；其次，提取专利申请人所在省份及城市信息，构建省份—城市二级行政区划信息表，获得 283 条省份—城市信息，在此基础上界定专利申请人数≥2 的专利为合作专利，界定专利申请人所在城市数量≥2 的专利为跨城市合作专利，从而获得 2012～2019 年全国城市的合作专利信息，每年数据数量为 40 186 条；最后，本章主要分析黄河流域城市跨区域创新合作情况，进一步在上一步获得的全国城市合作专利信息中筛选黄河流域 99 个城市的合作专利数据，获得 2012～2019 年黄河流域城市合作专利数，每年数据量有 5 050 条，基于此构建 2012～2019 年黄河流域城市合作专利数据库，各省会城市创新合作变化趋势如图 7-3 所示。由于黄河流域多数城市处于欠发达状态，本书选取的合作专利包含了发明、外观设计及实用新型三类专利的申请量，具体以跨城市的合作专利申请数量来反映合作频次，不涉及专利的具体合作信息。另外，由于研究区域为黄河流域，2020 年和 2021 年的数据存在统计不完全的情况，缺失数据状况会造成分析不完整，本章主要基于黄河流域 2012～2019 年专利合作量进行分析。

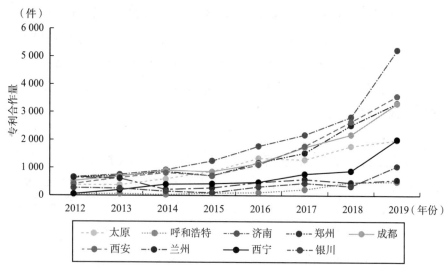

图 7 – 3　省会城市 2012 ~ 2019 年专利合作量变化趋势

7.2.2　区域间协同演化的趋势与特征分析

（1）网络密度逐渐增强，创新协同水平有所提升但存在区域差异。

基于黄河流域 2012 ~ 2019 年 99 个城市间的创新合作专利申请数，选取 2012 年、2015 年、2019 年进行展示分析以探寻城市间创新合作的演变趋势。具体地，通过 NETDRAW 软件，以 2012 年、2015 年和 2019 年黄河流域专利合作中心度为基准，分别绘制黄河流域 2012 年、2015 年、2019年的专利合作图，见图 7 – 4。图 7 – 4 中节点大小反映该类节点的度中心性的大小，两节点之间的连带代表合作关系，连带的粗细反映两城市专利合作的合作频次大小。

整体来看，2012 ~ 2019 年，创新合作网络的密度逐渐增强，各城市之间的专利合作关系趋于紧密。孤立的节点数 2012 年有 13 个，2019 年为 0，这一年 99 个城市普遍存在合作关系，这个变化说明黄河流域城市创新合作网络规模不断扩大，城市间创新合作强度有所增加，城市间的创新协同活动逐渐频繁，创新合作水平在持续提升。此外，由图 7 – 4 节点连带密度可知，下游城市创新合作较为频繁，中心度较高的多为下游的城市，特别是省会城市，而上游城市创新专利合作较为贫弱，部分城市创新合作出现从无到有的现象。这说明黄河流域下游的创新合作强度较高，而上游城市进行创新合作较少，其创新合作水平较低。同时通过节点大小可以看出中心度较大的城市多集中于中下游的城市，例如济南、青岛、许昌、西安等。由此可见，近年来，黄河流域城市间的创新合作规模在不断扩大，创新合作水平在不断提高，流域子系统间的整体协同能力有所提升，但发展存在不均衡。

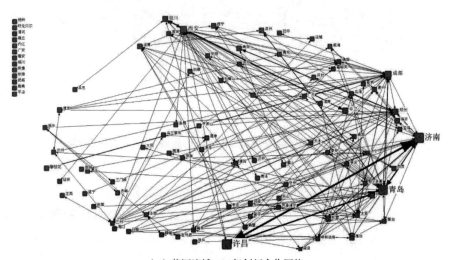

（a）黄河流域2012年创新合作网络

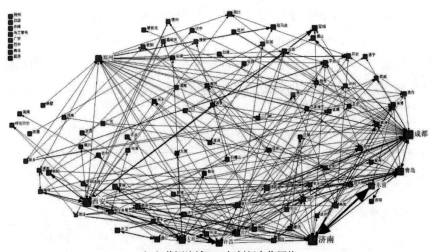

（b）黄河流域2015年创新合作网络

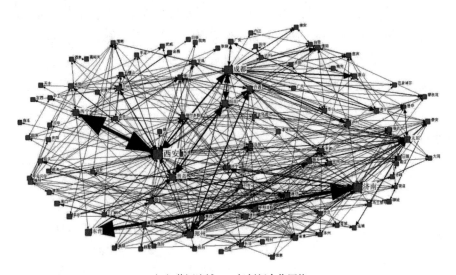

（c）黄河流域2019年创新合作网络

图7-4　黄河流域创新研发应用种群的跨城创新合作演变趋势

（2）跨城市创新协同水平较低，但呈现增长趋势。

通过计算可以得到 2012～2019 年各类型合作网络的规模和密度，结果如表 7-5 所示。参与合作的城市数量由 2012 年的 94 个增长至 2019 年的 99 个，其中跨城市合作的城市数量由 2012 年 86 个增长为 2019 年 99 个，跨城市合作的网络密度由 0.314 上升为 1.124，网络规模及网络密度显著提升，网络密度的标准差有所波动，但 2019 年较 2012 年大幅提升，即不同城市间合作频次的差异程度逐渐增大，说明黄河流域城市间的创新合作趋于紧密，城市间创新协同水平有所提升。

表7-5　　　　　　　　　2012～2019 年跨区域合作网络的规模和密度

合作网络类型	年份	网络规模值	网络密度值	网络密度标准差
整体合作网络	2012	99	1.251	42.321
	2015	99	1.404	28.463
	2019	99	5.879	195.697

续表

合作网络类型	年份	网络规模值	网络密度值	网络密度标准差
跨城市合作网络	2012	86	0.314	5.390
	2015	91	0.344	3.490
	2019	99	1.124	10.996

资料来源:根据2013~2020年相应省份统计年鉴和国家知识产权局公布数据整理计算所得。

进一步分析2012~2019年城市间合作频次分布情况,结果如表7-6所示。2012~2019年黄河流域参与跨城市合作的城市间,合作频次小于10的城市数量占97%以上,合作频次在10~50的城市对数量占比约为1%,说明城市间合作频次较低,创新合作关系较为松散。但从时间序列看,城市间合作频次有所增加,合作频次在51~100区间内的城市间数量所占比例由2012年的0.103%增长为2019年的0.371%,101~500区间内的城市间也由2012年的0.041%增长至2019年的0.144%,合作频次小于10的城市间数量占比由2012年的99.567%下降至2019年的97.897%。表明随着时间推移,黄河流域城市间创新合作趋于紧密,协同趋势有所优化。

表7-6 　　　2012~2019年跨城市合作网络中合作频次的分布情况 　　单位:%

合作频次区间	合作频次区间城市间数量所占比例		
	2012年	2015年	2019年
0~10	99.567	99.382	97.897
11~50	0.329	0.660	1.567
51~100	0.103	0.041	0.371
101~500	0.041	0.021	0.144

资料来源:2013~2020年相应省份统计年鉴和国家知识产权局公布数据。

(3)创新合作网络由"单核"向"多核"趋势演变。

在合作网络中,k-核是指在此网络中任何城市都至少与此网络中的

k 个城市开展了合作。本书利用 Ucient 软件对黄河流域 99 个城市 2012 ~ 2019 年的跨城市合作申请专利数进行 k – 核分析,结果如表 7 – 7 所示。

表 7 – 7 各时间段跨城市合作网络的 k – 核分区情况

k – 核分区	2012 年	2015 年	2019 年
1 – 核	87	92	1
2 – 核	66	74	90
3 – 核	32	54	83
4 – 核	21	37	68
5 – 核	13	20	60
6 – 核	—	—	47
7 – 核	—	—	38
8 – 核	—	—	21

资料来源:根据 2013 ~ 2020 年相应省份统计年鉴和国家知识产权局公布数据整理计算所得。

由于不同时间网络规模存在较大差异,为消除网络规模的影响,开展不同时间分区的情况的比较,本书采用占比指标进行分析。2012 年、2015 年 k 的最大值是 5,即存在 5 – 核分区,2012 年 5 – 核分区中包含的城市数量占整个网络所有城市数量的比例达 13,2015 年 5 – 核分区中包含的城市数量占整个网络所有城市数量的比例达 20。2019 年 k 的最大值是 8,8 – 核分区的城市数量占比达 21。从时间序列看,k 值相同情况下,随着时间推移,k – 核分区中所包含的城市占比不断增加,即由 k 值确定的“中心”城市数量占整个网络的比例在逐渐增长,“中心”城市不断增加,网络结构越来越分散。同时,2019 年 k 值增加至 8,k – 核分区内城市间的联系逐渐紧密。由此说明开展创新合作的城市数量在增加,创新合作网络有所优化,创新协同水平呈现逐年提升趋势。

进一步分析节点城市作用的演化特征,本书基于合作专利数据,从度数中心度和中间中心度的角度出发,对黄河流域创新协同网络节点城市演化特征进行考察。通过 Ucinet 6.0 软件,计算 2012 ~ 2019 年 99 个城市的度数中心度和中间中心度，因城市数量较多，选取 2012 年、2015 年、2019 年按中心性指标排序前 15 个城市。表 7－8 列出了 2012 年、2015 年和 2019 年黄河流域度数中心度和中间中心度排在前 15 名的节点城市，可以看出：

表 7－8　度数中心度和中间中心度排名前 15 城市中心度指数及名次变化

度数中心度					中间中心度				
城市	2012 年	2015 年	2019 年	名次变化	城市	2012 年	2015 年	2019 年	名次变化
西安	215	304	1 306	↑	西安	980	776	1 415	↑
济南	489	388	1 032	↓	成都	795	1 262	857	↑
成都	198	314	945	↑	郑州	1 017	643	763	↓
郑州	102	174	655	↑	兰州	327	502	405	↑
青岛	448	185	554	↓	太原	479	780	345	↑
东营	49	171	522	↑	青岛	499	508	310	↑
西宁	31	—	501	↑	济南	486	402	2 256	↓
太原	49	142	371	↑	银川	141	98	194	↑
绵阳	—	59	344	↑	呼和浩特	186		126	=
潍坊	—	—	280	↑	许昌	—		102	↑
许昌	481	155	262	↓	酒泉		89	98	↑
兰州	—	67	175	↑	呼伦贝尔			97	↑
烟台	—	57	154	↑	平顶山			77. 806	↑
银川	120	—	148	↓	鄂尔多斯		353	75	↑
济宁	—	—	140	↑	烟台		72	645	↑

注：“—”表示不在 Top15；名次变化表示 2012 年和 2019 年相比名次的变化情况，“＝”表示名次未发生变化。

度数中心度方面，从时间序列看，除济南、许昌、青岛、银川的度数中心度呈先下降后上升趋势外，其他城市的度数中心度均呈上升趋势，说明多数城市间创新合作频次不断增多，合作关系逐渐增强。2012 年黄河流域创新水平较低，欠发达城市往往倾向于与创新水平较高的城市合作，如核心城市济南、青岛等，导致核心城市度数中心度高于其他城市，2019 年后前 15 名城市的度数中心度呈上升态势，说明城市间创新合作逐渐频繁，协同创新水平不断提升。

中间中心性方面，排名前 5 的城市均为省会城市，说明省会城市的间接控制能力较强，在创新合作中起到桥梁和中介作用。随着时间的推移，2019 年郑州、青岛、太原等的中间中心度较 2012 年有所减小，表明这些城市发挥的桥梁和中介作用减弱，城市间创新合作更加直接与便捷，城市间创新关联网络有所优化。

以上分析说明创新网络逐渐趋于多中心化，中心城市不断增加，各城市之间创新合作不断加强，城市间的创新联系逐渐紧密，创新协同网络不断优化。

7.3 黄河流域绿色创新生态系统区域间协同演化驱动因素分析

区域绿色创新生态系统的各要素与其他区域进行交流合作是实现空间层城市间协同的主要途径。区域间进行交流合作首先考虑的是双方是否"邻近"，比如两区域地理上更为邻近，沟通交流的成本更低，区域间更容易开展合作。因此基于黄河流域城市间的合作频次，本节从多维邻近性的视角揭示影响城市间协同演进的机制，探究哪方面邻近更有利于区域间的协同合作。

7.3.1 驱动因素筛选

黄河流域城市间绿色创新生态系统进行创新协同活动主要通过城市间的创新合作实现，而在创新合作过程中必然伴随知识和技术的溢出。根据已有研究，大空间尺度条件下，技术溢出随地理距离增大呈现衰减趋势（Griliches，1992），而且大尺度的地理空间由于区域跨度大、涵盖城市数量多，必然涉及制度环境、技术条件等异质性因素影响，致使空间溢出呈现不同效果；小尺度空间由于地理临近、制度趋同、技术相近等，城市之间的空间溢出效应可能更为显著（胡俊峰等，2021）。因此，城市间的创新合作可能会受到邻近性的影响，多维邻近性是区域知识溢出、创新与技术扩散的重要动力，为城市合作创新网络的驱动机制分析提供了理论框架（戴靓等，2022）。邻近性概念最早起源于马歇尔的集群经济，被认为是经济活动实体在有限地理空间层面上的协同定位关系。其在经济地理中的流行得益于波斯玛（Boschma）将多维邻近性拓展和归纳为地理、制度、认知、组织、社会等方面（Boschma，2005）。大量实证研究揭示了多维邻近性对城市创新网络演化有着不同程度的影响（王姣娥等，2022；王庆喜等，2021）。因此，根据已有文献，本章从地理邻近性、制度邻近性、技术邻近性和经济邻近性四个维度考察多维邻近性对黄河流域绿色创新生态系统跨城市协同发展的驱动因素。

（1）地理邻近性（GP）。现有研究认为创新合作主要包括显性和隐性知识的转移和转化，创新主体间的知识溢出主要通过面对面交流沟通和降低交易成本两种途径来实现。创新主体出于保证交流效率、降低通勤成本等方面的考虑，倾向于寻找毗邻的对象开展技术创新合作（Tanner et al.，2018；党兴华等，2013）。区域间在地理空间上邻近，可以有效缩短交通运输时间及互动时间，减少互动产生的信息成本和交易成本；同时地理邻近可以有效增加面对面接触的机会，拓宽了两个区域的交流途径，进而有利于促进区域创新合作的开展。因此，地理邻近性对创新合作具有正向作用，地理距离越大，城市间的创新合作越少；地理越邻近，越有利于跨区域创新合作的开展。

（2）制度邻近性（IP）。制度邻近性是指产学合作双方在各自所在区域宏观层面的制度接近度或相似程度（North，1991）。一个城市长期形成的制度环境会对城市间创新合作产生影响。不同城市的制度环境和文化环境存在差异，这种差异性将会形成制度壁垒，影响城市间的创新交流。制度邻近性对城市间创新合作的影响主要表现为产学主体开放沟通交流学习，由于制度框架、规范、文化和价值观等多方面的差异会引起合作的不确定性（吴和成和赵培皓，2020）。区域间制度邻近性过高或过低，都不利于合作的开展。

（3）技术邻近性（TP）。技术邻近性指创新主体之间的技术经验和知识基础的相似或相近程度（Jaffe，1986）。不同区域由于技术轨道、发展阶段、资源禀赋等方面存在差异，产业结构、技术能力等也有所不同。创新合作双方不仅要有较强的共有知识和技术基础，而且还要有一定技术差异性，从而避免合作双方对旧的技术路径产生依赖。创新合作需创新主体之间存在一定的技术距离，技术基础越接近，合作的过程中新知识新观念出现的可能越小，越不利于合作的开展；而存在一定的技术距离，双方产生新知识的可能性更大，更有利于开展合作（张剑等，2022；王思薇等，2023；段庆锋等，2020；刘志迎等，2013；史烽等，2016）。

（4）经济邻近性（EP）。经济发展水平的差异常被视为影响地区间合作关系的重要因素。经济基础决定上层建筑，经济发展可以提高人们的生活水平和社会发展的稳定性，创造更多的物质财富，为城市间创新合作提供了更加充足的发展基础。经济发展水平差异较小的地区拥有相似的产业结构或技术发展水平，使得科学合作、技术转移等更容易发生（Zhang et al.，2016；Fernández et al.，2021）。但不同城市的创新禀赋差异可能导致其处于创新链条的不同环节，通过合作寻求互补性创新要素的需求也可能削弱甚至抵消经济邻近性的影响（Salager et al.，2008）。有研究发现，经济邻近性的效果发挥存在阈值，当城市间的经济联系未突破临界值时，经济邻近性将难以产生影响（陈跃刚等，2018；张剑等，2022）。

7.3.2　驱动因素测度与描述

本章主要分析多维邻近性对城市协同的驱动效果，驱动过程具有复杂性、动态性和系统性特征，需将城市关联起来进行考察，因变量与自变量数据形式均为表征城市间各变量关系的数据矩阵，一些标准统计手段在网络数据进行参数估计和统计检验上并不适用，而在网络分析中，QAP 是测量不同网络之间相关关系的估计方法，可以衡量多个属性矩阵（自变量矩阵）和一个主体矩阵（因变量矩阵）之间的回归关系，因此，本章基于 2012~2019 年黄河流域 99 个城市创新合作专利数据，选用 QAP 回归方法进行分析，旨在探究城市间邻近性对其协同水平的影响，涉及的被解释变量、解释变量与控制变量等如下。

（1）被解释变量——协同水平（Syn）。

跨城市要素间的协同可以通过要素间产生的跨区域的创新合作去反映。因此，本研究将城市间的协同水平作为被解释变量，具体采用黄河流域 99 个城市间的创新合作频次，也即合作专利数量进行表征。

（2）解释变量——多个邻近性。

目前邻近性概念被广泛应用于创新合作、组织间及区域间协同创新的研究（陈红军等，2021；张贵等，2022），不同维度邻近性指标的选取也成为当前学者关注的重点。本书借鉴已有区域层面的邻近性测度指标（党兴华等，2013；Hoekman et al.，2009），选取不同维度邻近性的测度指标。

地理邻近性。目前学者多采用区域间的公里数、区域间的球面距离、运行所需时间等表征地理邻近性（苏屹等，2021；张剑等，2022）。考虑到数据的科学性、可获得性及有利于解释结果等，本章借鉴已有研究（曹湛等，2022），用球面距离的相反数测度城市间地理邻近性，该数值越大，地理邻近性越高，反之则越低。

制度邻近性。创新合作主要是区域与外界进行创新交流，区域对外开放程度的影响尤为重要，城市的对外开放水平可以反映城市的开放程度及区域制度方面的差异。因此本章将城市间的对外开放水平距离作为制度邻近性的衡量指标，通过采用进出口总额占 GDP 的比重来衡量城市的对外开放水平，具体可以通过式（7.7）计算城市间的制度邻近性。其中，$open_i$ 表示城市 i 的对外开放水平，$open_j$ 表示城市 j 的对外开放水平。

$$Proximity\_inst_{ij} = \left| open_i - open_j \right| (i \neq j) \tag{7.7}$$

技术邻近性。技术邻近性衡量区域间技术经验的相似程度，城市间存在一定的技术距离有利于合作，因为技术距离将会影响区域间知识和服务的相对吸收能力。有学者认为，技术距离应该分为横向技术距离（技术相似性）与纵向技术距离（技术差异性）（张保胜，2012；史烽等，2016），产业是技术得以产生以及体现的基础。因此，借鉴已有研究（胡俊峰，2022；周锐波等，2021；史烽等，2016），选取城市技术能力距离及城市产业技术相近性表征技术邻近性。城市技术能力采用城市的专利授权量表示，可用城市间专利授权量差值的绝对值来表征城市间的技术能力距离（Te）。产业技术相似性（Is）采用地区产业结构相似系数表示，计算公式如式（7.8）所示：

$$IS_{ij} = \frac{\sum_{k=1}^{n} P_{ik} P_{jk}}{\sqrt{\sum_{k=1}^{n} P_{ik}^2 \times \sum_{k=1}^{n} P_{jk}^2}} \qquad (7.8)$$

其中，IS_{ij}表示城市i和城市j产业结构相似系数，P_{ik}和P_{jk}分别指城市i和城市j第k个产业分类或行业分类的从业人员数占所有产业分类地区从业人员数的比重，n为产业分类数。为了更细化地反映各城市产业结构相似性，本章选用《中国城市统计年鉴》统计的细化行业分类从业人员数，2000~2002年行业分类包括15个，2003~2011年的行业分类进一步细化为农林牧渔业、采矿业、制造业、电力燃气及水的生产和供应业、建筑业、交通运输仓储及邮政业等19个行业。

经济邻近性。经济发展为城市间创新合作提供了更加充足的经济基础，借鉴陈跃刚等（2018）的计算方法，采用城市间实际生产总值反映经济发展，具体通过式（7.9）计算得到城市经济邻近性。其中，GDP_i和GDP_j分别表示城市i和j的实际生产总值。

$$Proximity\_econ_{ij} = \left| GDP_i - GDP_j \right| (i \neq j) \qquad (7.9)$$

（3）控制变量。

城市科研投入对创新产出水平有重要影响，而且人口规模不同、人力资本水平不同等会影响城市的经济发展，进而对邻近性驱动系统协同创新进行干扰（胡俊峰，2022）。因此本章选取研发投入差距（Inp）、人口规模差距（Lev）和人力资本差距（Hc）作为控制变量，借鉴已有研究（韩先锋等，2019；胡艳等，2023），研发投入通过R&D内部经费支出表示，人口规模通过年末总人口数表示，人力资本水平通过城市间高等学校学生数占总人口比重表示，各变量数据进行差值化处理后再取其绝对值，分别表示研发投入水平距离（R-Inp）、人口规模距离（Pop）以及人力资本水平距离（L-Hc）。

综上所述，被解释变量、解释变量及控制变量的指标选取及表征如表7-9所示。本章旨在分析城市间协同活动的驱动因素，协同合作是城市间的关联活动，需将合作城市的各变量进行关联考察，因此，基于各变量的原始数据，将合作城市变量数据进行差值化处理，再取其绝对值，形成各变量的数据矩阵。各变量所使用的数据主要来源于《中国城市统计年鉴》，经过上述处理形成2012～2019年黄河流域99个城市各变量的数据矩阵。

表7-9 变量名称及指标选取

变量类型	准则层	指标层	指标解释
被解释变量	协同水平（Syn）	创新合作频次（Coo）	全年城市合作专利数量
解释变量	地理邻近性（GP）	地理距离（Dis）	球面距离的相反数
	制度邻近性（IP）	对外开放距离（Open）	城市间全年进出口总额占GDP比重差的绝对值
	技术邻近性（TP）	城市技术能力距离（Te）	城市间全年专利授权量差的绝对值
		产业技术相近性（Is）	城市产业结构相似系数
	经济邻近性（EP）	经济发展水平距离（Eco）	城市间全年实际GDP差的绝对值
控制变量	研发投入（Inp）	科研投入水平距离（R-Inp）	城市间全年R&D内部经费支出差的绝对值
	人口水平（Lev）	人口规模距离（Pop）	城市间年末总人口数差的绝对值
	人力资本（Hc）	人力资本水平距离（L-Hc）	城市间高等学校学生数占总人口比重差值的绝对值

7.3.3 回归模型设定

本章主要运用 QAP 多元回归分析等方法，考察黄河流域创新合作的驱动因素。QAP 分析是一种将两个及以上矩阵中各对应元素值的相似性进行比较，给出矩阵间的相关系数，同时对系数进行非参检验的方法，其优点在于不要求变量之间相互独立，适用于违背"共线性"关系矩阵的参数估计和统计检验，可度量"属性数据"与"关系数据"间的关系，并能有效避免无意义显著性检验导致的模型预测功能失效（刘军，2007）。运用 QAP 分析法研究多维邻近性对黄河流域城市创新协同水平的影响，设立模型为：

$$Coo_{ij} = f(GP_{ij}, IP_{ij}, TP_{ij}, EP_{ij}) \tag{7.10}$$

式（7.10）中，Coo_{ij} 表示城市间创新合作频次，以合作专利数表征，GP_{ij}、IP_{ij}、TP_{ij}、EP_{ij} 分别代表地理邻近性、制度邻近性、技术邻近性和经济邻近性。

基于以上变量和数据，将解释变量和控制变量矩阵导入 Ucinet 6.0，进行相关性分析。由于研究区域为黄河流域，2020 年和 2021 年的数据存在统计不完全的情况，缺失数据状况会造成分析不完整，且数据两年之间的变化较小。因此本章仅以城市合作专利分析 2012 ~ 2019 年黄河流域城市协同水平的驱动要素，并将 2012 ~ 2019 年分为四阶段进行研究。各变量相关系数矩阵结果如表 7 - 10 ~ 表 7 - 13 所示。结果表明，各阶段中各变量间的相关性系数的绝对值均小于 0.7，不存在严重的多重共线性问题。

表 7 - 10　　　　　　　　2012 ~ 2013 年各变量间的相关系数

变量		Dis	Open	Is	Te	Eco	R - Inp	Pop	L - Hc
GP	Dis	1							
IP	Open	- 0.129 **	1						
TP	Is	0.154 ***	- 0.189 ***	1					
	Te	0.027	0.467 ***	- 0.041	1				

续表

变量		Dis	Open	Is	Te	Eco	R－Inp	Pop	L－Hc
EP	Eco	－0.127 **	0.186 **	－0.175 ***	0.074	1			
Con	R－Inp	－0.036	0.455 ***	－0.046	0.468 ***	0.116 *	1		
	Pop	－0.093 **	0.126 **	0.015	0.308 ***	0.028	0.143 *	1	
	L－Hc	0.050	0.195 **	－0.022	0.521 ***	0.133 *	0.433 ***	0.042	1

注：*、**、*** 分别表示在10%、5%、1%的水平下显著。

表 7－11　　　　　　　　　2014～2015 年各变量间的相关系数

变量		Dis	Open	Is	Te	Eco	R－Inp	Pop	L－Hc
GP	Dis	1							
IP	Open	－0.130 **	1						
TP	Is	0.133 ***	－0.128 **	1					
	Te	0.025	0.464 ***	0.002	1				
EP	Eco	－0.110 **	0.224 **	－0.165 **	0.128 *	1			
Con	Inp	－0.032	0.485 ***	－0.010	0.554 ***	0.155 *	1		
	Pop	－0.095 **	0.115 **	0.046	0.283 **	0.024	0.175 **	1	
	L－Hc	0.048	0.247 ***	－0.006	0.585 ***	0.180 *	0.539 ***	0.044	1

注：*、**、*** 分别表示在10%、5%、1%的水平下显著。

表 7－12　　　　　　　　　2016～2017 年各变量间的相关系数

变量		Dis	Open	Is	Te	Eco	R－Inp	Pop	L－Hc
GP	Dis	1							
IP	Open	－0.136 **	1						
TP	Is	0.168 ***	－0.123 **	1					
	Te	0.021	0.446 ***	0.023	1				
SP	Eco	－0.100 *	0.254 ***	－0.104 *	0.179 **	1			
Con	R－Inp	－0.029	0.476 ***	－0.027	0.606 ***	0.202 **	1		
	Pop	－0.016	0.197 *	0.099 *	0.092 *	0.007	0.050	1	
	L－Hc	0.042	0.231 ***	0.005	0.573 ***	0.261 ***	0.546 ***	－0.010	1

注：*、**、*** 分别表示在10%、5%、1%的水平下显著。

表 7 − 13　　　　　　　2018 ~ 2019 年各变量间的相关系数

变量		Dis	Open	Is	Te	Eco	R − Inp	Pop	L − Hc
GP	Dis	1							
IP	Open	− 0. 156 ***	1						
TP	Is	0. 220 ***	− 0. 152 ***	1					
	Te	0. 021	0. 433 ***	0. 047	1				
SP	Eco	− 0. 097 *	0. 339 ***	− 0. 184 ***	0. 277 **	1			
Con	R − Inp	− 0. 011	0. 454 ***	− 0. 065	0. 709 ***	0. 270 ***	1		
	Pop	− 0. 016	0. 186 *	0. 070	0. 108 *	0. 022	0. 089 *	1	
	L − Hc	0. 041	0. 210 **	− 0. 018	0. 536 ***	0. 318 ***	0. 607 ***	0. 003	1

注：* 、 ** 、 *** 分别表示在 10% 、5% 、1% 的水平下显著。

7.3.4　驱动因素检验结果分析

（1）基准回归。

本章将被解释变量、解释变量及控制变量矩阵导入 Ucinet 6. 0，经过 2 000 次矩阵置换分别得到四个时段的 QAP 回归结果，具体见表 7 − 14。

表 7 − 14　　　　不同阶段中多维邻近性对创新合作影响的回归结果

变量		Coo			
		2012 ~ 2013 年	2014 ~ 2015 年	2016 ~ 2017 年	2018 ~ 2019 年
GP	Dis	0. 066 ***	0. 085 ***	0. 093 ***	0. 072 ***
IP	Open	0. 082	0. 036 *	0. 056 *	− 0. 023
TP	Is	0. 053 ***	0. 41 ***	0. 028 **	0. 113 **
	Te	0. 097 ***	0. 173 ***	0. 158 ***	0. 156 ***
EP	Eco	− 0. 001	0. 001	− 0. 003	0. 009
Con	R − Inp	− 0. 020	− 0. 013	− 0. 069 *	0. 023
	Pop	− 0. 011 *	− 0. 001	− 0. 016	0. 005
	L − Hc	0. 047 **	0. 055 **	0. 077 **	0. 045 **

注：* 、 ** 、 *** 分别表示在 10% 、5% 、1% 的水平下显著。

第一阶段（2012～2013年），地理邻近性与技术邻近性对协同水平的影响最为显著，经济邻近性次之，制度邻近性不显著。地理距离的系数为正，说明城市相距越远，城市间合作交流越少，地理上越邻近，越有利于城市间创新合作，创新合作越频繁，越有利于提升城市间协同水平；城市技术能力距离的系数显著为正，说明技术能力差距大的城市间创新合作越频繁，其中存在技术能力强的城市带动技术能力弱的城市的现象；产业技术相似性的系数为正，代表产业结构相似也是城市间进行创新合作的关键因素，当城市拥有相似的产业结构基础时，知识共享及创新活动的发生频率逐年提高，更有利于城市间开展创新合作与协同活动。

第二阶段（2014～2015年）与第三阶段（2016～2017年），地理邻近性、技术邻近性与制度邻近性对协同水平的影响较为显著，经济邻近性影响较弱。与第一阶段结果类似，地理距离、技术能力距离及产业技术相似性的系数均显著为正。

第四阶段（2018～2019年），技术邻近性与地理邻近性的显著性较高，经济邻近性显著性与上三个阶段基本一致。结果表明，地理距离、技术能力距离与产业技术相似是影响城市间进行协同活动的关键因素。

就四个邻近性来说，在研究期内所产生的作用不同。其中，地理邻近性在四个阶段测度的系数均显著为正，说明地理距离是城市间进行协同活动的首要考虑因素，研究期内城市间进行创新合作还无法规避地理距离造成的影响，地理上邻近的城市更能够进行创新交流，有利于提升协同水平；从各个阶段的回归结果看，该回归系数逐渐增加，说明地理邻近程度对协同水平的影响作用逐渐加强。

制度邻近性由不显著转变为显著为正，最后又转变为不显著，说明城市间的对外开放距离阶段性影响区域间的创新合作，初期对外开放程度邻近对区域创新合作的影响作用较弱，随着开放程度不同的城市合作交流逐渐频繁，通过开放程度高的城市与程度低的城市间进行创新交流，激活区域创新合作活力，推动区域间创新合作协调发展。

技术邻近性中，城市技术能力距离与产业技术相似性均是驱动系统协同的重要因素。城市产业结构相似度越高或技术能力距离越大越有利于城市间进行协同活动。技术能力差距越大，城市进行创新合作越频繁，一方面创新基础差距大，双方合作产生新知识的可能性越大，更可能开展创新合作；另一方面技术能力弱的城市为了提高自身创新发展，会寻求与技术能力强的城市进行交流合作，从而提升黄河流域整体的创新水平。

经济邻近性中，经济发展水平距离的回归系数不显著，说明经济邻近本身并不是城市进行创新合作的关键驱动因素，可能是由于黄河流域内部城市间经济基础差距较大，不利于支持实质性创新合作关系的建立。

综上所述，分析不同维度邻近性对城市间协同水平的影响，可以得到以下主要结论：第一，地理邻近性是影响城市协同水平的关键因素，地理上越邻近的城市越便于进行创新合作，有利于提高城市的协同水平；城市间地理距离越远，越不利于合作；第二，用对外开放距离衡量城市间的制度邻近性，其阶段性影响城市间的协同水平，制度邻近性过大或过小，都将对协同水平产生不利影响；第三，不同时期城市间技术邻近性都对城市协同水平产生显著影响，技术能力差距越大，能力强的城市辐射或带动作用越明显，有利于提高协同水平，产业结构越相似的城市之间越便于进行创新交流，其创新合作活动越频繁；第四，研究期内经济邻近性对城市间的协同水平尚不存在影响作用。

（2）异质性分析。

黄河流域上游、中游、下游的经济发展水平和发展条件存在差异，区域间的发展差异可能会导致多维邻近性对协同水平的影响呈现不同效果，因此有必要从城市区位差异上探讨多维邻近性对协同水平的影响异质性。本章将黄河流域99个城市按上游、中游和下游进行分组，探讨上游、中游和下游的多维邻近性对城市协同水平的影响差异，回归结果见表7-15。

表 7-15 不同阶段不同区位多维邻近性对创新合作影响的回归结果

变量		上游 Coo			
		2012~2013 年	2014~2015 年	2016~2017 年	2018~2019 年
GP	Dis	0.102 ***	0.135 ***	0.159 ***	0.143 ***
IP	Open	0.020	−0.004	0.066 *	0.028
TP	Is	0.069 **	0.078 **	0.101 **	0.080 **
	Te	0.390 ***	0.709 ***	0.855 ***	0.898 ***
EP	Eco	0.015	0.073 *	0.062	0.066 *
Con	Inp	−0.137 ***	−0.346 ***	−0.474 ***	−0.490 **
	Pop	0.045	0.008	−0.020	−0.018
	L－Hc	0.043	−0.008	0.012	0.018

变量		中游 Coo			
		2012~2013 年	2014~2015 年	2016~2017 年	2018~2019 年
GP	Dis	0.125 ***	0.067 **	0.130 ***	0.129 ***
IP	Open	0.002	0.084	0.071	0.100 *
TP	Is	0.103 ***	0.100 **	0.099 **	0.100 **
	Te	0.351 ***	0.288 ***	0.426 ***	0.358 ***
EP	Eco	0.014	0.013	0.055 *	0.034 *
Con	Inp	0.136 **	0.087	0.109	0.146 **
	Pop	−0.165 ***	−0.103 **	−0.126 **	−0.159 ***
	L－Hc	0.016	0.009	−0.023	0.007

变量		下游 Coo			
		2012~2013 年	2014~2015 年	2016~2017 年	2018~2019 年
GP	Dis	0.077	0.227 ***	0.204 ***	0.289 ***
IP	Open	0.100 **	0.203 ***	0.186 ***	0.274 ***
TP	Is	0.024	−0.054	−0.080 **	−0.056
	Te	−0.121 **	−0.196 **	−0.088	−0.013
EP	Eco	−0.032	−0.035	−0.063	−0.153 ***
Con	Inp	0.056	−0.013	−0.015	−0.086
	Pop	−0.024	−0.005	0.012	0.025
	L－Hc	0.371 ***	0.503 ***	0.430 ***	0.430 ***

注：*、**、*** 分别表示在 10%、5%、1% 的水平下显著。

可以看出，首先，上游、中游和下游地区地理邻近性对城市的协同水平均呈现显著的正向影响，表明不同区位的协同活动都无法规避地理距离的影响，地理邻近性是城市协同水平的关键影响因素，且地理上越邻近，城市间越便于进行协同活动，与表7-14的回归结果基本一致。其次，制度邻近性对下游地区城市的协同水平均呈现出显著的正向影响，对上游和中游地区城市呈现阶段性的正向作用，说明城市间的制度邻近性并不是上游或中游城市进行协同活动的重要影响因素，而制度邻近性对下游城市协同水平存在影响作用，下游城市的对外开放水平存在差异，有利于城市间开展创新合作，进行协同活动。另外，技术邻近性是上游或中游城市协同水平的关键影响因素，其中产业技术相似性和技术能力距离对上游或中游城市的协同水平呈现显著的正向影响，表明对于上游或中游城市产业结构越相似，越有利于城市间进行协同活动，技术能力存在差异，更有利于城市间进行协同交流；对于下游城市，产业结构相似在第三阶段对城市协同水平存在显著的负向作用，其他阶段作用效果不明显，技术能力距离在第一、二阶段对城市协同水平产生显著的负向作用。最后，对于上游、中游和下游地区，经济邻近性对城市协同水平产生阶段性影响，其中，经济邻近性对上游和中游地区城市协同水平产生正向作用，说明经济发展差异阶段性影响上游或中游地区城市间的协同交流，协同活动表现为经济发展较发达的城市带动经济发展欠发达的城市；而对于下游地区，仅第四阶段，经济邻近性对城市协同水平呈现显著的负向作用，说明在2018～2019年经济发展水平差异显著影响下游城市创新合作，差异越大，越不利于城市创新交流。

分析不同区位多维邻近性对城市协同水平的影响，得出以下主要结论：首先，地理邻近性是上游、中游和下游地区城市协同水平的关键影响因素，三个区域均表现出地理上越邻近，城市间越便于进行协同活动。其次，制度邻近性仅正向作用于下游地区，下游地区城市间的对外开放水平存在差异，便于城市进行协同活动，而对上游和中游地区城市作用效果不明显。另外，技术邻近性显著影响上游或中游地区城市协同水平，产业结构越相似，或者技术能力存在差异，都有利于城市间进行协同活动；而对下游城市协同水平的影响呈阶段性特征，不能作为下游城市协同水平的关键影响因素。最后，经济邻近性阶段性影响上游、中游或下游区域城市的协同交流。

7.4 本章小结

黄河流域绿色创新生态系统协同水平的高低不仅是要素间共同作用的结果，更是各子系统间相互联系、相互作用、协同联动程度的体现。本章基于社会网络分析，整体把握黄河流域绿色创新生态系统区域间的协同水平，总结发现，黄河流域整体协同水平逐年提升，但流域内呈现"下游＞中游＞上游"的不均衡现象；省会城市对周边城市的协同引导能力较强，省会城市的协同水平较高，但省会城市对其他城市的控制能力弱化，大多数城市可自主与其他城市进行联系，整体上关联网络在逐渐优化。同时，本章测度了黄河流域城市间的创新协同水平，发现黄河流域城市间的创新协同水平较低，且发展不均衡，但创新合作网络由"单核"向"多核"趋势演变。此外，本章从多维邻近性视角探析黄河流域绿色创新生态系统协同水平的驱动因素。研究发现，地理邻近性与技术邻近性是关键驱动因素，其中，技术邻近性对系统协同产生正向作用，地理上越邻近越便于城市间进行创新协同，制度邻近性阶段性影响城市的协同水平，经济邻近性不属于发挥作用的关键因素。进一步划分流域阶段，地理邻近性是上游、中游和下游地区城市协同水平的关键影响因素；制度邻近性正向作用于下游地区，对于上游地区或中游地区城市作用效果不明显；产业结构相似，或者技术能力存在差距，都有利于上游或中游的城市进行协同活动；经济邻近性阶段性影响上游、中游或下游区域城市的协同水平。

第8章 /

促进黄河流域创新生态系统
协同绿色转向的对策建议

在黄河流域生态保护和高质量发展战略指引下，黄河流域创新生态系统绿色转向已成为流域达成新使命要求、推动绿色发展的现实路径，其中涉及要素本地、要素跨区、区域空间等多个维度的协同。通过研究发现，黄河流域当前区域发展差距较大、创新生态系统发展与新使命要求存在偏离，且系统主要构成种群协同发展趋势趋缓，这些都不利于黄河流域创新生态系统转向绿色。同时，研究还表明，推动不同创新种群生成统一的绿色核心价值主张，充分发挥政、产、学、研、公众与自然之间的协同效应，以及合理利用流域内各地区在地理、技术、制度与经济等方面的邻近性，均能为推动黄河流域创新生态系统协同转向绿色提供动力。本章据此就黄河流域创新生态系统协同绿色转向问题提出对策建议，以期为指导实践提供有益思路。

8.1 以推进能动性要素降本增益促使系统内生演化

黄河流域创新生态系统整体发生绿色转向是由具有主观能动性的微观主体要素（创新知识研发应用种群、创新政策制定种群和公众）之间协同演化的结果。过程上，各能动性要素的初始意愿是影响系统绿色转向速度的重要因素，更高的初始意愿有利于系统的绿色转向更快实现；结果上，各能动性要素发生绿色创新转向的综合成本和收益是决定其稳态均衡行为的核心所在。因此，需要以生成统一的绿色价值主张为核心指引，以降低各能动性要素绿色创新策略选择成本、增加其预期收益为根本手段，促使黄河流域创新生态系统更快、更好向绿色化转变。

提升环保认知，以系统生成绿色价值主张助力要素实现绿色创新收益增加。绿色价值主张生成是黄河流域创新生态系统向黄河流域绿色创新生态系统转变的根本所在，需要以全社会环境保护意识增强为强大依托。一方面，通过加强创新知识研发应用种群的环保意识，增强其对绿色技术创新行为预期利益与潜在收益的感知，从而提升其绿色技术创新的内生驱动能力，引导系统的绿色创新行为进入良性的内生演化路径；另一方面，通过加大对公众环保意识的宣传力度，提升公众参与绿色创新治理的意愿，增强其对绿色创新带来环境效益的感知，进而利用声誉机制加强正面预期，从而倒逼创新知识研发应用种群改变短视行为、进行前瞻性绿色创新，并以增加公众对绿色产品或服务的需求，促动产学研机构绿色创新意愿，从而引发系统更快发生绿色转向。

采取集聚经济、数智技术等多种方式，降低黄河流域绿色创新生态系统内各要素的绿色创新转向成本。对于创新知识研发应用种群而言，可以考虑从加强产业集群、园区的建设与完善等方面入手，利用聚集经济产生的技术溢出效应有效降低其绿色创新成本，从而提升其绿色创新意愿。对于创新政策制定种群和公众而言，当前已步入数字经济时代，新媒体为建立环境保护信息共享机制、公共协商机制、监督机制、各主体要素间深度交流互动机制等提供了诸多机遇，也可以有效降低公众参与绿色创新治理的成本，助力公众快速精准表达民意，从而改变公众缺位的治理现状。这总体上有助于推动创新生态系统更快向绿色转向。

8.2 以促进流域充分合作加速子系统协同演进

根据研究结果，在地理、技术、制度、经济等方面越邻近的地区，越容易形成创新网络，这对黄河流域各省份绿色创新生态系统互动关联、协同演进至关重要。但当前，黄河流域各省份、各流域段等之间的自然特征、资源条件、经济发展、创新水平以及创新生态系统发展现状等均存在显著差异。这可能成为掣肘黄河流域创新生态系统向绿色创新生态系统协同转向的重要力量。因此，亟须通过削弱或解决区域间发展不平衡、发展差距大及其存在发散特征等问题，以全流域的协调合作发展为黄河流域省域或城市子系统间协同发展提供发展动力。

把握政策机遇，推动产业绿色化转型升级。上游地区要充分利用"一带一路""西部大开发"等政策机遇，制定明确的发展战略，将政策倡议与本地区的产业结构和资源优势相结合，明确城市的发展定位和目标，主动吸引国内外投资，特别是来自"一带一路"国家和地区的投资。通过引进投资，加大物流设施等基础设施的建设，以提高物流效率，降低运输成本，促进创新要素与生产要素快速流通，以此对传统产业进行改造和升级，逐步摆脱对资源的依赖，遵循清洁、低碳和循环的原则，实现产业生态化和生态产业化的统一。同时，省级政府和当地政府应该重视上游城市对绿色创新和绿色发展的刚性需求，坚持节约优先、保护优先、修复优先的生态优先原则，打造绿色创新生态系统以更好地服务当地绿色发展，走出一条人与自然和谐共生的绿色发展之路。

降低行政壁垒，促进要素跨界流动。黄河流域上、中、下游城市间发展差距较大，下游城市无论在创新人才投入还是创新产出水平上都表现较好，上游和中游城市大多自然资源较为丰富，城市之间发展差距较大。引导资源要素跨区域合理流动，促进绿色创新要素与生产要素、经济布局在区域上的均衡，对进一步缩小不同区域绿色创新生态系统发展差距具有重要性。因此，各地政府要降低行政壁垒，简化通关手续和行政审批流程，提高要素跨城市的流通效率，并创造条件引导创新人才、资金、技术等创新要素实现跨区域流动、共享，在全流域范围内实现创新要素的充分利用，以此促进各省份绿色创新生态系统协调发展。例如，上游城市可以通过在下游城市设立研究院所，在创新发展较好的城市培养创新人才，再通过人才引进回流，实现本地人才的异地培养。此外，上游和中游城市可以利用自身的资源优势，承接下游城市的产业转移，并积极吸纳高质量创新要素为产业承接奠定基础，从而以要素的充分合理流通带动黄河流域的协调发展。

统筹利用下游地区在黄河流域中的牵引作用。绿色创新是绿色发展的根本动力，是促进绿色发展水平提升的重要途径，基于水的偏向性技术进步是提高水资源利用效率的有效手段。根据研究结论，下游地区绿色创新绩效和基于水的偏向性技术进步均表现出领先水平。因此，要加强黄河流域下游地区与上游和中游地区的交流合作，发挥好辐射牵引作用，共享绿色技术与经验；同时位于黄河流域上游的城市应利用其在"一带一路"中的区位优势，积极引进中游和下游地区的绿色创新技术，加强与中下游的创新合作；绿色创新效率较低的中游地区也要优化资源配置，结合自身特点，在有限的要素投入情况下，加强与上游城市、下游城市的产业合作或创新合作，引进绿色技术和管理模式，减少非期望产出，将绿水青山的生态优势转化为金山银山的经济优势，实现绿色高质量发展，进一步反作用于绿色创新生态系统的发展。

8.3 以强化种群间关联互动驱使系统要素协同绿色转向

创新知识研发应用种群、创新政策制定种群、公众等均是黄河流域绿色创新生态系统的重要组件，系统向绿色的协同转向离不开种群间的关联互动。研究结果表明，黄河流域绿色创新生态系统发展水平不断提升，这有赖于流域创新知识研发应用种群、创新政策制定种群、社会公众、自然环境等的共同优化。黄河流域及流域内各省份都应在创新资源相对匮乏的情况下，以实现绿色创新为长期愿景，结合自身创新主体培育、政策环境、公众绿色需求及生态环境支持等方面的发展优势，打造具有地方特色的协同创新体系，在此基础上形成适配性政策组合，推动全流域创新生态系统要素协同向绿色转向。

以系统持续发展为目标，推动各种群在协同中实现共同发展。前述研究表明，2016年后，黄河流域绿色创新生态系统要素间协调水平增幅趋缓，从各种群发展水平看，这首先主要是由创新知识研发应用种群发展水平大幅度下降造成的。因此，黄河流域应稳定推进知识研发应用种群发展。一方面，应不断提升开放程度，通过扩大招商引资，吸引大型研发型企业入驻，同时，不断完善人才引进、培养及发展政策体系，并不断加强流域本土的人才"造血"功能，培育更多适应黄河流域发展的科技人才；另一方面，持续提升流域高校、科研院所及工业企业科技创新能力，以绿色发展为目标形成绿色科技产出，并通过加强产学研互动，推动科技成果向现实生产力转变。此外，2016年以来，创新政策支持种群、社会公众及自然环境发展水平也在上升中呈现波动态势，需要给予持续关注。对于创新政策制定种群，要充分发挥有为政府作用，通过政策优化等形成有助于企业、高校、科研机构等开展绿色创新的制度体系，通过税收减免、财政支持等手段，加快建立健全融资担保、贴息机制，为流域绿色创新提供支撑；对于社会公众，要提升其绿色创新意愿，调动社会公众参与创新，提升社会公众创新行为意愿，为黄河流域绿色创新生态系统建设提供社会力量；对于自然环境，应加强污染防治，发展清洁能源，构建可持续的生态环境。

结合优势与短板，发展种群间多类型绿色创新协同模式。根据研究结论，驱动黄河流域创新生态系统要素间协同转向的路径有企业、政府与公众三联动绿色创新模式、学研引导的绿色创新模式及政产学研四联动绿色创新模式。因此，为促进黄河流域绿色创新生态系统要素的协同转向，首先，应在各类主体要素形成绿色化价值主张的基础上，各省域结合当地各类种群的发展实践状况及由此产生的创新需求，推进形成以学研引导的，或企业政府公众三联动的，或政产学研四联动的某一种或多种协同创新模式为主的协同创新体系，促进各创新种群、主体深度融合与发展。具体地，企业、学研机构应不断加强人力、财力投入等为绿色创新提供支持，政府应通过坚持对外开放、加强创新基础设施建设及优化研发经费投入结构等为绿色创新提供保障。其次，研究结论还表明，公众支持的缺失是流域绿色创新生态系统要素难以高度协同演化最重要的原因。因此，一方面，应加强对公众重视的环保引导，促进公众主动提升自身素质、积极参与环保活动，同时，通过信访、舆论监督等途径充分表达对环保及绿色创新的需求，积极地、高频次地参与到地区绿色创新过程中，为绿色创新提供社会支撑；另一方面，则要在全社会重视完善公众环保参与平台与环保监督渠道，如官方网站设立举报投诉专栏、投诉热线等，为公众发声提供支持与保障。

8.4 以优化邻近关系促进系统跨区域深化合作

　　黄河流域在空间结构上的复杂性决定了流域创新生态系统的绿色转向必须关注要素跨省份、跨城市的关联合作，从而使流域创新生态系统的子系统间能够超越行政边界，实现协同发展。但就现阶段来看，黄河流域各省份、城市间创新合作频次虽然正处于逐渐提升趋势，但多数省份参与创新合作，进行协同活动的意愿、能力等仍有待进一步提高。

　　加强城市间交通、通信基础设施建设，弱化黄河流域各省份、城市间进行协同活动的地理距离障碍。现阶段，地理距离仍然是影响跨行政边界区域之间协同发展水平的重要影响因素。因此，要加强区域间交通运输网络和信息通信等基础设施的建设，降低城市间进行协同活动的地理成本，弱化地理邻近性对创新合作的束缚，改善知识传播途径和技术扩散地理接近性，推动知识、技术、人才等创新资源的跨区域流动和创新主体的跨区域协同。

　　各地围绕产业发展需求积极发布技术需求，为各地创新主体寻求协同伙伴奠定基础。保持适度的知识异质性和互补性，有利于提升协同水平，因此，协同伙伴应选择既具有共同产业基础且又存在一定技术差异的合作者。黄河流域各城市应结合自身资源禀赋，优化产业结构，加快现代化产业体系建设，并据此探索形成与本地产业发展密切相关的技术体系与技术需求并积极公开发布，为准确从外部获取相关互补技术提供更大可能。同时，各地还应不断加大研发投入，提高自身获取外部技术的能力以及科技成果转化能力。

　　加快形成开放、合作、兼容的黄河流域创新制度环境，推进形成一体化的黄河流域创新共同体。加快完善城市间开展合作的制度体系，坚持战略协同，政府牵头构建各类创新主体跨区域的常态化沟通交流机制，促进创新要素跨区域合理流动。一方面，黄河流域各城市应结合自身实际情况，基于相互扶持理念制定科学合理的开放制度，促进各城市创新交流活动的有效开展；另一方面，开放程度高的城市多与开放程度低的城市进行创新合作，激发各地区创新活力，不断缩小各地技术势差。此外，还可以选取技术能力较强的城市积极打造成为"黄河流域创新极"，并通过加强跨城市创新合作，以创新能力较强城市辐射较弱城市，从而提升流域整体创新水平。

　　加快黄河流域经济发展，打造持续发展的经济环境，为协同活动提供支持和保障。经济发展为协同活动提供了广阔的发展空间和机遇，也带来更多的资本、人才以及市场资源，为进行协同交流提供更多的支持。黄河流域各城市应结合自身情况，通过加大基础设施建设、推动产业转型、重视科技创新、发展数字经济等积极推动经济发展，尤其是上游城市应抓好"东数西算"工程的实施，大力抓好算力基础设施建设，重视数据赋能引发的要素重组或经济增长效应，努力以长期向好的经济发展来支持和保障城市间创新合作有效进行，推动流域经济发展与绿色创新的良性互动互促与协同发展。

第 9 章

结论与展望

本书围绕新使命驱动下黄河流域创新生态系统的绿色转向及协同演化问题进行了深入和系统的研究。本部分再次对项目研究的主要研究结论进行梳理与归纳，其次，结合研究不足及发展实践，为未来研究提出可能的方向。

◾ 9.1 研究结论

黄河流域生态保护和高质量发展这一新的历史战略使命对流域创新生态系统向绿色转向、协同演化形成客观要求。基于黄河流域经济、社会、创新等实践，厘清新使命驱动下流域创新生态系统转向逻辑、构建流域绿色创新生态系统理论框架，并进一步挖掘系统协同演化的驱动因素及路径，对新时期推动黄河流域生态保护和高质量发展，让黄河成为造福人民的幸福河，具有重要意义。本书在从省区范围、自然资源条件、经济社会及创新发展现状等方面，全面梳理黄河流域基础条件与发展现状的基础上，一是通过对新使命要求的凝练，立足实践，从绿色创新绩效与基于水的偏向性技术进步两个方面考察流域创新生态系统发展，分析系统当前状态与新使命要求的实际偏离；二是从理论层面，给出黄河流域构建绿色创新生态系统是应对流域新使命要求的合理性逻辑，并基于绿色转向与协同演化形成包含要素层和空间层的黄河流域绿色创新生态系统理论框架，同时在新使命导向下，探索系统特征及多维协同演化机制，进一步地，探索新使命导向下黄河流域绿色创新生态系统稳定策略，并揭示各主体不同初始状态和不同行为强度对系统演化的影响；三是从实践层面，以黄河流域省域或城市为研究对象，从要素间和区域间两个方面，揭示流域绿色创新生态系统协同演化的时空特征，并在要素层从学研支持、企业支持、政府支持、公众支持和生态支持五个方面，在空间层基于邻近性，从地理邻近、技术邻近、制度邻近和经济邻近四个方面，分别挖掘关键驱动因素。主要得出以下结论：

（1）研究期内，黄河流域经济社会及创新发展呈向好态势，但自然资源逐渐趋紧，且在流域上、中、下游及不同区段之间差异显著。具体地，经济社会方面，全流域经济发展水平、产业结构、对外开放等重要领域均呈提升态势，但各省份之间存在明显差异；创新发展方面，全流域创新资金、人才投入、专利与新产品销售收入等产出均整体呈增长态势，但上游地区增长速度明显小于中、下游地区；自然资源方面，全流域地形地貌复杂、气候类型多样，矿产资源储备丰富，水资源供需矛盾紧张。

（2）黄河流域创新生态系统发展与新使命要求存在明显偏离。一方面，从流域创新生态系统产生的协同绿色创新绩效看，虽然绿色创新产出水平及其占比均整体呈上升态势，但流域各城市间绿色创新协同发展程度较低，与新使命的绿色、协调要求存在明显偏离。另一方面，坚持量水而行、节水优先的基本原则，以水作为流域生产活动的重要因素，依托系统发生的基于水的偏向性技术进步，从投入角度分析是否发生水要素节约，发现黄河流域水资源利用率不断提高，且各城市协同较好，与水资源节约集约利用的要求逐年吻合，从产出角度分析是否发生了废水减排，发现黄河流域创新生态系统发展与新使命绿色发展要求之间的偏离程度逐渐加大，且各城市间未发生明显趋近。进一步基于偏向性技术进步对城市偏离类型进行识别，从节约用水角度看，黄河流域有近七成的城市采用发展节约用水偏向性技术进步缓解水资源短缺，从废水减排角度看，有近八成的城市废水减排技术进步偏向于增加非期望产出，整体上，仅有占流域14.4%的城市同时实现了节水减排的新使命。

（3）基于绿色转向和协同演化的黄河流域创新生态系统是应对新使命要求的合理性逻辑。在黄河流域范围内，绿色创新生态系统是由创新知识研发种群、创新知识应用种群、创新政策制定种群、社会公众和自然环境五类关键要素汇聚，并在有机互动过程中，通过建立良性关系从而实现特定系统功能的多层叠加嵌套结构的复杂巨系统。关键要素围绕绿色创新这一核心活动汇聚互动，从而形成的具有绿色创新价值共创核心功能的开放复杂自适应系统，同时在空间上呈现为由多个结构分明的子系统通过府际协同跨域动态联结而成的网状拓扑结构，呈现出整体性、层次性、协同性、适应性、开放性、复杂性、涌现性七大基本特征，依赖要素本地协同、空间联动协同以及要素跨区协同三大机制共同作用，从而实现持续演进。

（4）面向新使命要求，黄河流域创新生态系统中各要素主体的不同初始状态和行为强度都是导致系统的演进方向与演化速度发生变化的关键因素。首先，各主体要素的更高的初始意愿均有利于创新生态系统的绿色转向更快实现，创新知识研发应用种群、创新政策制定种群及公众都应该充分发挥自身能动性，实现系统多方协同演化，共同向绿色化方向转变。其次，不同主体要素差异化的行为强度都会导致系统演进路径发生改变，当创新知识研发应用种群选择绿色创新的额外研发成本越低、额外收益越高时，创新政策制定种群在绿色创新激励、环保宣传和非绿色创新惩罚方面的强度越大，公众参与到系统中且声誉机制强度越大（即在创新知识研发应用种群选择非绿色创新时声誉受损严重时），更有利于创新生态系统向绿色化方向转变。

（5）黄河流域绿色创新生态系统要素间协同水平有待进一步提升，且这有赖于系统构成要素间的协同驱动。研究表明，黄河流域绿色创新生态系统要素协同水平逐年增长但增速放缓，上中下游、各省域间要素协同水平均存在显著差异，空间分异特征显著。通过对要素间协同演化作用路径分析发现，学研支持、企业支持、公众支持、政府支持和生态支持五个维度的单一条件均不是黄河流域绿色创新生态系统要素间协同演化的必要条件，促进系统要素间高耦合协同的三条组态路径包括企业、政府与公众三联动的绿色创新，学研引导的绿色创新及政产学研生态四联动的绿色创新三种模式。此外，研究还发现，公众支持的缺失是造成黄河流域绿色创新生态系统要素间低耦合协同的重要原因。

（6）黄河流域各省份绿色创新生态系统区域间协同水平逐年提升，且关系网络逐渐优化。同时，通过测度黄河流域区域间要素协同水平，发现流域跨城市协同创新水平较低，且发展不均衡，创新合作网络由"单核"向"多核"趋势演变。从多维邻近的角度挖掘影响黄河流域绿色创新生态系统区域间协同演化的驱动因素发现，地理邻近性与技术邻近性是不同地区绿色创新合作的关键驱动因素，其中，技术邻近能驱动合作创新，地理上越邻近越便于合作创新，制度邻近能阶段性地影响城市间创新合作，经济邻近不是影响城市间创新合作的关键因素。另外，四种邻近性对黄河流域不同流域段创新合作的影响存在差异。

9.2　不足与展望

本书遵循"发现问题—分析问题—解决问题"的逻辑思路，针对新使命驱动下黄河流域创新生态系统绿色转向及协同演化问题进行了较为细致和系统的研究，在理论和实证研究方面做出的一些探讨能在一定程度上丰富当前的研究结论、弥补现有的研究不足。但受课题组成员知识积累、相关研究数据获取难度大等主客观原因及条件的限制，本书仍存在以下不足有待未来改进或深入探讨。

首先，本书对新使命驱动下的黄河流域创新生态系统的绿色转向问题进行了探索性研究，一方面，为突出"绿色"，另一方面，考虑当前社会公众成为驱动创新活动发生的重要动力，本书借用"五螺旋"创新驱动范式所涉及的构成要素作为区域创新生态系统的主要构成要素进行分析。但事实上，区域创新生态系统的构成要素远比这五个螺旋更具多样性，从而使黄河流域创新生态系统或绿色创新生态系统的要素互动关联、多维协同演化的机制更具复杂性、影响因素更具多样性。因此，未来的研究可在关注企业、学研、政府、公众与自然的基础上，加入更多要素，如中介机构等进行补充和完善。进一步地，随着要素加入的多样化及系统关联关系的复杂化程度的提升，黄河流域创新生态系统或绿色创新生态系统发展评价指标体系等也有必要进行进一步改进与完善。

其次，在黄河流域创新生态系统绿色转向关键机制的分析上，本书在通过演化博弈方法进行系统稳定策略分析的基础上，进一步通过数值模拟对系统种群不同初始状态、不同主体行为强度这两个方面对系统演化的影响进行了探索，其本质上是对系统内部演化因素及机制的分析。区域创新生态系统具有开放性特征，与外部环境之间进行物质与能量交换、应对外界环境变迁等也可能是影响系统协同演化的重要方面之一。但为充分探索系统本身的发展、演进过程，受核心研究内容及数据获取较难等的局限，本书并未对影响系统协同演化的外部因素及机制等展开充分研究。因此，未来的研究也可针对外部环境对黄河流域创新生态系统或绿色创新生态系统的影响进行探索。

最后，为获取更加精确的研究结论，本书在黄河流域创新生态系统发展与新使命要求的偏离识别、黄河流域绿色创新生态系统协同演化特征及影响因素分析等主要实证研究内容中尽量采用较小空间尺度的地市层面数据。但受部分重要指标数据难获取的影响，上述研究内容中涉及的基于绿色创新绩效的偏离识别和系统要素层的协同演化特征及影响因素探寻均采用省级层面数据。相关研究结论虽然在省级层面具备科学性、合理性，但未来通过收集与获取地级市层面数据，并进行实证研究，能够形成适用于较小空间尺度下的研究结论。

此外，随着区域创新生态系统理论及实践的不断推进，随着第四次工业革命进程的深入，随着黄河流域创新生态系统在新使命驱动下向绿色转向的紧迫性与必要性程度的提高，还存在许多实践待解的问题，例如，数字经济发展、数字化应用等会如何影响黄河流域创新生态系统向绿色转向的进程？反过来，黄河流域创新生态系统的绿色转向及协同演化又会如何影响地区数字技术的应用与扩散？数据要素在黄河流域创新生态系统或绿色创新生态系统演化发展中的作用是什么？黄河流域如何充分利用数字红利去优化发展区域创新生态系统？等等，这些也都可以成为未来研究关注的内容。

参 考 文 献

[1] 白俊红，王林东．创新驱动对中国地区经济差距的影响：收敛还是发散？[J]．经济科学，2016（2）：18－27．

[2] 才国伟，陈思含，李兵．全国大市场中贸易流量的省际行政边界效应——来自地级市增值税发票的证据[J]．经济研究，2023，58（3）：59－77．

[3] 蔡杜荣，于旭．"架构者"视角下的区域创新生态系统形成与演化——来自珠海高新区的经验证据[J]．南方经济，2022（3）：114－130．

[4] 蔡跃洲，牛新星．中国数字经济增长值规模测算及结构分解[J]．中国社会科学，2021（11）：4－30，204．

[5] 曹慧，石宝峰，赵凯．我国省级绿色创新能力评价及实证[J]．管理学报，2016，13（8）：1215．

[6] 曹湛，朱晟君，戴靓，等．多维邻近性对区域创新合作网络形成的影响——基于江浙沪医学科研机构的实证[J]．地理研究，2022，41（9）：2531－2547．

[7] 陈超凡．节能减排与中国工业绿色增长的模拟预测[J]．中国人口·资源与环境，2018，28（4）：145－154．

[8] 陈春花，朱丽，刘超，等．协同共生论：数字时代的新管理范式[J]．外国经济与管理，2022，44（1）：68－83．

[9] 陈红军，谢富纪．京津冀产学协同创新绩效影响因素分析——基于多维邻近性视角[J]．技术经济，2021，40（10）：108－118．

[10] 陈华斌．试论绿色创新及其激励机制[J]．软科学，1999，13（3）：43－44．

[11] 陈明华, 王哲, 李倩, 等. 黄河流域高质量发展的不平衡不充分测度及成因 [J]. 当代经济研究, 2022 (9): 57-70.

[12] 陈肖飞, 杜景新, 李元为, 等. 高质量发展视角下黄河流域城市网络的结构演变与影响因素研究 [J]. 人文地理, 2023, 38 (1): 87-96.

[13] 陈艳春, 韩伯棠, 岐洁. 中国绿色技术的创新绩效与扩散动力 [J]. 北京理工大学学报 (社会科学版), 2014, 16 (4): 50-56.

[14] 陈邑早, 黄诗华, 王圣媛. 我国区域创新生态系统运行效率: 基于创新价值链视角 [J]. 科研管理, 2022, 43 (7): 11-19.

[15] 陈云伟. 社会网络分析方法在情报分析中的应用研究 [J]. 情报学报, 2019, 38 (1): 21-28.

[16] 程慧, 徐琼, 郭尧琦. 我国旅游资源开发与生态环境耦合协调发展的时空演变 [J]. 经济地理, 2019, 39 (7): 233-240.

[17] 戴靓, 纪宇凡, 王嵩, 等. 中国城市知识创新网络的演化特征及其邻近性机制 [J]. 资源科学, 2022, 44 (7): 1494-1505.

[18] 党兴华, 弓志刚. 多维邻近性对跨区域技术创新合作的影响——基于中国共同专利数据的实证分析 [J]. 科学学研究, 2013, 31 (10): 1590-1600.

[19] 邓慧慧, 杨露鑫. 雾霾治理、地方竞争与工业绿色转型 [J]. 中国工业经济, 2019, 379 (10): 118-136.

[20] 邓晓辉, 张航语, 王惠. 实现高绿色创新绩效的多元组态研究——基于五螺旋绿色创新生态系统理论的定性比较分析 (QCA) [J]. 工业技术经济, 2022, 41 (6): 62-70.

[21] 董直庆, 赵景, 康红叶. 有偏技术进步、技术来源及其经济增长效应 [J]. 东南大学学报 (哲学社会科学版), 2017, 19 (1): 65-74, 144.

[22] 都阳, 张翕. 中国自然失业率及其在调控政策中的应用 [J]. 数量经济技术经济研究, 2022, 39 (12): 26-45.

[23] 杜运周, 贾良定. 组态视角与定性比较分析 (QCA): 管理学研究的一条新道路 [J]. 管理世界, 2017 (6): 155-167.

［24］ 段庆锋，冯珍.多维视角下技术距离对企业研发合作关系影响的实证研究［J］.科技进步与对策，2020，37（14）：110－117.

［25］ 樊霞，贾建林，孟阳仪.创新生态系统研究领域发展与演化分析［J］.管理学报，2018，15（1）：151－158.

［26］ 范斐，戴尚泽，于海潮，等.城市层级对中国城市创新绩效的影响研究［J］.中国软科学，2022（1）：171－181.

［27］ 方创琳，鲍超，马海涛.中国城市群发展报告［M］.北京：科学出版社，2016.

［28］ 方创琳.黄河流域城市群形成发育的空间组织格局与高质量发展［J］.经济地理，2020，40（6）：1－8.

［29］ 傅春，王娟，余伟.环境规制对绿色竞争力的影响机制——基于我国中部地区的实证分析［J］.科技管理研究，2021，41（22）：223－230.

［30］ 干春晖，郑若谷，余典范.中国产业结构变迁对经济增长和波动的影响［J］.经济研究，2011，46（5）：4－16，31.

［31］ 高明，郭施宏，夏玲玲.大气污染府际间合作治理联盟的达成与稳定——基于演化博弈分析［J］.中国管理科学，2016，24（8）：62－70.

［32］ 高月姣，吴和成.创新主体及其交互作用对区域创新能力的影响研究［J］.科研管理，2015，36（10）：51－57.

［33］ 葛鹏飞，韩永楠，武宵旭.中国创新与经济发展的耦合协调性测度与评价［J］.数量经济技术经济研究，2020，37（10）：101－117.

［34］ 葛世帅，曾刚，杨阳，等.基于 DEA－Malmquist 和 Tobit 模型的长三角城市群绿色创新绩效研究［J］.长江流域资源与环境，2022，31（4）：738－749.

［35］ 郭爱君，杨春林，张永年，等.数字经济产业发展对城市绿色创新效率的影响——基于两阶段价值链视角的分析［J］.城市问题，2023，330（1）：49－59.

［36］ 郭百涛，何云梦，汪亚楠.高质量发展要求下的多链联动创新生态系统：机制、框架与实践模式［J］.南京社会科学，2023（6）：40－51.

［37］ 郭付友，高思齐，佟连军，等.黄河流域绿色发展效率的时空

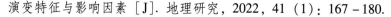

演变特征与影响因素［J］. 地理研究，2022，41（1）：167－180.

［38］郭付友，佟连军，仇方道，等. 黄河流域生态经济走廊绿色发展时空分异特征与影响因素识别［J］. 地理学报，2021，76（3）：726－739.

［39］郭丽娟，刘茜铭. 科技服务业集聚对工业全要素生产率提升的影响［J］. 科技管理研究，2023，43（11）：109－118.

［40］郭沛，冯利华. 有偏技术进步、要素替代和碳排放强度——基于要素增强型 CES 生产函数的门限回归［J］. 经济问题，2019（7）：95－103.

［41］郭淑芬，裴耀琳，吴延瑞. 生产性服务业发展的产业结构调整升级效应研究——来自中国 267 个城市的经验数据［J］. 数量经济技术经济研究，2020，37（10）：45－62.

［42］郭淑芬，任学娜. 科技自立自强背景下使命驱动型创新过程模式——基于我国传统制造业关键核心技术突破的案例考察［J］. 科学学与科学技术管理，2023，44（10）：44－62.

［43］郭淑芬，温璐迪. 科技合作对黄河流域城市创新能力影响的实证检验［J］. 统计与决策，2023，39（10）：171－176.

［44］郭淑芬，张文礼. 科技人才区域集聚为何不同——基于创新环境空间差异的解释［J］. 科技进步与对策，2022，39（11）：152－160.

［45］哈肯·H. 协同学导论［M］. 北京：原子能出版社，1984.

［46］韩先锋，宋文飞，李勃昕. 互联网能成为中国区域创新效率提升的新动能吗［J］. 中国工业经济，2019（7）：119－136.

［47］郝辑. 中国人类可持续发展水平的空间分异格局与驱动因素研究［D］. 长春：吉林大学，2021.

［48］郝龙. 互联网会是挽救"公众参与衰落"的有效力量吗？——20 世纪 90 年代以来的争议与分歧［J］. 电子政务，2020（6）：107－120.

［49］何飞，蓝定香. R&D 强度、就业结构与经济增长［J］. 经济体制改革，2020（4）：72－77.

［50］洪银兴，刘伟，高培勇，等. "习近平新时代中国特色社会主义经济思想"笔谈［J］. 中国社会科学，2018（9）：4－73，204－205.

［51］胡鞍钢，周绍杰. 绿色发展：功能界定、机制分析与发展战略

[J]. 中国人口·资源与环境, 2014, 24 (1): 14-20.

[52] 胡俊峰, 陈晓峰. 上海大都市圈创新共同体构建逻辑与协同治理策略 [J]. 南通大学学报 (社会科学版), 2021, 37 (4): 43-52.

[53] 胡俊峰. 上海大都市圈技术溢出效应及其门槛特征——基于多维邻近性视角 [J]. 科技管理研究, 2022, 42 (17): 65-74.

[54] 胡丽娜. 财政分权、财政科技支出与区域创新能力——基于中国省级面板数据的实证研究 [J]. 经济体制改革, 2020 (5): 149-155.

[55] 胡艳, 张加阳, 杜宇. 财政科技支出、人力资本与长三角区域协调发展 [J]. 华东经济管理, 2023, 37 (10): 13-22.

[56] 黄鲁成, 苗红, 李欣, 等. 使命导向创新政策与中国情景 [J]. 中国软科学, 2021 (1): 44-55.

[57] 黄鲁成. 区域技术创新生态系统的特征 [J]. 中国科技论坛, 2003 (1): 23-26.

[58] 黄燕芬, 张志开, 杨宜勇. 协同治理视域下黄河流域生态保护和高质量发展——欧洲莱茵河流域治理的经验和启示 [J]. 中州学刊, 2020 (2): 18-25.

[59] 贾蓉, 柳卸林. 长江三角洲跨行政区域创新体系的研究 [J]. 科学学与科学技术管理, 2006 (8): 44-50.

[60] 姜庆国. 中国创新生态系统的构建及评价研究 [J]. 经济经纬, 2018, 35 (4): 1-8.

[61] 姜德文, 曹炜. 创建黄河中游水土保持高质量监管示范区的机制与模式 [J]. 人民黄河, 2023, 45 (4): 1-5.

[62] 蒋仁爱, 王龙国, 杨圣豪, 等. ICT与城市创新产出——创新增长、质量分化与空间溢出距离分析 [J]. 科技进步与对策, 2023, 40 (12): 66-77.

[63] 蒋天颖, 华明浩, 许强, 等. 区域创新与城市化耦合发展机制及其空间分异: 以浙江省为例 [J]. 经济地理, 2014, 34 (6): 25-32.

[64] 孔芳霞, 刘新智, 周韩梅, 等. 新型基础设施建设与城市绿色发展耦合协调的时空演变特征与影响因素 [J]. 经济地理, 2022, 42

（9）：22 – 32.

［65］黎元生，胡熠．流域系统协同共生发展机制构建——以长江流域为例［J］．中国特色社会主义研究，2019（5）：76 – 82.

［66］李昊，范德成，张书华，等．我国区域绿色技术创新效率的分类测度和提升模式研究——基于非期望产出的 SBM – SupSBM 模型［J］．运筹与管理，2022，31（4）：184 – 189，203.

［67］李虹，熊振兴．生态占用、绿色发展与环境税改革［J］．经济研究，2017，52（7）：124 – 138.

［68］李静，池金，吴华清．基于水资源的工业绿色偏向型技术进步测度与分析［J］．中国人口·资源与环境，2018，28（10）：131 – 142.

［69］李梦程，王成新，刘海猛，等．黄河流域城市发展质量评价与空间联系网络特征［J］．经济地理，2021，41（12）：84 – 93.

［70］李敏．演化经济学与传统经济理论的比较分析［J］．经济研究参考，2013（69）：87 – 92.

［71］李世辉，程宸．资本性环保支出、公众环境诉求与企业价值——来自重污染行业上市公司的经验证据［J］．华东经济管理，2022，36（5）：66 – 78.

［72］李天柱，马佳，高皓天，等．创新生态系统演化情境下的关键核心技术突破［J］．科研管理，2024，45（1）：51 – 63.

［73］李婉红，李娜．基于复杂网络的制造企业智能化转型动态博弈及仿真——考虑政府与消费者的驱动效应［J］．软科学，2022，36（3）：39 – 47.

［74］李婉红．中国省域工业绿色技术创新产出的时空演化及影响因素：基于30个省域数据的实证研究［J］．管理工程学报，2017，31（2）：9 – 19.

［75］李万，常静，王敏杰，等．创新3.0与创新生态系统［J］．科学学研究，2014，32（12）：1761 – 1770.

［76］李伟．数字经济师高质量发展的重要推动力［N］．北京日报，2019 – 06 – 13.

[77] 李小建，文玉钊，李元征，等．黄河流域高质量发展：人地协调与空间协调 [J]．经济地理，2020，40（4）：1－10．

[78] 李小克，李小平．中国全要素生产率演变的测度和多重效应分解：偏向性技术进步视角 [J]．经济研究，2022，57（4）：191－208．

[79] 李晓娣，饶美仙，巩木．基于变化速度特征视角的我国区域创新生态系统健康性综合评价 [J]．华中师范大学学报（自然科学版），2021，55（5）：696－705．

[80] 李晓娣，张小燕．区域创新生态系统共生对地区科技创新影响研究 [J]．科学学研究，2019，37（5）：909－918，939．

[81] 李晓娣，张小燕．我国区域创新生态系统共生及其进化研究——基于共生度模型、融合速度特征进化动量模型的实证分析 [J]．科学学与科学技术管理，2019，40（4）：48－64．

[82] 李雪，于坤霞，李鹏，等．黄河流域不同水资源区降雨集中度时空演变与驱动力 [J]．水土保持研究，2023，30（5）：266－273．

[83] 理查德·R. 纳尔逊，悉尼·G. 温特．经济变迁的演化理论 [M]．北京：商务印书馆，1997．

[84] 廖凯诚，张玉臣，杜千卉．中国区域创新生态系统动态运行效率的区域差异分解及形成机制研究 [J]．科学学与科学技术管理，2022，43（12）：94－116．

[85] 廖中举，程华．企业环境创新的影响因素及其绩效研究——基于环境政策和企业背景特征的视角 [J]．科学学研究，2014，32（5）：792－800，716．

[86] 林黎，李敬．长江经济带环境污染空间关联的网络分析——基于水污染和大气污染综合指标 [J]．经济问题，2019（9）：86－92，111．

[87] 刘贝贝，左其亭，刁艺璇．绿色科技创新在黄河流域生态保护和高质量发展中的价值体现及实现路径 [J]．资源科学，2021，43（2）：423－432．

[88] 刘畅，李建华．五螺旋创新生态系统协同创新机制研究 [J]．经济纵横，2019（3）：122－128．

[89] 刘传祥，承继成，李琦．可持续发展的基本理论分析 [J]．中国人口·资源与环境，1996 (2)：7 – 11.

[90] 刘和东，鲁晨曦．创新生态系统韧性对经济高质量发展的影响 [J]．中国科技论坛，2023 (1)：48 – 57.

[91] 刘军．QAP：测量"关系"之间关系的一种方法 [J]．社会，2007 (4)：164 – 174，209.

[92] 刘平峰，张旺．创新生态系统共生演化机制研究 [J]．中国科技论坛，2020 (2)：17 – 27.

[93] 刘帅．中国经济增长质量的地区差异与随机收敛 [J]．数量经济技术经济研究，2019，36 (9)：24 – 41.

[94] 刘烜，孙斌，薛建春，等．耦合协调视角下黄河流域城市群一体化发展研究 [J]．资源开发与市场，2023，39 (4)：435 – 443.

[95] 刘耀彬，李仁东，宋学锋．中国城市化与生态环境耦合度分析 [J]．自然资源学报，2005 (1)：105 – 112.

[96] 刘志迎，单洁含．技术距离、地理距离与大学—企业协同创新效应——基于联合专利数据的研究 [J]．科学学研究，2013，31 (9)：1331 – 1337.

[97] 柳卸林，孙海鹰，马雪梅．基于创新生态观的科技管理模式 [J]．科学学与科学技术管理，2015 (1)：18 – 27.

[98] 柳卸林，王倩．面向核心价值主张的创新生态系统演化 [J]．科学学研究，2021，39 (6)：962 – 969.

[99] 柳卸林，杨培培，王倩．创新生态系统——推动创新发展的第四种力量 [J]．科学学研究，2022，40 (6)：1096 – 1104.

[100] 卢建霖，蒋天颖，傅梦钰．数字金融对绿色创新效率的影响路径 [J]．经济地理，2023，43 (1)：141 – 147，235.

[101] 吕俊平，尹晶晶，王佃利．空间尺度下黄河国家战略实施的区域协同模式——基于济南市域协同案例的研究 [J]．城市规划，2023，47 (6)：80 – 88.

[102] 吕晓静，刘霁晴，张恩泽．京津冀创新生态系统活力评价及障

碍因素识别 [J]. 中国科技论坛, 2021 (9): 93 - 103.

[103] 吕岩威, 谢雁翔, 楼贤骏. 中国区域绿色创新效率时空跃迁及收敛趋势研究 [J]. 数量经济技术经济研究, 2020, 37 (5): 78 - 97.

[104] 罗良文, 梁圣蓉. 中国区域工业企业绿色技术创新效率及因素分解 [J]. 中国人口·资源与环境, 2016, 26 (9): 149 - 157.

[105] 马本, 张莉, 郑新业. 收入水平、污染密度与公众环境质量需求 [J]. 世界经济, 2017, 40 (9): 147 - 171.

[106] 马海良, 张格琳. 偏向性技术进步对碳排放效率的影响研究——以长江经济带为例 [J]. 软科学, 2021, 35 (10): 100 - 106.

[107] 毛锦凰, 王林涛. 节能降碳约束、研发投入与工业绿色全要素生产率增长——"双碳"背景下对黄河流域城市群的实证分析 [J]. 西北师大学报 (社会科学版), 2022, 59 (2): 75 - 85.

[108] 梅亮, 陈劲, 刘洋. 创新生态系统: 源起、知识演进和理论框架 [J]. 科学学研究, 2014, 32 (12): 1771 - 1780.

[109] 孟卫东, 傅博. 绿色创新绩效区域集聚效应与空间异质性研究 [J]. 统计与决策, 2017, 484 (16): 94 - 97.

[110] 苗文龙, 何德旭, 周潮. 企业创新行为差异与政府技术创新支出效应 [J]. 经济研究, 2019, 54 (1): 85 - 99.

[111] 欧忠辉, 朱祖平, 夏敏, 等. 创新生态系统共生演化模型及仿真研究 [J]. 科研管理, 2017, 38 (12): 49 - 57.

[112] 潘楚林, 田虹. 环境领导力、绿色组织认同与企业绿色创新绩效 [J]. 管理学报, 2017, 14 (6): 832 - 841.

[113] 彭红燕, 朱鑫卓, 郑念. 双三螺旋模型中公众参与科学的机制及角色 [J]. 自然辩证法研究, 2022, 38 (8): 54 - 59.

[114] 齐绍洲, 林灿, 崔静波. 环境权益交易市场能否诱发绿色创新?——基于我国上市公司绿色专利数据的证据 [J]. 经济研究, 2018, 53 (12): 129 - 143.

[115] 乔瓦西·多西. 创新、演化和经济学: 我们处于什么位置? 该走向何方? [A]. [挪威] 詹·法格博格, [英] 本·马丁, [丹麦] 艾斯

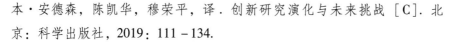

本·安德森，陈凯华，穆荣平，译．创新研究演化与未来挑战［C］．北京：科学出版社，2019：111－134.

［116］秦书生，杨硕．习近平的绿色发展思想探析［J］．理论学刊，2015（6）：4－11.

［117］曲绅豪，周文婷，张翔，等．黄河中游典型流域近60年水沙变化趋势及影响因素［J］．水土保持学报，2023，37（3）：35－42.

［118］曲薪池，侯贵生，孙向彦．政府规制下企业绿色创新生态系统的演化博弈分析——基于初始意愿差异化视角［J］．系统工程，2019，37（6）：1－12.

［119］任保平，张倩．黄河流域高质量发展的战略设计及其支撑体系构建［J］．改革，2019（10）：26－34.

［120］尚杰，许雅茹．生态资本与农业绿色全要素生产率——基于碳强度视角［J］．生态经济，2020，36（6）：107－111，123.

［121］盛彦文，马延吉．区域产学研创新系统耦合协调度评价及影响因素［J］．经济地理，2017，37（11）：10－18，36.

［122］石琳娜，陈劲．基于知识协同的产学研协同创新稳定性研究［J］．科学学与科学技术管理，2023，44（9）：67－81.

［123］史烽，高阳，陈石斌，等．技术距离、地理距离对大学—企业协同创新的影响研究［J］．管理学报，2016，13（11）：1665－1673.

［124］斯丽娟．环境规制对绿色技术创新的影响——基于黄河流域城市面板数据的实证分析［J］．财经问题研究，2020（7）：41－49.

［125］宋敏，任保平．新时代流域经济高质量发展：战略定位、内在诉求与实践路径［J］．经济体制改革，2023（2）：14－22.

［126］宋晓玲，李金叶．产业协同集聚、制度环境与工业绿色创新效率［J］．科技进步与对策，2023，40（4）：56－65.

［127］苏屹，郭家兴，王文静．多维邻近性下新能源合作创新网络演化研究［J］．科研管理，2021，42（8）：67－74.

［128］苏屹，姜雪松，雷家骕，等．区域创新系统协同演进研究［J］．中国软科学，2016（3）：44－61.

[129] 苏屹，李忠婷，李丹．区域创新生态系统组织结构演化研究 [J]．科学管理研究，2019，37（2）：74-77.

[130] 孙才志，童艳丽，刘文新．中国绿色化发展水平测度及动态演化规律 [J]．经济地理，2017，37（2）：15-22.

[131] 孙小龙，李子华，李芳芝．高等教育资源与绿色创新关系的实证检验 [J]．统计与决策，2022，38（23）：80-84.

[132] 覃成林主编．黄河流域经济空间分异与开发 [M]．北京：科学出版社，2011.

[133] 覃柳婷，曾刚．长三角地区不同空间尺度创新合作对城市创新绩效的影响研究 [J]．地理科学，2022，42（10）：1747-1756.

[134] 谭文娟，赵国斌，魏建设，等．黄河流域矿产资源禀赋、分布规律及开发利用潜力 [J]．西北地质，2023，56（2）：163-174.

[135] 唐开翼，欧阳娟，甄杰，等．区域创新生态系统如何驱动创新绩效？——基于31个省市的模糊集定性比较分析 [J]．科学学与科学技术管理，2021，42（7）：53-72.

[136] 田红娜，毕克新．基于自组织的制造业绿色工艺创新系统演化 [J]．科研管理，2012，33（2）：18-25.

[137] 王凤荣，李安然，高维妍．碳金融是否促进了绿色创新水平？——基于碳排放权交易政策的准自然实验 [J]．兰州大学学报（社会科学版），2022，50（6）：59-71.

[138] 王海军，金姝彤，束超慧，等．为什么硅谷能持续产生颠覆性创新——基于企业创新生态系统视角的分析 [J]．科学学研究，2021，39（12）：2267-2280.

[139] 王浩闻，贾云飞，赵瑞雪．科技创新视角下黄河流域农业高质量发展形势与对策 [J]．科学管理研究，2023，41（3）：130-139.

[140] 王纪凯，张峰，油建盛，等．黄河流域工业绿色水资源效率空间网络关联特征 [J]．地理科学，2023，43（6）：1032-1042.

[141] 王建事，于尚坤，胡瑞，等．中国工业高质量发展的时空演变及其科技创新驱动机制 [J]．资源科学，2023，45（6）：1168-1180.

[142] 王姣娥，杜方叶，景悦，等．东北地区城际专利转移的空间：行业路径与影响因素 [J]．资源科学，2022，44（2）：365－374．

[143] 王金南，孙宏亮，续衍雪，等．关于"十四五"长江流域水生态环境保护的思考 [J]．环境科学研究，2020，33（5）：1075－1080．

[144] 王晶晶，程钰．黄河流域技术创新对PM2.5的影响及其空间溢出效应 [J]．中国人口·资源与环境，2022，32（9）：108－118．

[145] 王娟茹，张渝．环境规制、绿色技术创新意愿与绿色技术创新行为 [J]．科学学研究，2018，36（2）：352－360．

[146] 王凯，邹晓东．由国家创新系统到区域创新生态系统——产学研协同创新研究的新视域 [J]．自然辩证法研究，2016，32（9）：97－101．

[147] 王林辉，王辉，董直庆．经济增长和环境质量相容性政策条件——环境技术进步方向视角下的政策偏向效应检验 [J]．管理世界，2020，36（3）：39－60．

[148] 王璐瑶，曲冠楠，Juan Rogers．面向"卡脖子"问题的知识创新生态系统分析：核心挑战、理论构建与现实路径 [J]．科研管理，2022，43（4）：94－102．

[149] 王庆喜，胡志学．多维邻近下浙江城市创新网络演化及其机制研究 [J]．地理科学，2021，41（8）：1380－1388．

[150] 王松，胡树华，牟仁艳．区域创新体系理论溯源与框架 [J]．科学学研究，2013，31（3）：344－349，436．

[151] 王伟楠，吴欣桐，梅亮．创新生态系统：一个情境视角的系统性评述 [J]．科研管理，2019，40（9）：25－36．

[152] 王贤彬，钟夏洋．中央垂直监管如何影响企业环境绩效？——基于《环境空气质量标准》的准自然实验 [J]．产业经济研究，2022（6）：29－42．

[153] 王星，苏文，赵文娜．城市绿色创新效率的区域差异、动态演进及收敛性研究——以黄河流域沿线城市为例 [J]．城市问题，2022（12）：30－41．

[154] 王岩，王登红，黄凡．中国矿产地质志·中国矿产地分省图集

（2020）［M］.北京：地质出版社，2020.

［155］王奕淇，李国平，延步青.流域生态服务价值横向补偿分摊研究［J］.资源科学，2019，41（6）：1013－1023.

［156］王寅，高磊，胡士辉，等.实施黄河流域四川片生态补偿的对策建议［J］.水利发展研究，2022，22（1）：60－62.

［157］王勇，刘厚莲.中国工业绿色转型的减排效应及污染治理投入的影响［J］.经济评论，2015（4）：17－30，44.

［158］王展昭，唐朝阳.区域创新生态系统耗散结构研究［J］.科学学研究，2021，39（1）：170－179.

［159］王兆华，邹朋宇，李浩，等.经济－能源－水耦合视角下黄河流域区域协同发展路径［J］.中国人口·资源与环境，2022，32（8）：10－19.

［160］魏芬芬，冯南平.基于共词分析的创新生态系统协同研究主题［J］.中国科技论坛，2019（10）：179－188.

［161］魏丽莉，侯宇琦.数字经济赋能绿色发展：理论变革、内在逻辑与实现路径［J］.陕西师范大学学报（哲学社会科学版），2023，52（3）：94－106.

［162］魏一鸣，吴刚，刘兰翠，等.能源－经济－环境复杂系统建模与应用进展［J］.管理学报，2005（2）：159－170.

［163］吴金希.从"带土移植"到创建创新生态体系——基于同方威视的探索式案例研究［J］.中国软科学，2015（4）：66－75.

［164］吴晓飞，李长英.国家级区域发展战略是否促进了地区创新？——以"黄三角"战略为例［J］.科学学与科学技术管理，2016，37（1）：21－29.

［165］吴艳霞，李芳菲，陈步宇.长江经济带区域创新生态系统安全性评估研究［J］.华东经济管理，2021，35（9）：39－48.

［166］吴玉鸣，张燕.中国区域经济增长与环境的耦合协调发展研究［J］.资源科学，2008，30（1）：25－30.

［167］伍先福，钟鹏，黄骁."新基建"提升了战略性新兴产业的技

术效率吗 [J]. 财经科学, 2020 (11): 65－80.

[168] 武翠, 谭清美. 长三角一体化区域创新生态系统动态演化研究——基于创新种群异质性与共生性视角 [J]. 科技进步与对策, 2021, 38 (5): 38－47.

[169] 武宵旭, 任保平, 葛鹏飞. 黄河流域技术创新与绿色发展的耦合协调关系 [J]. 中国人口·资源与环境, 2022, 32 (8): 20－28.

[170] 武学超. 五重螺旋创新生态系统要素构成及运行机理 [J]. 自然辩证法研究, 2015, 31 (6): 50－53.

[171] 习近平. 在黄河流域生态保护和高质量发展座谈会上的讲话 [J]. 求是, 2019 (20): 4－11.

[172] 肖刚, 杜德斌, 戴其文. 中国区域创新差异的时空格局演变 [J]. 科研管理, 2016, 37 (5): 42－50.

[173] 肖黎明, 高军峰, 韩彬. 中国省际绿色创新效率的空间溢出效应——同质性和异质性检验 [J]. 工业技术经济, 2018, 37 (4): 30－38.

[174] 肖敏, 谢富纪. 我国 R&D 强度变化趋势及稳定增长研究——基于创新型国家建设的视角 [J]. 科学学与科学技术管理, 2009, 30 (8): 30－33.

[175] 肖振红, 李炎. 高专利密集度制造业绿色创新路径演化分析——知识产权保护强度视角 [J]. 管理评论, 2022, 34 (11): 88－98.

[176] 谢其军, 冯楚建, 宋伟. 合作网络、知识产权能力与区域自主创新程度: 一个有调节的中介模型 [J]. 科研管理, 2019, 40 (11): 85－94.

[177] 熊彼特. 资本主义、社会主义与民主 [M]. 北京: 商务印书馆, 1999: 146－147.

[178] 熊曦, 张陶, 段宜嘉, 等. 长江中游城市群绿色化发展水平测度及其差异 [J]. 经济地理, 2019, 39 (12): 96－102.

[179] 徐娟, 张梦潇, 罗天雨. 科技人才政策对区域创新绩效的门槛效应研究 [J]. 技术经济, 2023, 42 (7): 1－12.

[180] 徐君, 郭鑫, 蒋雨晨. 区域创新生态圈自主进化能力评价及实

证研究 [J]. 软科学, 2022, 36 (1): 108 – 113, 119.

[181] 许宪春, 任雪, 常子豪. 大数据与绿色发展 [J]. 经济研究参考, 2019 (10): 97 – 110.

[182] 许佑江. 黄河流域节水偏向性技术进步时空演进及影响因素研究 [D]. 太原: 山西财经大学, 2023.

[183] 许玉洁, 刘曙光. 黄河流域绿色创新效率空间格局演化及其影响因素 [J]. 自然资源学报, 2022, 37 (3): 627 – 644.

[184] 闫东升, 孙伟, 李平星, 等. 长三角一体化区域扩容的城市创新发展效应研究 [J]. 地理研究, 2022, 41 (9): 2568 – 2586.

[185] 闫华飞, 肖静. 对外开放、市场竞争与长江经济带工业绿色技术创新效率 [J]. 生态经济, 2022, 38 (11): 72 – 77.

[186] 杨博旭, 柳卸林, 吉晓慧. 区域创新生态系统: 知识基础与理论框架 [J]. 科技进步与对策, 2023, 40 (13): 152 – 160.

[187] 杨力, 刘敦虎, 魏奇锋. 共生理论下区域创新生态系统能级提升研究 [J]. 科学学研究, 2023, 41 (10): 1897 – 1909.

[188] 杨骞, 刘鑫鹏, 孙淑惠. 中国科技创新效率的区域差异及其成因识别——基于重大国家区域发展战略 [J] 科学学研究, 2022, 40 (5): 927 – 937, 949.

[189] 杨伟, 周青, 方刚. 产业创新生态系统数字转型的试探性治理——概念框架与案例解释 [J]. 研究与发展管理, 2020, 32 (6): 13 – 25.

[190] 杨志江, 文超祥. 中国绿色发展效率的评价与区域差异 [J]. 经济地理, 2017, 37 (3): 10 – 18.

[191] 易巍, 龙小宁. 行政边界与专利知识传播 [J]. 数量经济技术经济研究, 2023, 40 (10): 159 – 180.

[192] 尹虹潘. 开放环境下的中国地理重塑——"第一自然"的再发现与"第二自然"的再创造 [J]. 中国工业经济, 2012, 290 (5): 18 – 30.

[193] 余峰. 如何正确测度我国农村居民的恩格尔系数? ——基于宏

观和微观视角的实证研究 [J]. 经济问题，2021 (7)：37 - 44.

[194] 袁胜军，彭长生，钟昌标，等. 创新驱动背景下企业外来技术比重变化研究 [J]. 中国软科学，2018 (7)：39 - 48.

[195] 岳立，薛丹. 黄河流域沿线城市绿色发展效率时空演变及其影响因素 [J]. 资源科学，2020，42 (12)：2274 - 2284.

[196] 岳立，闫慧贞. 黄河流域技术进步对资源型城市绿色发展影响 [J]. 科学学研究，2023，41 (9)：1615 - 1626，1637.

[197] 曾刚，胡森林. 技术创新对黄河流域城市绿色发展的影响研究 [J]. 地理科学，2021，42 (8)：1314 - 1323.

[198] 曾经纬，薛璐绮，李柏洲. 绿色创新生态系统生成机制研究 [J]. 科技进步与对策，2021，38 (13)：11 - 19.

[199] 翟琼，朱培伟，任仁. 环境规制、生产性服务业集聚与城市绿色创新 [J]. 宏观经济研究，2022，289 (12)：98 - 114.

[200] 张保胜. 技术距离、知识溢出与区域经济收敛：一个分析框架 [J]. 科技进步与对策，2012，29 (20)：32 - 35.

[201] 张贵，孙晨晨，吕晓静. 多维邻近视角下京津冀知识创新合作网络研究 [J]. 华东经济管理，2022，36 (6)：1 - 12.

[202] 张国兴，张婧钰，周桂芳. 黄河流域资源型城市生态安全等级边界及演化趋势 [J]. 资源科学，2023，45 (4)：762 - 775.

[203] 张会言，杨立彬，张新海. 黄河流域经济社会发展指标分析 [J]. 人民黄河，2013，35 (10)：11 - 13.

[204] 张杰，范雨婷. 创新型城市绿色发展：效率测算、外部性与提升路径 [J]. 中国人口·资源与环境，2023，33 (2)：102 - 112.

[205] 张杰，张剑勇，马蓝. 黄河流域生态保护与高质量发展耦合协调关系实证分析 [J]. 人民黄河，2023 (8)：1 - 6.

[206] 张可云，张江. 城市群多中心性与绿色发展效率——基于异质性的城镇化空间布局分析 [J]. 中国人口·资源与环境，2022，32 (2)：107 - 117.

[207] 张辽，黄蕾琼. 中国工业企业绿色技术创新效率的测度及其时

空分异特征——基于改进的三阶段 SBM – DEA 模型分析 [J]. 统计与信息论坛, 2020, 35 (12): 50 – 61.

[208] 张璐娜, 胡贝贝, 王胜光. 数字经济演进机理及特征研究 [J]. 科学学研究, 2021, 39 (3): 406 – 414.

[209] 张妮, 赵晓冬. 区域创新生态系统可持续运行建设路径研究 [J]. 科技进步与对策, 2022, 39 (6): 51 – 61.

[210] 张晓莹. 京津冀科技服务业对区域创新能力提升的影响研究 [D]. 北京: 首都经济贸易大学, 2018.

[211] 张学文, 陈劲. 使命驱动型创新: 源起、依据、政策逻辑与基本标准 [J]. 科学学与科学技术管理, 2019, 40 (10): 3 – 13.

[212] 张艺, 杜军, 白福臣. 产学研三螺旋互动有利于知识创造吗? [J]. 科研管理, 2023, 44 (5): 131 – 139.

[213] 张玉臣, 朱铭祺, 廖凯诚. 粤港澳大湾区创新生态系统内部耦合时空演化及空间收敛分析 [J]. 科技进步与对策, 2021, 38 (24): 38 – 47.

[214] 张跃, 刘莉, 黄帅金. 区域一体化促进了城市群经济高质量发展吗? ——基于长三角城市经济协调会的准自然实验 [J]. 科学学研究, 2021, 39 (1): 63 – 72.

[215] 张志新, 孙照吉, 薛翘. 黄河三角洲区域科技创新能力综合分析与评价研究 [J]. 经济问题, 2014 (4): 100 – 105.

[216] 张子龙, 王博, 龙志, 等. 财政分权、产业升级、技术进步与 "资源诅咒" ——基于黄河流域资源型城市的实证分析 [J]. 经济经纬, 2021, 38 (3): 133 – 141.

[217] 赵景峰, 李妍. 数字经济对黄河流域科技创新产出的影响及空间溢出效应研究 [J]. 科技管理研究, 2022, 42 (9): 56 – 63.

[218] 赵康杰, 吴亚君, 刘星晨. 中国创新合作网络的演进特征及影响因素研究——以 SCI 论文合作为例 [J]. 科研管理, 2022, 43 (7): 96 – 105.

[219] 赵明亮, 刘芳毅, 王欢, 等. FDI、环境规制与黄河流域城市

绿色全要素生产率 [J]. 经济地理, 2020, 40 (4): 38 - 47.

[220] 钟顺昌, 邵佳辉. 黄河流域创新发展的分布动态、空间差异及收敛性研究 [J]. 数量经济技术经济研究, 2022, 39 (5): 25 - 46.

[221] 仲崇阳, 胡彬, 余子然. 股东权益司法保护的空间非均衡及动态演进——相对差异与绝对差异双重视角的考察 [J]. 财贸研究, 2021, 32 (6): 66 - 79.

[222] 周全, 程梦婷, 吴绍波. 战略性新兴产业创新生态圈的五螺旋创新机制与实施路径 [J]. 科学管理研究, 2022, 40 (2): 73 - 79.

[223] 周锐波, 邱奕锋, 胡耀宗. 中国城市创新网络演化特征及多维邻近性机制 [J]. 经济地理, 2021, 41 (5): 1 - 10.

[224] 朱承亮, 刘瑞明, 王宏伟. 专利密集型产业绿色创新绩效评估及提升路径 [J]. 数量经济技术经济研究, 2018, 35 (4): 61 - 79.

[225] 朱东波. 习近平绿色发展理念: 思想基础、内涵体系与时代价值 [J]. 经济学家, 2020 (3): 5 - 15.

[226] 朱丽, 刘超, 陈春花. 数字时代的协同共生框架: 系统效率与价值进化 [J]. 管理学报, 2023, 20 (6): 789 - 799.

[227] 朱志红, 邱书香, 徐平, 等. 智能城市绿色创新生态系统模型研究 [J]. 科技管理研究, 2017, 37 (6): 230 - 234.

[228] 邹璇, 雷璨, 胡春. 环境分权与区域绿色发展 [J]. 中国人口·资源与环境, 2019, 29 (6): 97 - 106.

[229] Adner R. Ecosystem as structure: An actionable construct for strategy [J]. *Journal of Management*, 2017, 43 (1): 39 - 58.

[230] Adner R. , Kapoor R. Innovation ecosystems and the pace of substitution: Re-examining technology Scurves [J]. *Strategic Management Journal*, 2016, 37 (4): 625 - 648.

[231] Adner R. , Kapoor R. Value creation in innovation ecosystem: How the structure of technological interdependence affects firm performance in new technology generation [J]. *Strategic Management Journal*, 2010, 31 (3): 306 - 333.

［232］ Adner R. Match your innovation strategy to your innovation ecosystem ［J］. *Harvard Business Review*, 2006 （4）: 98 – 107.

［233］ Antonioli D. , Borghesi S. , Mazzanti M. Are regional systems greening the economy? Local spillovers, green innovations and firms economic performances ［J］. *Economics of Innovation and New Technology*, 2016, 25 （7）: 692 – 713.

［234］ Antonpoulou K. , Begkos C. Strategizing for digital innovations: Value propositions for transcending market boundaries ［J］. *Technological Forecasting and Social Change*, 2020, 156: 120042.

［235］ Arribas – Ibar M. , Nylund P. , Brem A. The risk of dissolution of sustainable innovation ecosystems in times of crisis: the electric vehicle during the COVID – 19 pandemic ［J］. *Sustainability*, 2021, 13 （3）: 1319.

［236］ Bao Y. , Ely A. , Hopkins M. M. , et al. Exploring the antibiotics innovation system and R&D policies in China: Mission oriented innovation? ［R］. SPRU – Science Policy Research Unit, University of Sussex Business School, 2021.

［237］ Barca F. , McCann P. , Rodríguez – Pose A. The case for regional development intervention: Place-based versus place-neutral approaches ［J］. *Journal of Regional Science*, 2012, 52 （1）: 134 – 152.

［238］ Barro R. J. , Sala – I – Martin X. Converge ［J］. *Journal of Political Economy*, 1992, 100 （2）: 223 – 251.

［239］ Bartlett D. , Trifilova A. Green technology and eco-innovation: Seven case studies from a Russian manufacturing context ［J］. *Journal of Manufacturing Technology Management*, 2010, 21 （8）: 910 – 929.

［240］ Berrone P. , Fosfuri A. , Gelabert L. , et al. Necessity as the mother of "green" inventions: Institutional pressures and environmental innovations ［J］. *Strategic Management Journal*, 2013, 34 （8）: 891 – 909.

［241］ Boschma R. Proximity and innovation: A critical assessment ［J］. *Regional Studies*, 2005, 39 （1）: 61 – 74.

［242］ Bozeman B. , Rimes H. , Youtie J. The evolving state-of-the-art in technology transfer research: Revisiting the contingent effectiveness model ［J］. *Research Policy*, 2015, 44 (1): 34 – 49.

［243］ Braun E. , Wield D. Regulation as a means for the social control of technology ［J］. *Technology Analysis & Strategic Management*, 1994, 6 (3): 259 – 272.

［244］ Butler J. , Gibson D. Research universities in the framework of regional innovation eco-system: The case of Austin, Texas ［J］. *Foresight and STI Governance*, 2013, 7 (2): 42 – 57.

［245］ Cai W. , Li G. The drivers of eco-innovation and its impact on performance: Evidence from China ［J］. *Journal of Cleaner Production*, 2018, 176: 110 – 118.

［246］ Campell D. F. J. , Carayannis E. G. E. , Rehman S. S. Quadruple helix structures of quality of democracy in innovation system: The USA, PECD Countries, and EU member countries in global comparison ［J］. *Journal of the Knowledge Economy*, 2015, 6 (3): 467 – 493.

［247］ Cantner U. , Vannuccini S. Elements of a Schumpeterian catalytic research and innovation policy ［J］. Industrial and Corporate Change, 2018, 27 (5): 833 – 850.

［248］ Carayannis E. G. , Barth T. D. , Campbell D. F. J. The quintuple helix innovation model: Global warming as a challenge and driver for innovation ［J］. *Journal of Innovation and Entrepreneurship*, 2012, 1 (1): 1 – 12.

［249］ Carayannis E. G. , Campbell D. F. J. "Mode 3" and "quadruple helix": Toward a 21st century fractal innovation ecosystem ［J］. *International Journal of Technology Management*, 2009, 46 (3/4): 201 – 234.

［250］ Carayannis E. G. , Goletsis Y. , Grigoroudis E. Composite innovation metrics: MCDA and the quadruple innovation helix framework ［J］. *Technological Forecasting and Social Change*, 2018 (131): 4 – 17.

［251］ Chen Y. S. , Lai S. B. , Wen C. T. The influence of green innovation performance on corporate advantage in Taiwan [J]. *Journal of Business Ethics*, 2006, 67 (4): 331 –339.

[252] C. I. , Fu-yi, L. I. , et al. Regional green innovation system mode and its implication: A case study in eastern China coastal areas [J]. *Ecological Economy*, 2020, 16 (1): 37 –59.

[253] Cook P. , Uranga M. , Extebattia G. Regional systems of innovation: An evolutionary perspective [J]. *Environment and Planning*, 1998, 30: 1563 –1584.

[254] Costa J. , Matias J. Open innovation 4. 0 as an enhancer of sustainable innovation ecosystems [J]. *Sustainability*, 2020, 12 (9): 8112.

[255] Crespo J. , Suire R. , Vicente J. Lock-in or lock-out? How structural properties of knowledge networks affect regional resilience [J]. *Journal of Economic Geography*, 2014, 14: 199 –219.

[256] Çubukcu A. , Ulusoy T. , and Boz E. Y. Crowdfunding and open innovation together: A conceptual framework of a hybrid crowd innovation model [J]. *Innovation Technology Management*, 2021, 17 (8): 1 –24.

[257] Dattée, Brice, Alexy, et al. Maneuvering in poor visibility: How firms play the ecosystem game when uncertainty is high [J]. *Academy of Management Journal*, 2018, 61 (2): 466 –498.

[258] Davis J. P. Group dynamics of inter organizational relationships: Collaborating with multiple partners in innovation ecosystems [J]. *Social Science Electronic Publishing*, 2009, 61 (4): 621 –661.

[259] Edquist C. Systems of innovation: Technologies, institutions and organizations [J]. *Social Science Electronic Publishing*, 1997.

[260] Edquist C. , Zabala – Iturriagagoitia J. M. Public procurement for innovation as mission-oriented innovation policy [J]. *Research Policy*, 2012, 41 (10): 1757 –1769.

[261] Ehrlich P. R. , Raven P. H. Butterflies and plants: A study incoevolution [J]. *Evolution*, 1964, 18 (4): 586 –608.

[262] Elias G. C. , Thorsten D. B. , David F. J. C. The quintuple helix innovation model: Global warming as a challenge and driver for innovation [J]. *Journal of Innovation and Entrepreneurship*, 2012, 1: 2.

[263] Emily B. , Michael D. W. , Gareth H. D. Recipes for success: Conditions for knowledge transfer across open innovation ecosystems [J]. *International Journal of Information Management*, 2019 (49): 377 – 387.

[264] Etzkowitz H. , Leydesdorff L. The dynamics of innovation: From national systems and "mode 2" to a triple helix of university-industry-government relations [J]. *Research Policy*, '2000 (29): 109 – 123.

[265] Etzkowitz H. , Leydesdorff L. The triple helix university-industry-government relations: A laboratory for knowledge based economic development [J]. *EASST Review*, 1995, 14 (1): 14 – 19.

[266] Fainshmidt S. , Witt M. A. , Aguilera R. V. , et al. The contributions of qualitative comparative analysis (QCA) to international business research [J]. *Journal of International Business Studies*, 2020, 51: 455 – 466.

[267] Feng C. , Wang M. , Liu G. C. , et al. Green development performance and its influencing factors: A global perspective [J]. *Journal of Cleaner Production*, 2017, 144: 32 – 333.

[268] Fernanda K. S. , Leandro D. S. N. , Daniela C. D. M. The role of trust in innovation ecosystems [J]. *Journal of Business & Industrial Marketing*, 2022, 37 (1): 195 – 208.

[269] Fiss P. C. Building better causal theories: A fuzzy set approach to typologies in organization research [J]. *Academy of Management Journal*, 2011, 54 (2): 393 – 420.

[270] Foray D. , Mowery D. C. , Nelson R. R. Public R&D and social challenges: What lessons from mission R&D programs? [J]. *Research Policy*, 2012, 41 (10): 1697 – 1702.

[271] Foray D. On sector-non-neutral innovation policy: Towards new design principles [J]. *Journal of Evolutionary Economics*, 2019, 29 (5): 1379 –

1397.

[272] Freeman C. *Technology, Policy, and Economic Performance: Lessons from Japan* [M]. New York: Pinter Publishers, 1987.

[273] Färe R. , Grifelltatje E. , Grosskopf S. , et al. Biased technical change and the Malmquist productivity index [J]. *The Scandinavian Journal of Economics*, 1997, 99 (1): 119 – 127.

[274] Fussler C. , James P. *Driving Ecoinnovation: A Breakthrough Discipline for Innovation and Sustainability* [M]. London: Pitman Pub, 1996.

[275] Gao Y. , Zhang M. The measure of technical efficiency of China's provinces with carbon emission factor and the analysis of the influence of structural variables [J]. *Structural Change and Economic Dynamics*, 2019, 49: 120 – 129.

[276] Gobble M. A. M. Charting the innovation ecosystem [J]. *Research Technology Management*, 2014, 57 (4): 55 – 59.

[277] Gobble M. A. M. Digitalization, digitization, and innovation [J]. *Research Technology Management*, 2018, 61 (4): 56 – 59.

[278] Granstrand O. , Holgersson M. Innovation ecosystems: A conceptual review and a new definition [J]. *Technovation*, 2020, 90 – 91: 102098.

[279] Griliches Z. The search for R&D spillovers [J]. *The Scandinavian Journal of Economics*, 1992, 94: 29 – 47.

[280] Guo M. M. , Kuai Y. C. , Liu X. Y. Stock market response to environmental policies: Evidence from heavily polluting firms in China [J]. *Economic Modelling*, 2020, 86: 306 – 316.

[281] Han E. J. , Hong S. G. A conceptual framework for value co-creation in an innovation ecosystem: The case of technology-based collaboration network [J]. *Journal of the Korea Industrial Information Systems Research*, 2017, 22 (4): 29 – 43.

[282] Harmaakorpi V. , Rinkinen S. Regional development platforms as incubators of business ecosystems case study: The Lahti urban region, Finland

［J］. *Growth and Change*, 2020, 51 （2）: 626 –645.

［283］ Horbach J. Determinants of environmental innovation—new evidence from German panel data sources ［J］. *Research Policy*, 2008 （1）: 163 –173.

［284］ Jarno H. , Koen F. , Frank V. O. The geography of collaborative knowledge production in Europe ［J］. *The Annals of Regional Science*, 2009, 43 （3）: 721 –738.

［285］ Jin W. , Zhang H. , Liu S. , et al. Technological innovation, environmental regulation, and green total factor efficiency of industrial water resource ［J］. *Journal of Cleaner Production*, 2019, 211: 61 –69.

［286］ Jukka V. Profiling Regional innovation ecosystems as functional collaborative systems: The case of Cambridge ［J］. *Technology Innovation Management Review*, 2016, 6 （12）: 6 –25.

［287］ Karo E. Mission-oriented innovation policies and bureaucracies in East Asia ［J］. Industrial and Corporate Change, 2018, 27 （5）: 867 –881.

［288］ Kattel R. , Mazzucato M. Mission-oriented innovation policy and dynamic capabilities in the publicsector ［J］. *Industrial and Corporate Change*, 2018, 27 （5）: 787 –801.

［289］ Kemp R. , Smith K. , Becher G. *How Should We Study the Relationship between Environmental Regulation and Innovation?* ［M］. Heidelberg: Physica – Verlag H, 2000.

［290］ Ke R. , Lin Y. , Jiang Y. , et al. Exploring regional innovation ecosystems: An empirical study in China ［J］. *Industry and Innovation*, 2020, 28 （5）: 1 –25.

［291］ Kuittnen H. , Unger M. , TÜrk A. , et al. *Missionoriented Research and Innovation: Inventory and Characterisation of Initiatives* ［M］. European Commission EC, 2018a.

［292］ Kuznets S. , Murphy J. T. *Modern Economic Growth: Rate, Structure, and Spread* ［M］. New Haven: Yale University Press, 1966.

［293］ Larrue P. The design and implementation of mission-oriented innovation policies: A new systemic policy approach to address societal challenges [R]. OECD Science, Technology and Industry Policy, 2021.

[294] Lei M., Zheng L., Xiaojing H., et al. The impact of local government policy on innovation ecosystem in knowledge resource scarce region: Case study of Changzhou, China [J]. *Science, Technology & Society*, 2019, 24 (1): 29 – 52.

[295] Leonardo A. V. G., A. L. Figueiredo F., Mario S. S., et al. Unpacking the innovation ecosystem construct: Evolution, gaps and trends [J]. *Technological Forecasting & Social Change*, 2018 (36): 30 – 48.

[296] Lindner R., Edker J., Hufnagl M., et al. Mission-oriented innovation policy: From ambition to successful implementation [R]. Perspectives – Policy Brief, 2021.

[297] Liu G., Wang B., Zhang N. A coin has two sides: Which one is driving China's green TFP growth? [J]. *Economic Systems*, 2016, 40 (3): 481 – 498.

[298] Liu R. J., Tang F. C., Wang Y. H., et al. A modifed NK algorithm based on BP neural network and dematel for evolution path optimization of urban innovation ecosystem [J]. *Complex & Intelligent Systems*, 2021, 9 (3): 2333 – 2349.

[299] Lundvall B. National innovation systems—analytical concept and development tool [J]. *Industry & Innovation*, 2007, 14 (1): 95 – 119.

[300] Lundvall B. *National Systems of Innovation: Toward a Theory of Innovation and Interactive learning* [M]. London: Anthem Press, 2010.

[301] Lundvall B. *National Systems of Innovation: Towards A Theory* [M]. New York: Pinter Publishers, 1992.

[302] Mansfield E. Patents and innovation: An empirical study [J]. *Management Science*, 1986, 32 (2): 173 – 181.

[303] Martha L. S., David M. Ecosystems of innovation: Factors of social innovation and its role in public policies [J]. *Innovation: The European*

Journal of Social Science Research, 2022, 35（4）: 569 –588.

［304］ Mazzucato M. Mission-oriented innovation policies: Challenges and opportunities ［J］. *Industrial and Corporate Change*, 2018a, 27（5）: 803 – 815.

［305］ Mazzucato M. *Mission-oriented Research & Innovation in the European Union: A Problem-solving Approach to Fuel Innovation-led Growth* ［M］. 2018b, European Commission.

［306］ Mazzucato M., Kattel R., Ryan – Collins J. Challenge-driven innovation policy: Towards a new policy toolkit ［J］. *Journal of Industry, Competition and Trade*, 2020, 20: 421 –437.

［307］ McAdam M., Miller K., McAdam R. University business models in disequilibrium-engaging industry and end users within university technology transfer processes ［J］. *R&D Management*, 2017, 47（3）: 458 –472.

［308］ Melander L., Arvidsson A. Green innovation networks: A research agenda ［J］. *Journal of Cleaner Production*, 2022, 7（10）: 357.

［309］ Miketa A., Mulder P. Energy productivity convergence across developed and developing countries in 10 manufacturing sectors ［J］. *Energy Economics*, 2005, 27（3）: 429 –453.

［310］ Moore J. F. Predators and prey-a new ecology of competition ［J］. *Harvard Business Review*, 1993, 71（3）: 75 –86.

［311］ Mowery D. C. Defense-related R&D as a model for "Grand Challenges" technology policies ［J］. *Research Policy*, 2012, 41（10）: 1703 – 1715.

［312］ Mowery D. C., Nelson R. R., Martin B. R. Technology policy and global warming: Why new policy models are needed（or why putting new wine in old bottles won't work）［J］. *Research Policy*, 2010, 39（8）: 1011 –1023.

［313］ Nelson R. *National innovation systems: A comparative analysis* ［M］. Oxford: Oxford University Press, 1993.

［314］ Oh D. A global Malmquist – Luenberger productivity index ［J］.

Journal of Productivity Analysis, 2010, 34 (3): 183 – 197.

[315] Oh D., Philips F., Park S., et al. Innovation ecosystems: A critical examination [J]. *Technovation*, 2016, 54: 1 – 6.

[316] Oksanen K., Hautamaki A. Transforming regions into innovation ecosystems: A model for renewing local industrial structures [J]. *The Innovation Journal: The Public Sector Innovation Journal*, 2014, 19 (2): 1 – 14.

[317] Olko S. The impact of the networks and clusters in cultural and creative industries on regional innovation ecosystem—analysis of the selected cases in Europe [J]. *Scientific Papers of Silesian University of Technology*, 2017, 109: 25 – 42.

[318] Olof E., Charlie K. Interregional inventor networks as studied by patent coinventorships [J]. *Research Policy*, 2006, 35 (3): 412 – 430.

[319] Ott H., Rondé P. Inside the regional innovation system black box: Evidence from French data [J]. *Papers in Regional Science*, 2019, 98 (5): 1993 – 2026.

[320] Polt W., Weber M., Biegelbauer P., et al. Matching type of mission and governance in mission-oriented R&I policy [C]. *Presentation at EU – SPRI Conference*, 2019.

[321] Porter M. E., Claas V. D. L. Toward a new conception of the environment-competitiveness relationship [J]. *Journal of Economic Perspectives*, 1995, 9 (4): 97 – 118.

[322] Ragin C. C. *Redesigning Social Inquiry: Fuzzy Sets and Beyond* [M]. Chicago: University of Chicago Press, 2008.

[323] René R., Hlzle K., Gemünden H. G. Opening up for competitive advantage-how Deutsche telekom creates an open innovation ecosystem [J]. *R&D Management*, 2010, 39 (4): 420 – 430.

[324] Ritala P., Almpanopoulou. In defense of "eco" in innovation ecosystem [J]. *Technovation*, 2017, 60 – 61: 39 – 42.

[325] Robinson D., Mazzucato M. The evolution of mission-oriented poli-

cies: Exploring changing market creating policies in the US and European space sector [J]. *Research Policy*, 2018, 48 (4): 936 – 948.

[326] Rohrbeck R., Holzle K., Gemunden H. G. Opening up for competitive advantage: How Deutsche Telekom creates an open innovation ecosystem [J]. *R&D Management*, 2009, 39 (4): 420 – 430.

[327] Saunila M., Rantala T., Ukko J., et al. Why invest in green technologies? Sustainability engagement among small businesses [J]. *Technology Analysis & Strategic Management*, 2019, 31 (6): 653 – 666.

[328] Sharif N. Emergence and development of the national innovation systems concept [J]. *Research Policy*, 2006, 35 (5): 745 – 766.

[329] Song J. Innovation ecosystem: Impact of interactive patterns, member location and member heterogeneity on cooperative innovation performance [J]. *Innovation Management, Policy & Practice*, 2016, 18 (1): 1 – 17.

[330] Song M., Wang S., Sun J. Environmental regulations, staff quality, green technology, R&D efficiency, and profit in manufacturing [J]. *Technological Forecasting and Social Change*, 2018, 133: 1 – 14.

[331] Sotarauta M., Suvinen N. Place leadership and the challenge of transformation: Policy platforms and innovation ecosystems in promotion of green growth [J]. *European Planning Studies*, 2019, 27 (9): 1748 – 1767.

[332] Tamayo O. U., Vicente M. M. A., Villarreal L. O. Eco-innovation strategic model: A multiple case study from a highly eco-innovative European region [J]. *Journal of Cleaner Production*, 2017, 142 (4): 1347 – 1367.

[333] Tansley A. G. The use and abuse of vegetational concepts and terms [J]. *Ecology*, 1935, 16 (3): 284 – 307.

[334] Teece D. J. Explicating dynamic capabilities: The nature and microfoundations of (sustainable) enterprise performance [J]. *Strategic Management Journal*, 2007, 28 (13): 1319 – 1350.

[335] Vannevar B. *Science, the Endless Frontier* [M]. Princeton: Princeton University Press, 1995.

［336］Wang H. , Zheng L. J. , Zhang J. Z. , et al. Unpacking comple-mentarity in innovation ecosystems: A configurational analysis of knowledge transfer for achieving breakthroughinnovation ［J］. *Technological Forecasting and Social Change*, 2024, 198: 122974.

［337］Wanzenbock I. , Wesseling J. H. , Frenken K. , et al. A frame-work for mission-oriented innovation policy: Alternative pathways through the problem-solution space ［J］. *Science and Public Policy*, 2020, 47 (4): 474 – 489.

［338］Watkins A. , Papaioannou T. , Mugwagwa J. , et al. National in-novation systems and the inter-mediary role of industry associations in building institutional capacities for innovation in developing countries: A critical review of the literature ［J］. *Research Policy*, 2015, 44 (8): 1407 – 1418.

［339］Weber W. L. , Domazlicky B. R. Total factor productivity growth in manufacturing: A reginal approach using linear programming ［J］. *Regional Science and Urban Economics*, 1999, 29 (1): 105 – 122.

［340］Wittmann F. , Hufnagl M. , Roth F. , et al. From mission defini-tion to implementation: Conceptualizing mission-oriented policies as a multi-stage translation process ［R］. Fraunhofer ISI Discussion Papers-Innovation Sys-tems and Policy Analysis, 2021.

［341］Wright B. D. Grand missions of agricultural innovation ［J］. *Research Policy*, 2012, 41 (10): 1716 – 1728.

［342］Xia D. , Chen B. , Zheng Z. Relationships among circumstance pressure, green technology selection and firm performance ［J］. *Journal of Cleaner Production*, 2015, 106: 487 – 496.

［343］Xie H. , Chen Q. , Lu F. , et al. Spatial-temporal disparities and influencing factors of total factor green use efficiency of industrial land in China ［J］. *Journal of Cleaner Production*, 2019, 207: 1047 – 1058.

［344］Xie X. , Wang H. How can open innovation ecosystem modes push product innovation forward? An fsQCA analysis ［J］. *Journal of Business Re-*

search, 2020, 108: 29 -41.

[345] Yang K. Pathway of green development of Yangtze River economics belt from the perspective of green technological innovation and environmental regulation [J]. *International Journal of Environmental Research and Public Health*, 2021, 18 (19): 10471.

[346] Yan Q. , Hou R. , Luo J. Simulation research on innovation ecosystem performance of urban agglomeration in the middle of the Yangtze River [J]. *Journal of Testing and Evaluation*, 2021, 49 (4): 2226 -2243.

[347] Y. H. Chung, Fare R. , Grosskopf S. Productivity and undesirable outputs: A directional distance function approach [J]. *Journal of Environmental Management*, 1997, 51 (3): 229 -240.

[348] Zhang X. B. , Li C. S. , Li W. , et al. Do administrative boundaries matter for uneven economic development? A case study of China's provincial border counties. [J]. *Growth and Change*, 2017, 48 (4): 883 -908.

[349] Zheng J. , Liu X. Ownership Structure and determinants of technical efficiency: An application of data envelopment analysis to Chinese enterprises (1986 – 1990) [J]. *Journal of Comparative Economics*, 1998, 26 (3): 465 -484.

[350] Zygiaris S. Smart city reference model: Assisting planners to conceptualize the building of smart city innovation ecosystems [J]. *Journal of the Knowledge Economy*, 2013, 4 (2): 217 -231.

后　记

本书是在国家社科基金项目"新使命驱动下黄河流域创新生态系统的绿色转向与协同演化研究"结项报告的基础上修改完成的。2024 年 6 月初，我收到了全国哲学社会科学工作办公室的结项通知，仔细逐一研读专家们的结项意见，并回头审看我们团队提交的结项报告，觉得值得出版，因此，结合专家们在结项意见上给出的合理建议，进行了新的修改，形成了本书今日的面貌。记得上次那个项目成果结项后就束之高阁了，后来翻看时曾遗憾没及时着手出版。对于这回的研究成果，就自然一直惦记着出版事宜，并自觉推进。

回望其研究过程，也是充满了回忆。自 2020 年 9 月立项以来，我带领团队成员，组织大家充分发挥各自优势一起开展文献查阅、方法学习、数据分析和实地调研等工作。通过对使命驱动型创新、创新生态系统、黄河流域绿色与创新发展等领域既有研究的深入学习和对当前可拓展空间的不断探索，在充分了解研究对象现状的基础上，从"为什么""是什么""怎么样"三大问题入手展开新使命驱动下黄河流域创新生态系统的绿色转向与协同演化研究，从而回答黄河流域创新生态系统绿色转向与协同演化的底层逻辑、理论内涵与实现路径，并据研究结论提出使黄河流域创新生态系统更快更好协同发生绿色转向的对策建议，从而形成比较成体系的完整研究成果。

在研究初期，课题组重点围绕黄河流域创新生态系统与新使命要求之间存在的偏差、黄河流域创新生态系统绿色转向与协同演化的新理论框架、展开研究可能的适用方法等内容进行了多次讨论，并尝试重点围绕黄河流域绿色创新效率及影响因素、绿色创新活动的时空演进特征与收敛趋势等内容进行事实研究，初步探析黄河流域创新生态系统的发展现状。考虑到黄河流域生态保护和高质量发展新使命要求及沿黄省区共用一条河的现实特点，创新性地提出将水资源要素纳入偏向性技术进步研究中，将考察水资源要素的技术进步问题作为剖析黄河流域创新生态系统与新使命要求偏离程度的重要维度，尝试开展了黄河流域节水偏向性技术进步时空演进及影响因素的研究，试图全面了解"是什么"。

在此基础上，课题组明确将"黄河流域绿色创新生态系统理论框架"研究设定为本研究首要突破的重点，并结合已有研究对创新生态系统的定义与构成要素分析，以隐喻认知方法审视绿色创新生态系统本质；同时根据黄河流域生态保护和高质量发展新战略使命下对绿色经济和技术发展要求的分析，结合"五螺旋"创新理论思想，将黄河流域绿色创新生态系统中的要素细化为创新知识生产种群、创新知识应用种群、创新政策制定种群、社会公众和自然环境五类，并以此为核心构建黄河流域绿色创新生态系统概念模型，剖析其多维演化机制，为后续研究提供了基本理论框架。在探究黄河流域绿色创新生态系统协同共生机制可能的适用方法时，课题组主要产生了三种思路：一是利用基于多主体关系分析的动态演化博弈模型为阐释绿色技术创新行为的微观驱动路径提供具体的研究框架；二是利用生态学中的种群共生理论判定创新种群的共生关系、测度协同共生水平；三是利用 Logistic 模型从动态角度分析系统整体的演进趋势。经过几次探讨后进行适当分工，课题组成员分别沿着以上三种思路进行了方法学习与研究尝试，形成本研究第 5 章至第 7 章的重要内容。

值得谈到的是，围绕研究问题的逐步推进，基于项目重点培养了硕博士生 10 多名，他们分别是博士生郭金花、张曦、裴耀琳、王鹏、张文礼、温璐迪、任学娜、杨君笑，硕士生桑超、栗炜栋、蒋裕雨、邓悦、许佑江、张锐、陈炳旭、李璐、王磊磊等。他们不仅携阶段性研究成果参加相关学术会议，与相关领域专家学者多次进行深入交流和讨论，接触了学科前沿，也刻苦思考撰写发表了期刊论文，产出了学位论文，绝大多数已经顺利毕业，进入心仪的工作岗位。裴耀琳、张文礼、温璐迪、桑超、栗炜栋、蒋裕雨、杨君笑等几位又进一步参加了书稿修改工作，感谢他们的辛苦付出。

此外,特别想提及的是,研究期间,课题组也遇到了一些困难和挑战。由于本研究恰好处于新冠疫情较为严重的阶段,课题组对黄河流域各省市的实地调研工作受到了较大影响,因此,主要深度多次调研了位于黄河流域中游的山西省内的晋城市、晋中市、阳泉市、运城市、临汾市,这也深化了课题组对后发地区优化创新生态的认知。特别感谢帮助协调安排调研活动的各位朋友与校友。

此时此刻,在掩卷之际,我要感谢所有参与本次研究的团队成员,研究的顺利开展离不开每一位成员的支持和协作;要感谢国家社科基金对本研究项目的支持,提供的科研资金和学术资源是本研究项目顺利完成的重要保障;感谢所有为区域创新和创新生态系统研究做出贡献的学者和专家,他们的智慧和洞见为本研究成果的形成提供了极具价值的参考;感谢出版社编辑的细心编审、尽心校改,助力精良。谢谢大家!

希望这份研究成果能够为黄河流域创新发展相关研究的深入推进贡献一份力量。同时也期待本研究能够引起相关领域学者、政企界和社会公众的关注和重视,为促进黄河流域生态保护和高质量发展重大国家战略目标的实现提供新的思路。当然,本书对一些问题的考察还不够充分或深刻,也定有不当之处,在此还恳望各位读者不吝指教。我的 E-mail 为:guosf@ sxufe. edu. cn。

郭淑芬
于 2024 年仲夏